지송한글화엄경

해주 초역

불광출판사

지송한글화엄경

머리말

 이 책은 평소에 화엄경을 지송하고 공부하려는 분들을 위하여 80화엄을 첫품부터 마지막까지 39품의 졸가리만 가려 한글로 번역한 것이다.
 그런데 이 지송 한글 화엄경을 엮어 냄에 있어서 한두 가지 변명이 없을 수 없다.
 우선 화엄경을 번역해내는 일 자체부터가 본인의 힘에 넘치는 분수 밖의 일인 데다가 감히 가려 뽑아 초역을 시도한 점이다. 화엄경은 적어도 열 번씩 되풀이 되는 많은 교설과 비유로 너무나 방대하고 중중무진한 불보살의 경계를 보이고 있다. 그러한 화엄경의 특징적인 점이 바로 대중들에게 있어서 화엄경을 가까이 하는데 장애가 되어 온 걸림돌 중의 하나이기도 하다. 그래서 가까이서 항상 지송할 수 있도록 간추려 본 것이다.
 그리고 선배들이 초역한 한글 화엄경책이 이미 여러 종류 유통되고 있는데 본인이 또다시 시도한 점이다. 그것은 이미 나와 있는 초역 한글 화엄경은 전체 39품의 내용을 다 소개한 것이 아니고 그 가운데서 번역자의 의도에 따라 품까지도 따로 선정하여 요약한 책들이기 때문이다. 그래서 본인은 화엄대경의 전체 구성과 줄거리도 모두 파악될 수 있도록 한 품도 빠뜨리지 않고 그 요지를 간추려 본 것이다. 물론 화엄경 내의 위상에 따라 크게 생략한 부분도 있고 전문을 거의 다 실은 경우도 있다. 아무튼 처음부터 전품의 내용을 차근차근 소개함으로써 화엄경을 알고자 하는 대중들의 참고서가 되고 일상생활에 있어서 수지 독송할 수 있도록 하는 의도에서 이 책을 펴낸 것이다.

그러나 어떻든지간에 법계 전체가 나름대로 그 고유가치를 다 드러내고 있어 비유 하나하나, 사물 낱낱이 여래의 전 활현을 직시하고 있는 화엄경의 세계에 견주어 본다면 손을 대어 삭제한 그 자체가 눈밝은 이의 질책을 면하지 못할 것이다. 크나크신 선지식의 가르침을 바라며, 이만 이 책을 내놓은 변명에 대할까 한다.

불기 2537년 여름
수미정사에서
해주 합장

차례

머리말

1. 세주묘엄품(世主妙嚴品) ─────── 9
2. 여래현상품(如來現相品) ─────── 10
3. 보현삼매품(普賢三昧品) ─────── 12
4. 세계성취품(世界成就品) ─────── 13
5. 화장세계품(華藏世界品) ─────── 15
6. 비로자나품(毘盧遮那品) ─────── 16
7. 여래명호품(如來名號品) ─────── 17
8. 사성제품 (四聖諦品) ─────── 19
9. 광명각품(光明覺品) ─────── 21
10. 보살문명품(菩薩問明品) ─────── 22
11. 정행품(淨行品) ─────── 29
12. 현수품(賢首品) ─────── 36
13. 승수미산정품(昇須彌山頂品) ─────── 39
14. 수미정상게찬품(須彌頂上偈讚品) ─────── 40
15. 십주품(十住品) ─────── 42
    ⑴ 초발심주 ⑵ 치지주 ⑶ 수행주 ⑷ 생귀주
    ⑸ 구족방편주 ⑹ 정심주 ⑺ 불퇴주 ⑻ 동진주
    ⑼ 법왕자주 ⑽ 관정주
16. 범행품(梵行品) ─────── 49
17. 초발심공덕품(初發心功德品) ─────── 51
18. 명법품(明法品) ─────── 56
19. 승야마천궁품(昇夜摩天宮品) ─────── 59
20. 야마궁중게찬품(夜摩宮中偈讚品) ─────── 60

21 십행품 (十行品) ——————————— 63
　　⑴ 환희행 ⑵ 요익행 ⑶ 무위역행 ⑷ 무굴요행
　　⑸ 무치란행 ⑹ 선현행 ⑺ 무착행 ⑻ 난득행
　　⑼ 선법행 ⑽ 진실행

22 십무진장품(十無盡藏品) ————————— 78
23 승도솔천궁품(昇兜率天宮品) ——————— 80
24 도솔궁중게찬품(兜率宮中偈讚品) ————— 81
25 십회향품(十廻向品) ——————————— 84
　　⑴ 일체중생을 구호하되 중생이라는 생각을 떠난 회향
　　⑵ 깨뜨릴 수 없는 회향 ⑶ 모든 부처님과 동등한 회향
　　⑷ 모든 곳에 이르는 회향 ⑸ 다함없는 공덕장 회향
　　⑹ 견고한 일체 선근을 따르는 회향
　　⑺ 일체 중생을 평등하게 수순하는 회향
　　⑻ 진여의 모양인 회향
　　⑼ 집착도 없고 속박도 없는 해탈 회향
　　⑽ 법계에 들어가는 한량없는 회향

26 십지품(十地品) ————————————— 97
　　⑴ 환희지 ⑵ 이구지 ⑶ 발광지 ⑷ 염혜지 ⑸ 난승지
　　⑹ 현전지 ⑺ 원행지 ⑻ 부동지 ⑼ 선혜지 ⑽ 법운지

27 십정품(十定品) ————————————— 127
28 십통품(十通品) ————————————— 129
29 십인품(十忍品) ————————————— 131
30 아승지품(阿僧祇品) ——————————— 134
31 여래수량품(如來壽量品) ————————— 136
32 제보살주처품(諸菩薩住處品) ——————— 137
33 불부사의법품(佛不思議法品) ——————— 138

34 여래십신상해품(如來十身相海品) ──────── 140
35 여래수호광명공덕품(如來隨好光明功德品) ─── 141
36 보현행품(普賢行品) ──────────────── 142
37 여래출현품(如來出現品) ─────────────── 143
   (1) 여래출현법 (2) 여래의 법신 (3) 여래의 음성
   (4) 여래의 마음 (5) 여래의 경계 (6) 여래의 행
   (7) 여래의 성정각 (8) 여래의 전법륜 (9) 여래의 반열반
   (10) 견문·친근·선근

38 이세간품(離世間品) ──────────────── 154
39 입법계품(入法界品) ──────────────── 166
   (1) 근본법회 (2) 지말법회
     ① 문수보살(文殊菩薩) ············· 169
     ② 덕운비구(德雲比丘) ············· 172
     ③ 해운비구(海雲比丘) ············· 173
     ④ 선주비구(善住比丘) ············· 175
     ⑤ 미가장자(彌伽長者) ············· 176
     ⑥ 해탈장자(解脫長者) ············· 177
     ⑦ 해당비구(海幢比丘) ············· 178
     ⑧ 휴사우바이(休捨優婆夷) ········· 179
     ⑨ 비목구사선인(毘目瞿沙仙人) ····· 181
     ⑩ 승열바라문(勝熱婆羅門) ········· 182
     ⑪ 자행동녀(慈行童女) ············· 184
     ⑫ 선견비구(善見比丘) ············· 186
     ⑬ 자재주동자(自在主童子) ········· 187
     ⑭ 구족우바이(具足優婆夷) ········· 188
     ⑮ 명지거사(明智居士) ············· 189

⑯ 법보계장자(法寶髻長者) ·········· 190
⑰ 보안장자(普眼長者) ············ 191
⑱ 무염족왕(無厭足王) ············ 193
⑲ 대광왕(大光王) ··············· 195
⑳ 부동우바이(不動優婆夷) ········ 196
㉑ 변행외도(遍行外道) ············ 198
㉒ 육향장자(鬻香長者) ············ 199
㉓ 바시라선사(婆施羅船師) ········ 199
㉔ 무상승장자(無上勝長者) ········ 201
㉕ 사자빈신비구니(師子頻申比丘尼) 202
㉖ 바수밀다여인(婆須蜜多女) ······ 205
㉗ 비슬지라거사(鞞瑟胝羅居士) ···· 207
㉘ 관자재보살(觀自在菩薩) ········ 209
㉙ 정취보살(正趣菩薩) ············ 211
㉚ 대천신(大天神) ··············· 212
㉛ 안주신(安住神) ··············· 214
㉜ 바산바연지주야신
   (婆珊婆演底主夜神) ·········· 215
㉝ 보덕정광주야신(普德淨光主夜神) 217
㉞ 희목관찰중생주야신
   (喜目觀察衆生主夜神) ········ 219
㉟ 보구중생묘덕주야신
   (普救衆生妙德主夜神) ········ 221
㊱ 적정음해주야신(寂靜音海主夜神) 222
㊲ 수호일체성주야신
   (守護一切城主夜神) ·········· 225
㊳ 개부일체수화주야신
   (開敷一切樹華主夜神) ········ 227

㊴ 대원정진력구호일체중생주야신
　(大願精進力救護一切衆生主夜神)　　229
㊵ 묘덕원만주야신(妙德圓滿主夜神)　231
㊶ 구바녀(瞿波女) ················ 233
㊷ 마야부인(摩耶夫人) ··········· 240
㊸ 천주광(天主光) ················ 246
㊹ 변우동자사(遍友童子師) ······· 246
㊺ 선지중예동자(善知衆藝童子) ··· 247
㊻ 현승우바이(賢勝優婆夷) ······· 247
㊼ 견고해탈장자(堅固解脫長者) ··· 248
㊽ 묘월장자(妙月長者) ············ 249
㊾ 무승군장자(無勝軍長者) ······· 249
㊿ 최적정바라문(最寂靜婆羅門) ··· 250
㊽ 덕생동자(德生童子)·
　유덕동녀(有德童女) ··········· 251
㊾ 미륵보살(彌勒菩薩) ············ 252
○ 문수보살(文殊菩薩) ············ 271
㊾ 보현보살(普賢菩薩) ············ 272

1. 세주묘엄품(世主妙嚴品)

이와 같이 내가 들었다.

한때 부처님께서 마가다국(摩竭提國) 아란야 법보리도량(阿蘭若法菩提場)에서 처음으로 정각을 이루셨다. 그 땅은 견고하여 금강으로 되었고 아름다운 꽃과 청정마니 보배 등으로 꾸며져서 온갖 광채가 무수히 나타났다. 부처님의 신통력으로 도량에는 모든 장엄이 조화되어 빛나고 있었다.

부처님께서는 보현보살(普賢菩薩)을 위시하여 수많은 보살들에게 둘러 싸여 계셨다. 그 보살들은 모두 옛적에 비로자나 부처님과 함께 선근(善根)을 심고 보살행을 닦았으므로 여래의 선근바다에서 출생한 분들이다.

그리고 한량없이 많은 집금강신·신중신·족행신·도량신·주성신·주지신·주산신·주림신·주약신·주가신·주하신·주해신·주수신·주화신·주풍신·주공신·주방신·주야신·주주신·아수라왕·가루라왕·긴나라왕·마후라가왕·야차왕·용왕·구반다왕·건달바왕·월천자·일천자·삼십삼천왕·야마천왕·도솔타천왕·화락천왕·타화자재천왕·대범천왕·광음천왕·변정천왕·광과천왕·대자재천왕들이 각각 수많은 권속들을 거느리고 구름처럼 모여 들었다.

이렇게 모인 대중들은 모든 번뇌와 업장을 소멸하였고, 각기 한 가지씩 해탈문을 얻어 신통이 자재하였다. 그리하여 부처님의 세계를 볼 수 있었고, 그 권속들을 대표하는 이는 부처님의 위신력에 힘입어 게송으로 부처님의 공덕을 찬탄하였다.

또 보현보살은 불가사의한 해탈문의 방편바다에 들고 여래의 공덕바다에 들어서 헤아릴 수 없이 많은 해탈문을 얻었다. 다른 보살들도 각기 한 가지씩 해탈문을 얻었다. 보현보살을 위시하여 대보살들은 자신의 공덕과 여래의 위신력을 받들어 대중들을 두루 살펴보고 게송으로 부처님의 공덕을 찬탄하였다.

그때에 화장장엄 세계해(華藏莊嚴世界海)가 부처님의 신통력에 의해 6종 18상으로 진동하였다. 그러자 모든 세주(世主)들은 환희로운 마음으로 저마다 갖가지 향과 꽃 등의 공양을 여래의 도량에 내리니, 공양이 온 누리에 충만하였다. 이 화장장엄 세계해에서처럼 시방의 법계, 허공계에 있는 모든 세계에서도 이와 같았다.

2. 여래현상품(如來現相品)

그때에 모든 보살과 세간주(世間主)들은 이렇게 생각하였다.

무엇이 모든 부처님의 경지〔諸佛地〕이며 경계〔諸佛境界〕·가지〔諸佛加持〕·행하신 바〔諸佛所行〕·힘〔諸佛力〕·두려움 없음〔諸佛無所畏〕·삼매〔諸佛三昧〕·신통〔諸佛神通〕·자재〔諸佛自在〕·능히 섭취함이 없음〔諸佛無能攝取〕·눈〔諸佛眼〕·귀〔諸佛耳〕·코〔諸佛鼻〕·혀〔諸佛舌〕·몸〔諸佛身〕·뜻〔諸佛意〕·몸의 광명〔諸佛身光〕

·광명〔諸佛光明〕·소리〔諸佛聲〕·지혜〔諸佛智〕·세계해(世界海)·중생해(衆生海)·법계안립해(法界安立海)·불해(佛海)·불바라밀해(佛波羅蜜海)·불해탈해(佛解脫海)·불변화해(佛變化海)·불연설해(佛演說海)·불명호해(佛名號海)·불수량해(佛壽量海)·일체보살서원해(一切菩薩誓願海)·일체보살발취해(一切菩薩發趣海)·일체보살조도해(一切菩薩助道海)·일체보살행해(一切菩薩行海)·일체보살출리해(一切菩薩出離海)·일체보살신통해(一切菩薩神通海)·일체보살바라밀해(一切菩薩波羅蜜海)·일체보살지해(一切菩薩地海)·일체보살지해(一切菩薩智海)입니까. 부처님께서 우리들에게 말씀해 주소서.

그러자 세존께서 그들의 생각한 바를 아시고 입〔面門〕과 치아로 광명을 놓으셨다. 광명이 시방 세계에 두루 비치어 부처님의 덕상을 보이니, 그 세계에 있는 보살 대중들이 광명의 깨우침을 입고 비로자나 여래 계신 곳으로 모여서 예배 공양하였다. 그리고 제각기 그들이 온 방위를 따라서 앉았다.

이때에 세존께서 보살 대중으로 하여금 여래의 경계와 신통력을 얻도록 하기 위하여 양미간으로 광명을 놓으셨다. 그러자 여래의 백호상 가운데서 보살이 출현했으니 일체법승음보살(一切法勝音菩薩)을 위시한 여러 보살들이다. 그들은 차례로 부처님의 공덕을 게송으로 찬탄하였다.

부처님께서 법계에 충만하시어
널리 모든 중생들 앞에 나타나시니
연을 따라 나아가 두루하지 않음이 없으시되

항상 이 보리좌에 앉아 계심이로다.

佛身充滿於法界　普現一切衆生前
隨緣赴感靡不周　而恒處此菩提座

3. 보현삼매품(普賢三昧品)

그때에 보현보살마하살이 여래의 앞에서 연화장사자좌(蓮華藏師子座)에 앉아 부처님의 위신력을 받들어 삼매(三昧)에 드시니, 그 이름이 일체제불 비로자나 여래장신(一切諸佛毘盧遮那如來藏身) 삼매이다. 널리 여래의 평등한 성품에 들어가 여래의 대원을 나타내 보이고 법륜을 굴리어 끊어지지 않게 하는 것이다. 이처럼 삼매에 들어 간 것은 시방세계 모든 부처님의 가피력과 비로자나 여래의 본원력(本願力)과 보현보살이 닦은 일체제불의 행원력으로 말미암은 것이다.

이때에 시방 일체 부처님께서 보현보살에게 온갖 지혜를 주셨으니, 부처님의 경계를 성취하는 지혜〔成就一切佛境界智〕 등이다. 그리고 오른손을 펴시어 보현보살의 정수리를 만지시자, 보현보살이 삼매로부터 일어났다. 보현보살이 온갖 삼매문에서 일어 날 때에 모든 보살들도 낱낱이 삼매의 이익을 얻었다. 또한 이 세계에서처럼 시방세계에도 역시 그러하였다. 그때 시방 모든 세계해가 부처님의 위신력과 보살의 삼매력으로 조금씩 흔들렸으며 여러 가지 보배로 장엄되었다.

  그러자 부처님의 털구멍에서 나온 광명〔毛孔光明〕과 모든 보살들이 보현보살의 위덕을 찬탄하였다.

  보현보살 큰 서원에 머무르시어
  이렇게 한량없는 신통력 얻고
  모든 세계 부처님 계신 곳마다
  형상을 나타내고 나아가시도다.

4. 세계성취품(世界成就品)

  그때에 보현보살이 부처님의 위신력으로 일체 세계해(一切世界海)·중생해(衆生海)·제불해(諸佛海)·법계해(法界海)·중생업해(衆生業海)·중생근욕해(衆生根欲海)·제불법륜해(諸佛法輪海)·삼세해(三世海)·여래원력해(如來願力海)·여래신변해(如來神變海)를 두루 관찰하였다.
  그리하여 중생들로 하여금 부처님의 지혜바다에 들게 하며, 보살들로 하여금 부처님의 공덕바다에 안주케 하며, 온갖 세계를 부처님의 자재함으로 장엄케 하며, 온갖 겁에서 여래종성이 항상 끊어지지 않게 하며, 온갖 세계에서 제법의 진실한 성품을 나타내게 하며, 중생의 한량없는 지혜를 따라 연설하게 하며, 중생의 근성을 따라 방편으로 불법을 내게 하며, 중생의 좋아하는 욕망을 따라 모든 장애를 없애게 하며, 중생의 마음과 행을 따라 벗어날 길을 닦게 하며, 일체보살들로 하여금 보현의 서원바다에 편안히 머물게 하려고 보현보살이 여러 대중에게 말씀하였다.

불자들이여, 세계해에 열 가지 일이 있으니 과거 현재 미래 모든 부처님께서 이미 말씀하셨고 지금 말씀하시고 장차 말씀하시리라. 무엇을 열 가지라 하는가. 이른바 세계해가 일어나던 인연·세계해가 의지하여 머물음·세계해의 형상·체성·장엄·청정함·부처님 출현·겁이 머물음·겁이 변천하는 차별·차별없는 문이다. 이같이 세계해에 열 가지 일이 있으니, 만약 널리 말하자면 세계해의 티끌수와 같느니라.

불자들이여, 간략히 말하면 열 가지 인연으로 온갖 세계해가 이미 이루어졌고 지금 이루어지며 장차도 이루어지리라. 이른바 여래의 위신력인 연고며, 법이 응당 이러한 연고며, 일체 중생들의 행과 업인 연고며, 일체 보살이 일체 지혜를 이루어서 얻는 연고며, 일체 중생과 모든 보살이 선근을 함께 모은 연고며, 일체 보살이 국토를 장엄해 깨끗이 하려는 원력인 연고며, 일체 보살이 물러나지 않는 행원을 성취한 연고며, 일체 보살의 청정하고 훌륭한 지혜가 자재한 연고며, 모든 여래의 선근과 성도하실 때의 자재한 세력인 연고며, 보현보살의 자재한 서원의 힘인 연고니라. 불자들이여, 만일 널리 말하면 세계해의 티끌수와 같느니라.

이처럼 세계해의 의지하여 머무름과 형상과 체성과 장엄과 청정 방편과 부처님 출현과 겁의 머무름과 겁의 변천과 차별없는 일 등이 세계해 티끌수만큼 많이 있음을 설하였다.

5. 화장세계품(華藏世界品)

그때에 보현보살이 다시 대중에게 말씀하였다.
이 화장장엄세계해(華藏莊嚴世界海)는 비로자나 부처님께서 지난 옛적 세계해의 미진수 겁 동안 보살행을 닦으실 때에 낱낱 겁마다 세계해 미진수 부처님을 친근하였고, 낱낱 부처님 계신 데서 세계해 미진수 큰 서원을 닦아서 깨끗하게 장엄하신 것이다.
이 화장장엄세계해는 수미산의 티끌수 풍륜(風輪)이 받치었으니, 맨위에 있는 풍륜은 향수해를 받치고 있다. 이 향수해에 큰 연꽃이 있으며, 그 복판에 화장장엄세계해가 있다. 그 화장장엄세계해의 대철위산이 연꽃 위에 머물러 있으며, 철위산 안에 있는 큰 땅에는 한량없는 부처님 세계의 티끌수 향수해가 있으며, 낱낱 향수해마다 각각 사천하의 티끌수 향물강이 있다.
이 세계해 미진수 향수해 가운데 말할 수 없는 세계 티끌수의 세계종이 있고 낱낱 세계종에는 미진수 세계가 있다. 저 세계종들이 이 세계해 가운데서 형상·체성·장엄 등이 각각 다 다르다. 이 화장장엄세계해의 일체 경계는 낱낱이 세계해 티끌수의 청정한 공덕으로 장엄한 까닭이다.
이 말할 수 없는 세계의 티끌수 향수해가 화장장엄세계해 가운데 있는데 제석천궁의 보배그물처럼 분포하여 머물러 있다. 그 향수해에 다함없는 부처님 세계가 그 가운데 널리 퍼져 있는 것이다.

6. 비로자나품(毘盧遮那品)

그때에 보현보살이 다시 대중에게 말씀하였다. 지나간 옛적 세계의 티끌수 겁의 곱을 지나서 세계해 가운데 한 세계가 있으니 이름이 승음(勝音)이다. 그 세계에 향수해가 있으며 그 향수해에 큰 연꽃이 있고 수미산이 우뚝 솟아 있다. 그 산상의 숲 동쪽에 큰 도성이 있으니 이름이 염광명(焰光明)이며 인간 임금이 도읍하였다. 저 승음 세계의 최초겁 동안 열 수미산 티끌수 여래가 세상에 출현하셨는데 첫 부처님 명호는 일체공덕산수미승운(一切功德山須彌勝雲)이었다.

그 부처님께서 연꽃 속에 홀연히 출현하시어 미간에서 큰 광명을 놓아 중생을 조복하시니, 저 도성의 대위광(大威光) 태자가 부처님의 광명을 보고 예전에 닦은 선근의 힘으로 즉시 열 가지 법문을 증득하였다. 즉, 부처님의 공덕륜삼매(功德輪三昧)·보문다라니(普門陀羅尼)·반야바라밀(般若波羅蜜)·대자(大慈)·대비(大悲)·대희(大喜)·대사(大捨)·신통·대원·변재문 등이다. 그리고 여래로부터 수다라를 듣고 받들어 공양한 연고로 일체공덕수미승운 부처님께서 숙세에 모으신 법해광명(法海光明)을 얻었다.

그리하여 대위광 보살이 모든 세간을 위하여 여래께서 옛날 행하신 일을 나타내보이며, 보살들의 옛날에 하던 방편을 나타내보이며, 일체 부처님의 공덕바다를 나타내보이며, 일체 법계에 들어가는 청정한 지혜를 나타내보이며, 모든 도량에서 성불하는 자재한 힘을 나타내보이며, 부처님 힘과 두려움 없고 차별없는 지혜를 나타내보이며, 널리 시현하시는 여래의 몸을 나타내보이며, 부사의한 부처님의 신통 변화를 나타내보이며, 한량없는 청정한 불국토 장엄을 나타내보이며, 보현보살이 소유한 행원(行願)을 나타내 보여서, 수미산 티끌수의 중생들로 하여금 보리심을 내게 하고 부처님 세계 티끌수의 중생들로 하여금 여래의 청정한 국토를 성취하게 하였다.

그후 대위광 태자는 여러 부처님을 친견 공양하며 법문을 듣고 장차 부처되리라는 수기를 받았다. 전륜성왕의 자리를 물려 받은 후 대천왕(大天王)이 되었고 그 권속도 모두 삼매의 힘으로 일체 법의 실상바다에 들게 하였다.

7. 여래명호품(如來名號品)

그때 세존께서 마가다국 아란야 법보리도량에 계시면서 처음 정각을 이루시고 보광명전(普光明殿)에서 연화장 사자좌에 앉으셨다. 깨달음이 원만하시며 열세계 티끌수 보살들과 함께 계시었다.

세존께서 보살들의 생각하는 바를 다 아시고 신통을 나타내시니 시방세계의 부처님 세계에 있는 보살들이 세존께서 계신 곳으로 모여들었다.
　동방으로 열세계의 티끌수 세계를 지나서 세계가 있으니 이름이 금색(金色)이요, 부처님 명호는 부동지(不動智)며, 그 세계에 보살이 있으니 이름이 문수사리(文殊師利)였다. 십불찰(十佛刹)의 티끌수 보살들과 함께 부처님 계신 데 나아와서 예배하고 곧 동쪽에 연화장 사자좌를 변화하여 만들고 결가부좌하였다.
　남방으로 무애지불(無碍智佛)의 묘색세계 각수(覺首)보살·서방으로 멸암지불(滅暗智佛)의 연화색세계 재수(財首)보살·북방으로 위의지불(威儀智佛)의 첨복화색세계 보수(寶首)보살·동북방으로 명상지불(明相智佛)의 우발라화색세계 공덕수(功德首)보살·동남방으로 구경지불(究竟智佛)의 금색세계 목수(目首)보살·서남방으로 최승지불(最勝智佛)의 보색세계 정진수(精進首)보살·서북방으로 자재지불(自在智佛)의 금강색세계 법수(法首)보살·하방으로 범지불(梵智佛) 파리색세계 지수(智首)보살·상방으로 관찰지불(觀察智佛)의 평등색세계 현수(賢首)보살도 각각 그리 하였다.
　그때 문수사리보살이 부처님의 위신력을 받들어 보살 대중들을 두루 관찰하고 말씀하였다. 부처님의 국토와 출현 등이 헤아릴 수 없으니, 부처님께서 중생의 좋아함과 욕망이 같지 아니함을 아시고 알맞게 법을 설하여 조복하시기 때문이다. 여래는 이 사바세계의 사천하에서 가지가지 몸과 이름 등으로써 중생들로 하여금 제각기 알고 보게 한다. 여래가 이 사천하에서 혹은 일체의성(一切義成)이라 이름하고, 원만월(圓滿月)·사자후(師子吼)·석가모니·

제칠선(第七仙)·비로자나·구담씨(瞿曇氏)·대사문·최승·도사라 이름한다. 이러한 이름이 그 수효가 십천이라 중생들로 하여금 제각기 알고 보게 한다.

다시 이 사바세계에 시방으로 백억 사천하가 있고, 여래가 그 가운데서 백억만의 종종 명호를 두어서 중생들로 하여금 제각기 알고 보게 한다. 헤아릴 수 없는 온 법계 허공계에 있는 모든 세계 가운데 여래의 명호도 또한 가지가지로 같지 않다.

세존께서 옛날 보살로 계실 때에, 갖가지 담론(談論)과 언어와 음성과 업과 보(報)와 처(處)와 방편과 근(根)과 신해(信解)와 지위(地位)로써 성숙하심과 같이 또한 중생들로 하여금 이렇게 알고 보게 하기 위하여 법을 말씀하시는 것이다.

8. 사성제품(四聖諦品)

그때에 문수사리보살이 여러 보살에게 말씀하였다.

불자들이여, 고성제(苦聖諦)를 이 사바세계에서 혹은 죄(罪)라 하고 혹은 핍박〔逼迫〕·변해달라짐(變異)·반연(攀緣)·모임〔聚〕·가시〔刺〕·뿌리를 의지함〔依根〕·허망하게 속임〔虛誑〕·창질자리〔癰瘡處〕·어리석은 행〔愚夫行〕이라 하느니라.

불자들이여, 고집성제(苦集聖諦)는 이 사바세계에서 혹은 계박(繫縛)이라 하고 혹은 멸괴(滅壞)·애착〔愛著義〕·망녕된 생각〔妄

覺念〕·취입(趣入)·결정(決定)·그물〔網〕·희론(戱論)·따라다님〔隨行〕·전도근(顚倒根)이라 하느니라.

불자들이여, 고멸성제(苦滅聖諦)는 이 사바세계에서 혹은 무쟁(無諍)이라 하고 혹은 이진(離塵)·적정(寂靜)·무상(無相)·무몰(無沒)·무자성(無自性)·무장애(無障碍)·멸(滅)·체진실(體眞實)·주자성(住自性)이라 하느니라.

불자들이여, 고멸도성제(苦滅道聖諦)는 이 사바세계에서 혹은 일승(一乘)이라 하고 혹은 고요한 데 나아감〔趣寂〕·인도함〔導引〕·구경무분별(究竟無分別)·평등(平等)·짐을 벗음〔捨擔〕·나아갈 데 없음〔無所趣〕·성인의 뜻을 따름〔隨聖〕·선인행(仙人行)·십장(十藏)이라 하느니라.

불자들이여, 이 사바세계에서 사성제(四聖諦)를 말하는데 이러한 사백억 십천 가지 이름이 있으니, 중생들의 마음〔衆生心〕을 따라 모두 조복케 하느니라.

이 사바세계의 고집멸도 사성제를 밀훈세계(密訓世界)·최승(最勝)세계·이구(離垢)세계·풍일(豊溢)세계·섭취(攝取)세계·요익(饒益)세계·선소(鮮少)세계·환희(歡喜)세계·관약(關鑰)세계·진음(振音)세계 등에서는 각각 달리 사백억십천 가지로 말하니 중생들의 마음을 따라 모두 조복케 함이다.

이처럼 시방 일체 세계의 낱낱 세계에서도 사성제를 말함에 한량없는 이름이 있으니, 모두 중생들의 마음에 좋아함을 따라서 그들로 하여금 조복케 함인 것이다.

9. 광명각품(光明覺品)

　그때 세존께서 두 발바닥으로 백억 광명을 놓아서 이 삼천대천의 백억 염부제와 불바제·구야니·울단월 내지 색구경천을 비추시니 그 가운데 있는 것들이 모두 다 분명하게 나타났다. 그곳에서 부처님 세존께서 연화장 사자좌에 앉으셨고 열세계 티끌수 보살들이 함께 둘러싸고 있는 것처럼, 백억 염부제의 백억 여래께서도 역시 그와 같이 앉으셨는데 다 부처님의 신통력으로 시방에 각각 큰 보살이 있고 낱낱 보살이 각각 열세계 티끌 수 보살들과 함께 부처님 계신 데 나아갔다.
　그 큰 보살은 문수사리 들이고, 떠나온 국토는 금색세계 등이며, 본래 섬기던 부처님은 부동지 여래들이셨다. 그때 온갖 곳에 있는 문수사리 보살들이 각각 부처님 계신 데서 동시에 소리를 내어 게송으로 말씀하였다. 그리고 광명이 이 세계를 지나서 시방으로 온 법계 허공계에 있는 세계에 두루 비치었으며 그 세계의 일도 또한 이와 같았다.

　　한 생각에 널리 무량겁을 관하니
　　감도 없고 옴도 없고 머물음도 없다.
　　이와 같이 삼세 일을 분명히 아니
　　모든 방편 뛰어나서 십력 이룬다.
　　(一念普觀無量劫 無去無來亦無住

如是了知三世事 超諸方便成十力)

시방에 법 구하여 다른 생각이 없고
공덕을 닦아 만족케 하며
있고 없는 두 모양 모두 멸하면
이 사람 참으로 부처 보리라.
(十方求法情無異 爲修功德令滿足
有無二相悉滅除 此人於佛爲眞見)

10. 보살문명품(菩薩問明品)

　문수(文殊)보살이 각수(覺首)보살에게 물었다.
　마음의 성품[心性]은 하나인데 어찌하여 갖가지 차별을 보는가. 이른바 선취(善趣)에도 가고 악취(惡趣)에도 가며, 여러 근(根)이 원만하기도 하고 결함이 있기도 하며, 태어남이 같기도 하고 다르기도 하며, 단정하기도 하고 누추하기도 하며, 고통을 받고 낙을 받는 것이 어찌하여 같지 아니한가. 업은 마음을 알지 못하고 마음은 업을 알지 못하며 지혜와 경계는 어찌하여 서로 알지 못하는가.
　각수(覺首)보살이 게송으로 대답하였다.

　　모든 법은 작용이 없으며

또한 그 자체의 성품도 없다.
그러므로 저 온갖 것들이
각각 서로 알지 못하도다.

법의 성품〔法性〕 본래 남이 없지만
시현하여 남이 있으니,
이 가운데 능히 나타냄도 없고
또한 나타난 물건도 없도다.

문수보살이 재수(財首)보살에게 물었다.
일체 중생이 중생이 아닌데 어찌하여 여래께서 그 때를 따르고 명(命)을 따르고 신(身)·행(行)·해(解)·언론(言論)·심락(心樂)·방편(方便)·사유(思惟)·관찰(觀察)을 따라서 이러한 중생들 중에 그 몸을 나투어서 교화 조복하는가.
재수보살이 게송으로 말씀하였다.

분별하여 이 몸을 살펴보라.
이 가운데 무엇이 '나'인가.
만일 능히 이렇게 이해한다면
'나'가 있고 없음을 통달하리라.

문수보살이 보수(寶首)보살에게 물었다.
일체 중생이 똑같이 사대(四大)가 있어 '나'도 없고 '내것'도 없거늘 어찌하여 괴로움을 받고 즐거움을 받으며 단정하기도 하고 누추하기도 하며 현보(現報)를 받기도 하고 후보(後報)를 받기도 하는가. 그러나 법계(法界) 가운데는 아름다운 것도 없고 나쁜 것도 없도다.

보수보살이 게송으로 답하였다.

  그들의 행한 업을 따라서
  이같이 과보가 생하나
  짓는 이도 없으니
  부처님께서 설하신 바이다.

  비유하면 맑고 밝은 거울이
  그 앞에 대하는 바탕을 따라
  상을 나타냄이 같지 않듯이
  업의 성질 또한 그러하도다.

문수보살이 덕수(德首)보살에게 물었다.

여래가 깨달은 것은 오직 한가지 법인데 어찌하여 한량없는 법을 설하며 한량없는 세계를 나타내며 한량없는 중생을 교화하며 끝없는 경계를 나타내보이는가. 그러나 법성(法性)에는 이러한 차별한 모양을 찾아볼 수 없도다.

덕수보살이 게송으로 답하였다.

  비유하면 불의 성질 하나인데
  능히 모든 물건을 태우지만

불꽃은 아무 분별이 없듯이
　　부처님 법도 그러하도다.

　　또 마치 허공에 떠있는 달을
　　세간에서 보지 못함이 없으나
　　달은 그곳에 감이 없듯이
　　부처님 법도 그러하도다.

문수보살이 목수(目首)보살에게 물었다.
　여래의 복전(福田)은 평등하여 다름이 없는데 어찌하여 중생들이 보시한 과보는 같지 않는가. 그러나 부처님은 마음이 평등하여 다른 생각이 없도다.
　목수보살이 게송으로 답하였다.

　　비유하면 대지는 하나이나
　　씨앗 따라 제각기 싹이 나지만
　　거기에는 원수거나 친함 없듯이
　　부처님의 복밭도 그러하도다.

문수보살이 근수(勤首)보살에게 물었다.
　부처님의 교법은 하나인데 중생들이 보고 어찌하여 즉시에 다 온갖 번뇌의 속박을 끊지 못하는가.
　근수보살이 게송으로 답하였다.

만약 한량없는 모든 허물을
　　없애고자 한다면
　　마땅히 부처님 법 가운데서
　　용맹하게 항상 정진할지니라.

　　마치 나무를 비벼 불을 구함에
　　불붙기 전에 자주 쉰다면
　　불기운도 따라서 없어지나니
　　게으른 자 역시 그러하도다.

문수보살이 법수(法首)보살에게 말씀하였다.
　부처님 말씀처럼 만약 중생이 정법을 받아 지니면 일체 번뇌를 끊을 수 있거늘, 어찌하여 정법을 받아 지니되 끊지 못하는 자가 있는가.
　법수보살이 게송으로 대답하였다.

　　어떤 사람이 약방문을 잘 알면서도
　　자기병은 고치지 못하는 것같이
　　불법을 닦아 행하지 아니하면
　　많이 들은 것만도 역시 그러하도다.

　　어떤 사람이 남의 보물을 세어도
　　스스로는 반전(半錢) 없는 것같이
　　법을 닦아 행하지 아니하면

많이 들은 것만도 역시 그러하도다.

문수보살이 지수(智首)보살에게 말씀하였다. 불법 가운데는 지혜가 제일인데 여래께서는 무슨 까닭에 중생을 위하여 보시를 찬탄하고 혹은 지계·인욕·정진·선정·지혜를 찬탄하며 혹은 자·비·희·사(慈悲喜捨)를 찬탄하시는가. 마침내 오직 한법으로 뛰어남을 얻어서 아뇩다라삼먁삼보리를 성취할 수 없는 것인가.
지수보살이 게송으로 말씀하였다.

부처님께서 중생 마음의
성품이 각각 다름을 아시고
마땅히 제도할 바를 따라서
그와 같이 설법하심이로다.

인색하면 보시를 찬탄하시고
금지함을 깨뜨리면 계를 설하시고
성 잘 내면 인욕을 칭찬하시고
나태하면 정진을 찬탄하시도다.

문수보살이 현수(賢首)보살에게 물었다. 부처님께서는 오직 한 길로써 벗어나 여읨〔出離〕을 얻으셨는데 지금 보니 어찌하여 모든 부처님 국토에 있는 온갖 일이 여러 가지로 같지 아니한가.
현수보살이 게송으로 답하였다.

문수여, 법이 항상 그러하여
법왕은 오직 한 법뿐이니
일체 걸림없는 사람은
한 길로 생사에서 벗어나니라.

부처님 세계는 분별이 없으며
미움도 없고 사랑도 없지만
단지 중생들의 마음을 따라
이와 같이 소견이 다름이로다.

그때 여러 보살들이 문수보살에게 말씀하였다. 우리들이 아는 것을 각기 말하였으니 원컨대 묘한 변재로 여래께서 소유하신 경계를 말씀해주소서.

문수보살이 게송으로 말씀하였다.

여래의 깊은 경계는
그 양이 허공과 같아서
일체 중생들이 들어가되
실로 들어간 바가 없도다.

모든 중생들의 마음이
널리 삼세가운데 있거늘
여래께서 한 생각 사이에
일체를 다 밝게 통달하시도다.

11. 정행품(淨行品)

지수(智首)보살이 문수보살에게 물었다.

불자여, 보살이 어떻게 허물이 없는 몸〔身〕과 말〔語〕과 뜻(意)의 업(業)을 얻으며, 어떻게 수승한 몸과 말과 뜻의 업을 얻으며, 어떻게 지혜가 인도함이 되는 신어의업(身語意業)을 얻습니까.

문수보살이 지수보살에게 말씀하였다.

만약 보살이 마음을 잘 쓰면〔善用其心〕 온갖 수승하고 묘한 공덕을 얻어 모든 부처님 법에 마음이 걸리지 않을 것이다. 과거 미래 현재의 여러 부처님 도에 머물며, 중생을 따라 머물러 항상 여의지 아니하며, 모든 악을 끊고 선을 두루 갖추며, 보현보살처럼 색상이 제일이고, 모든 행원을 다 갖추게 되며, 모든 법에 자재하여 중생의 제이 도사(第二導師)가 될 것이다. 불자여, 어떻게 마음을 써야 모든 뛰어나고 묘한 공덕을 얻을 수 있겠는가.

  보살이 집에 있을 때에는
  마땅히 이와 같이 원하라
  중생들이 집 성질의 공함을 알아
  그 핍박을 면하여지이다.

  처자가 모일 때에는
  이와 같이 원하라

중생들이 원친에 평등해서
탐착을 아주 떠나게 하여지이다.

즐거운 놀이에 모일 때에는
이와 같이 원하라
중생들이 법으로써 즐기고
놀이는 참이 아님을 알아지이다.

패물을 찰 때에는
이와 같이 원하라
중생이 거짓 꾸밈을 버리고
진실한 곳에 이르러지이다.

누각에 오를 때에는
이와 같이 원하라
중생들이 바른 법의 누각에 올라
모든 것을 꿰뚫어 보아지이다.

보시를 할 때에는
이와 같이 원하라
중생들이 모든 것을 버리고
마음에 애착이 없어지이다.

액난을 만날 때에는

이와 같이 원하라
중생들이 마음대로 자유로워
어디를 가나 장애가 없어지이다.

머리털과 수염을 깎을 때에는
이와 같이 원하라
중생들이 번뇌를 아주 버리고
마침내 적멸하여지이다.

스스로 부처님께 귀의할 때는
이와 같이 원하라
중생들이 불종자를 잇도록
위없는 뜻을 내어지이다.

스스로 가르침에 귀의할 때는
이와 같이 원하라
중생들이 경장(經藏)에 깊이 들어가
지혜가 바다와 같게 하여지이다.

스스로 스님들께 귀의할 때는
이와 같이 원하라
중생들이 대중을 통솔하고 다스리되
모든 것에 장애가 없어지이다.

계를 받아 배울 때에는
이와 같이 원하라
중생들이 계행을 잘 배워
나쁜 일을 짓지 말아지이다.

구족계를 받을 때에는
이와 같이 원하라
중생들이 모든 방편을 갖추어
가장 뛰어난 법을 얻어지이다.

몸을 바로하고 단정히 앉을 때에는
이와 같이 원하라
중생들이 보리좌에 앉아
마음에 집착이 없어지이다.

결가부좌를 하고 앉을 때에는
이와 같이 원하라
중생들의 선근이 견고하여
부동지(不動地)를 얻어지이다.

선정을 닦을 때에는
이와 같이 원하라
중생들이 선정의 힘으로 마음을 조복하여
구경까지 남음이 없어지이다.

관법을 닦을 때에는
이와 같이 원하라
중생들이 실제의 이치를 보고
어기거나 다툼이 없어지이다.

내의를 입을 때에는
이와 같이 원하라
중생들이 모든 선근을 입고
부끄러움을 갖추어지이다.

손으로 칫솔을 잡을 때에는
이와 같이 원하라
중생들이 다 묘법을 얻어
끝까지 청정하여지이다.

대소변을 볼 때에는
이와 같이 원하라
중생들이 탐진치를 버리고
모든 죄를 덜어지이다.

길을 걸어갈 때에는
이와 같이 원하라
중생들이 부처님의 행하시던 데로 나아가
의지없는 곳에 들어가지이다.

올라가는 길을 볼 때에는
이와 같이 원하라
중생들이 삼계에서 아주 뛰쳐나와
마음에 겁약이 없어지이다.

내려가는 길을 볼 때에는
이와 같이 원하라
중생들의 마음이 겸손하여
부처님의 선근이 자라게 하여지이다.

굽은 길을 볼 때에는
이와 같이 원하라
중생들의 마음이 정직해서
아첨하거나 속이지 말아지이다.

괴로워하는 사람을 볼 때에는
이와 같이 원하라
중생들이 근본지를 얻어
온갖 고통을 멸하게 하여지이다.

병든 사람을 볼 때에는
이와 같이 원하라
중생들의 육신이 공적함을 알고
어기거나 다투는 법을 떠나지이다.

경전을 읽을 때에는
이와 같이 원하라
중생들이 부처님의 말씀에 따라
모두 기억하고 잊지 말아지이다.

누워서 잘 때에는
이와 같이 원하라
중생들의 신체가 안락하고
마음이 흔들리지 말아지이다.

잠에서 처음 깰 때에는
이와 같이 원하라
중생들이 온갖 지혜 깨닫고서
시방세계를 두루 살펴지이다.

불자여, 보살이 이와 같이 마음을 쓰면 온갖 뛰어나고 묘한 공덕을 얻게 될 것이다. 모든 세간의 하늘이나 악마·범천·사문·바라문·건달바·아수라들과 일체 성문·연각들이 흔들지 못하리라.

12. 현수품(賢首品)

문수사리보살이 청정행의 대공덕을 말하고 나서 보리심(菩提心)의 공덕을 보이려고 게송으로 현수(賢首)보살에게 물었다.

내 이제 보살들을 위하여
부처님의 청정한 행 말하였으니
바라건대 그대도 이 회중에서
수행하던 좋은 공덕 말씀하소서

현수보살이 게송으로 대답하였다.

보살이 발심하여 보리 구함은
인이 없고 연이 없는 것 아니니
불보 법보 승보에 신심을 내어
그리하여 넓고 큰 맘 냄이로다

신심은 도의 근본이고 공덕의 어머니라
모든 선한 법을 길러내며
의심의 그물 끊고 애정 벗어나
열반의 위없는 도 열어보이도다

믿음은 썩지 않는 공덕의 종자
믿음은 보리수를 생장케 하며
믿음은 수승한 지혜 증장케 하고
믿음은 온갖 부처 시현하도다

만일 항상 부처님을 믿어 받들면
능히 계행 갖고 배울 곳을 닦으며
항상 계행 갖고 배울 곳을 닦으면
바로 능히 모든 공덕 구족하리라

만일 공덕의 법성신 얻어
법력으로 세간에 나타난다면
십지의 열 가지 자재를 얻어
모든 바라밀 수승한 해탈 닦아 행하리라

십지의 열 가지 자재함 얻어
십바라밀 좋은 해탈 닦아 행하면
곧 관정하는 큰 신통 얻어
가장 수승한 삼매에 머물게 되리라

혹 어떤 국토에 부처 없으면
거기에 시현하여 정각 이루고
혹 어떤 국토에 법을 알지 못하면
거기에서 묘법장을 설한다

혹은 성문·연각의 도를 나투고
성불하여 널리 장엄함도 나투어
이같이 삼승교를 열어서
널리 중생제도하기 무량겁이다

혹은 동남동녀들의 모양 나투고
천룡 및 아수라와
내지 마후라가 등을
그 좋아함을 따라서 다 보게 한다

중생의 형상이 각각 같지 아니하여
행업과 음성도 한량없으며
이같이 일체를 다 능히 나투니
해인삼매의 위신력이다

보시·지계·인욕·정진 및 선정과
지혜와 방편이며 신통까지도
이러한 온갖 것에 자재하시니
부처님의 화엄삼매 힘이시다

좋은 삼매있으니 이름이 방위의 그물〔方網〕
보살이 이에 머물러 널리 열어 보임이라
온갖 방위 가운데 몸을 나타내되
혹은 정에 들어가고 혹은 나온다

동방에서 바른 정에 들어가
서방에서 정으로 좇아나오며
서방에서 바른 정에 들어가
동방에서 정으로 좇아나오도다

　현수보살이 이 게송을 말씀하여 마치니, 시방세계가 여섯 가지로 진동하고 시방의 부처님들이 그 앞에 두루 나타나서 각각 오른손으로 그 정수리를 만지면서 같은 소리로 칭찬하셨다.
　잘하는 일이다. 이 법문을 통쾌하게 말하니 우리들도 모두 따라서 기뻐하노라.

13. 승수미산정품(昇須彌山頂品)

　그때 세존께서 일체 보리수 아래를 떠나지 아니하시고 수미산에 오르시어 제석천궁전으로 향하셨다. 제석이 묘승전 앞에서 부처님께서 오시는 것을 멀리서 보고 즉시 신통의 힘으로 이 궁전을 장엄하고 보광명장(普光明藏) 사자좌를 놓으니 그 사자좌들은 묘한 보배로 이루어졌다.
　제석이 여래를 위하여 사자좌를 차려 놓은 뒤에 허리를 굽혀 합장 공경하고 부처님을 향하여 사뢰었다.
　잘 오셨나이다 세존이시여, 잘 오셨나이다 선서시여, 잘 오셨나이다 여래 응정등각이시여, 오직 원하오니 가엾이 여기사 이 궁전에 계시옵소서.

그때 세존께서 곧 그 청을 받으시고 묘승전에 드시니 시방의 일체 세계에서도 모두 이와 같이 하였다. 이때 제석이 부처님의 신력으로 지난 세상에 부처님 처소에서 심은 선근을 스스로 생각하였다. 가섭여래·구나함모니불·가라구타여래·비사부불·시기여래·비바시불·불사여래·제사여래·파두마불·연등여래께서도 모두 일찍이 이 궁전에 드셨으니, 그러므로 이 곳이 가장 길상함을 게송으로 찬탄하였다.

시방세계의 모든 제석천왕들도 모두 이와 같이 부처님의 공덕을 찬탄하였다. 그때 세존께서 묘승전에 드시어 결가부좌하시니 이 궁전이 홀연히 넓어져서 그 하늘 대중들이 있는 처소와 같이 광활하였으며, 시방세계에도 모두 이와 같았다.

14. 수미정상게찬품(須彌頂上偈讚品)

그때 부처님 신력으로써 시방세계의 대보살들이 각각 부처님 세계의 티끌수처럼 많은 보살들과 함께 백부처님 세계의 티끌수 국토밖에 있는 세계로부터 와서 모이었다. 그 이름은 법혜(法慧)보살·일체혜(一切慧)보살·승혜(勝慧)보살·공덕혜(功德慧)보살·정진혜(精進慧)보살·선혜(善慧)보살·지혜(智慧)보살·진실혜

(眞實慧)보살・무상혜(無上慧)보살・견고혜(堅固慧)보살이었다.

그들이 떠나온 세계는 인드라꽃세계 등이며, 각각 부처님 계신 데서 범행을 닦았으니 이른바 특수월불(特殊月佛)들이었다.

이 여러 보살들이 부처님 계신 데 이르러 부처님 발에 정례하고 떠나온 방위를 따라 제각기 비로자나상 사자좌를 변화하여 만들고 그 사자좌 위에 결가부좌하고 앉았다.

그때 세존께서 두 발가락〔兩足指〕으로 백천억의 묘한 빛 광명을 놓아서 시방 일체 세계의 수미산 정상을 비추시니 제석천 궁전 안에 계시는 부처님과 대중들이 나타나지 않는 이가 없었다.

그때 법혜보살을 위시한 모든 보살들이 부처님의 위신력을 받들어 시방을 두루 관찰하고 게송으로 말씀하였다.

우리들은 지금 부처님께서
수미산정에 계심을 보며
시방에서도 모두 그러하니
여래의 자재한 힘이로다.

온갖 법이 나지도 않고
온갖 법이 멸하지도 않나니
만일 능히 이같이 알면
부처님께서 항상 현전하시리라.

온갖 법들이
자성이 없는 줄 알지니

이렇게 법의 성품 안다면
곧 노사나불을 뵈오리라

차라리 지옥 고통 받으며
부처님 명호 들을지언정
한량없는 낙을 받느라고
부처님 명호 못 들을까보냐

15. 십주품(十住品)

　법혜(法慧)보살이 부처님의 위신력을 받들어 보살무량방편삼매(菩薩無量方便三昧)에 들었다가 일어나서 여러 보살에게 말씀하였다.
　불자여, 보살이 머무는[住] 곳이 넓고 커서 법계와 허공과 같다. 보살이 삼세의 여러 부처님 집에 머무나니[住三世諸佛家], 저 보살이 머무는 곳을 내 이제 말하리라. 불자여, 보살이 머무는 곳이 열 가지가 있으니, 이른바 초발심주(初發心住)·치지주(治地住)·수행주(修行住)·생귀주(生貴住)·구족방편주(具足方便住)·정심주(淨心住)·불퇴주(不退住)·동진주(童眞住)·법왕자주(法王子住)·관정주(灌頂住)니라.

(1) 초발심주

불자여, 무엇을 보살의 발심주(發心住)라 하는가.

보살이 부처님 세존의 형모가 단엄하고 색상이 원만하며 대위력이 있음을 보고, 혹 신족통을 보고, 혹 수기함을 듣고, 혹 가르침을 듣고, 혹 중생들이 심한 고통 받음을 보고, 혹 여래의 광대한 불법을 듣고 보리심을 내어 온갖 지혜를 구하느니라.

이 보살이 열 가지 얻기 어려운 법을 구하고저 발심하나니, 이른바 시처비처지(是處非處智)와 선악업보지(善惡業報智)·제근승열지(諸根勝劣智)·종종해차별지(種種解差別智)·종종계차별지(種種界差別智)·일체지처도지(一切至處道智)·제선해탈삼매지(諸禪解脫三昧智)·숙명무애지(宿命無礙智)·천안무애지(天眼無礙智)·삼세루보진지(三世漏普盡智) 등이니라.

불자여, 이 보살이 마땅히 열 가지 법 배우기를 권할지니, 무엇이 열인가. 이른바 부지런히 부처님께 공양하고, 생사에 머물기 좋아하고, 세간을 인도하여 나쁜 업을 덜게 하고, 수승하고 묘한 법으로 항상 가르치고, 위없는 법을 찬탄하고, 부처님의 공덕을 배우고, 부처님 앞에 나서 거두어주심을 받고, 방편으로 적정한 삼매를 연설하고, 생사윤회를 멀리 여의는 것을 찬탄하고, 고통받는 중생의 귀의할 곳이 되는 것이다. 무슨 까닭인가. 보살들로 하여금 부처님법 가운데 마음이 더욱 증대하게 하며 들은 바 법에 스스로 이해하고 다른이의 가르침을 말미암지 않게 하려는 연고니라.

(2) 치지주

불자여, 무엇을 보살의 치지주(治地住)라 하는가.

이 보살이 중생들에게 열 가지 마음을 내나니, 이른바 이익심(利益心)·대비심(大悲心)·안락심(安樂心)·안주심(安住心)·연민심(憐愍心)·섭수심(攝受心)·수호심(守護心)·동기심(同己心)·사심(師心)·도사심(導師心) 등이니라.

불자여, 이 보살이 마땅히 열 가지 법 배우기를 권할지니, 무엇이 열인가. 이른바 외우고 익혀 많이 들음과, 한가하여 고요한 것, 선지식을 친근하는 것, 화평하고 즐겁게 말하는 것, 말할 시기를 아는 것, 마음에 두려움이 없는 것, 이치를 잘 아는 것, 법대로 행하는 것, 어리석음을 멀리 여의는 것, 편안히 머물러 동하지 않는 것이다. 왜냐면, 보살들로 하여금 중생들에게 대비심을 증장케 하며, 들은 바 법에 스스로 이해하여 다른 이의 가르침을 말미암지 않게 하려는 까닭이니라.

(3) 수행주

불자여, 무엇을 보살의 수행주(修行住)라 하는가.

이 보살이 열 가지 행으로 일체법을 관찰하나니 이른바 온갖 법이 무상하고, 괴롭고, 공하고, 나가 없고, 지음이 없고, 맛이 없고, 이름과 같지 않고, 처소가 없고, 분별을 여의고 견실함이 없음을 관하는 것이니라.

불자여, 이 보살이 마땅히 열 가지 법 배우기를 권할지니, 중생계와 법계·세계·지계·수계·화계·풍계·욕계·색계·무색계를 관찰함이다. 왜냐면, 보살들로 하여금 지혜가 분명하게 하려는 까닭이니라.

(4) 생귀주

불자여, 무엇을 보살의 생귀주(生貴住)라 하는가.

이 보살이 성인의 교법으로부터 나서 열 가지 법을 성취하나니, 이른바 영원히 퇴전치 아니하며, 모든 부처님께 깨끗한 신심을 내며, 법을 잘 관찰하며, 중생과 국토와 세계와 업행과 과보와 생사와 열반을 잘 아는 것이니라.

불자여, 이 보살이 마땅히 열 가지 법 배우기를 권할지니, 이른바 과거 현재 미래의 모든 부처님 법을 분명히 알며 닦아 익히고 원만히 하며, 온갖 부처님들의 평등함을 분명하게 아는 것이다. 왜냐면 그로 하여금 삼세 가운데 더욱 나아가 마음이 평등하게 하려는 까닭이니라.

(5) 구족방편주

불자여, 무엇을 보살의 구족방편주(具足方便住)라 하는가.

이 보살이 닦는 선근은 모두 온갖 중생을 구호하며, 이익케 하며, 안락케 하며, 가엾이 여기며, 제도하여 해탈케 하며, 온갖 중생으로 하여금 생사고통에서 벗어나게 하며, 깨끗한 신심을 내게 하며, 조복함을 얻게 하며, 열반을 증득케 하려는 것이니라.

불자여, 이 보살이 열 가지 법 배우기를 권할지니, 이른바 중생이 무변하고 무량·무수·불가사의함을 알며, 중생의 무량색·불가량·공·무소작·무소유·무자성을 아는 것이다. 왜냐면 그 마음이 더욱 늘고 수승하여 물들지 않게 하려는 까닭이니라.

(6) 정심주

불자여, 무엇을 보살의 정심주(正心住)라 하는가.

이 보살이 열 가지 법을 듣고 마음이 결정되어 흔들리지 아니하나니, 이른바 부처님을 찬탄하거나 훼방함을 듣고도 불법 가운데 마음이 결정되어 흔들리지 아니하며, 법을 찬탄하거나 훼방함을 듣고도, 보살을 찬탄하거나 훼방함을 듣고도, 보살의 행하는 법을 찬탄하거나 훼방함을 듣고도, 중생이 한량있다거나 없다함을 듣고도, 중생이 때가 있다거나 없다함을 듣고도, 중생이 제도하기 쉽다거나 어렵다고 함을 듣고도, 법계가 한량있다거나 없다함을 듣고도, 법계가 이룩하는 것과 무너지는 것이 있다고 함을 듣고도, 법계가 있다거나 없다고 말함을 듣고도 불법 가운데 마음이 결정되어 흔들리지 아니 함이니라.

불자여, 이 보살이 마땅히 열 가지 법 배우기를 권할지니, 이른바 일체법이 상(相)이 없고, 체(體)가 없고, 닦을 수 없고, 가진 바 없고, 진실함이 없고, 공하고, 자성이 없고, 환술과 같고, 꿈과 같고, 분별이 없는 것이다. 왜냐면, 그 마음으로 하여금 더욱더 정진하여 퇴전하지 않고 무생법인(無生法忍)을 얻게 하려는 까닭이니라.

(7) 불퇴주

불자여, 무엇을 보살의 불퇴주(不退住)라 하는가.

이 보살이 열가지 법을 듣고 견고하여 퇴전하지 않나니, 이른바 부처님이 있다거나 없다함을 듣고도 불법 가운데 마음이 퇴전치 아니하며, 법이 있다거나 없다함을 듣고도, 보살이 있다거나 없다함을 듣고도, 보살의 행이 있다거나 없다함을 듣고도, 보살이 행을 닦아 뛰어나거나 뛰어나지 못하다 함을 듣고도, 지난 세상에 부처님이 있다거나 없다함을 듣고도, 오는 세상에 부처님이 있다거나 없다함을 듣고도, 지금 세상에 부처님이 있다거나 없다함을 듣고도, 부처님의 지혜가 다한다거나 다하지 않는다 함을 듣고도, 삼세가 한모양이라거나 한모양이 아니다 함을 듣고도 불법 가운데 마음이 퇴전치 아니 함이니라.

불자여, 이 보살이 마땅히 열 가지 광대한 법 배우기를 권할지니, 이른바 하나가 곧 많다 말하고, 많은 것이 곧 하나라 말하며, 글이 뜻을 따르고 뜻이 글을 따르며, 있지 않는 것이 곧 있는 것이고 있는 것이 곧 있지 않음이며, 모양 없는 것이 곧 모양이고 모양이 곧 모양 없는 것이며, 성품 없는 것이 곧 성품이고 성품이 곧 성품 없는 것이다. 왜냐면, 그로 하여금 온갖 법에 더 나아가서 잘 뛰어나게 하려는 까닭이니라.

(8) 동진주

불자여, 무엇을 보살의 동진주(童眞住)라 하는가.

이 보살이 열가지 업에 머무나니, 이른바 몸으로 행함이 잘못됨이 없고, 말의 행과 뜻의 행이 잘못됨이 없고, 마음대로 태어나고, 중생의 가지가지 욕망·이해·경계·업을 알고, 세계의 이룩하고 무너짐을 알고, 신통이 자재하고, 다니는데 걸림이 없는 것이니라.

불자여, 이 보살이 마땅히 열 가지 법 배우기를 권할지니, 이른바 온갖 부처님의 세계를 알며, 움직이며, 지니며, 관찰하며, 온갖 부처님의 세계에 나아가며, 수없는 세계에 다니며, 무수한 부처님 법을 받으며, 변화하여 자재한 몸을 나타내며, 넓고 크고 가득한 음성을 내며, 한 찰나에 수없는 부처님을 섬기고 공양함이다. 왜냐면, 그로 하여금 더 나아가 온갖 법에 공교한 방편을 얻게 하려는 까닭이니라.

(9) 법왕자주

불자여, 무엇을 보살의 법왕자주(法王子住)라 하는가.

열 가지 법을 잘 아나니, 이른바 모든 중생의 태어나는 것을 잘 알며, 모든 번뇌가 현재에 일어나는 것을 잘 알며, 습기가 계속되는 것을 잘 알며, 행할 방편을 잘 알며, 한량없는 법을 잘 알며, 모든 위의를 잘 이해하며, 세계의 차별을 잘 알며, 앞시간과 뒷시간의 일을 잘 알며, 세제(世諦) 연설할 줄을 잘 알며, 제일의제를 연설할 줄 잘 아는 것이니라.

불자여, 이 보살이 마땅히 열 가지 법 배우기를 권할지니, 이른바 법왕의 지위에 능란함과 법왕 처소의 법도와 궁전과 법왕의 처소에 나아가고 들어옴과 법왕처소의 관찰과 법왕의 관정과 법왕의 힘으로 유지함과 법왕의 두려움 없음과 법왕의 편히 주무심과 법왕을 찬탄함이다. 왜냐면, 그로 하여금 더욱 나아가 마음에 장애가 없게 하려는 까닭이니라.

(10) 관정주

불자여, 무엇을 보살의 관정주(灌頂住)라 하는가.

이 보살이 열 가지 지혜를 성취하나니, 이른바 무수한 세계를 진동하고, 밝게 비추며, 무수한 세계에 머물고, 나아가고, 깨끗이하며, 무수한 중생을 열어보이고, 관찰하며, 무수한 중생의 근성을 알며, 무수한 중생으로 하여금 나아가 들게 하며, 조복케 하는 것이니라.

불자여, 이 보살이 마땅히 부처님의 열 가지 지혜 배우기를 권할지니, 이른바 세 세상의 지혜와 불법의 지혜와 법계의 걸림없는 지혜와 법계의 끝없는 지혜와 온갖 세계에 가득한 지혜와 온갖 세계에 두루 비치는 지혜와 온갖 세계를 머물러 지니는 지혜와 온갖 중생을 아는 지혜와 온갖 법을 아는 지혜와 그지없는 부처님을 아는 지혜이다. 왜냐면, 그로 하여금 일체종지를 증장케 하기 위함이니라.

16. 범행품(梵行品)

정념천자(正念天子)가 법혜(法慧)보살에게 말씀하였다.

불자여, 온 세계의 모든 보살들이 여래의 가르침을 의지하여 물든 옷을 입고 출가하였으면, 어떻게 해야 범행이 청정하여 보살의 지위로부터 위없는 보리의 도에 이르리이까.

법혜보살이 말씀하였다.

불자여, 보살마하살이 범행(梵行)을 닦을 때에는 마땅히 열 가지 법으로 반연을 삼고 뜻을 내어 관찰할지니라. 이른바 몸〔身〕과 몸의 업〔身業〕과 말〔語〕과 말의 업〔語業〕과 뜻〔意〕과 뜻의 업〔意

業]과 부처님과 교법과 스님과 계율이니라.

마땅히 몸이 범행인가 내지 계율이 범행인가를 관찰해야 할 것이니라.

만일 몸이 범행이라면, 마땅히 알라, 범행이란 착하지 않은 것이며, 법답지 않은 것이며, 흐린 것이며, 냄새나는 것이며, 부정한 것이며, 싫은 것이며, 어기는 것이며, 잡되고 물든 것이며, 송장이며, 벌레무더기일 것이리라.

만일 몸의 업이 범행이라면 범행은 곧 가는 것, 머무는 것, 앉는 것, 눕는 것, 왼쪽으로 돌아보는 것, 오른쪽으로 돌아보는 것, 구부리는 것, 펴는 것, 숙이는 것, 우러르는 것이리라.

이 가운데 어느 것이 범행인가. 범행은 어디서 왔으며, 누구의 소유며 자체는 무엇이며 누구로 말미암아 지었는가. 이렇게 관찰하면 범행이란 법은 얻을 수 없으며, 삼세의 법이 다 공적하며, 뜻에 집착이 없으며, 마음에 장애가 없으며, 행할 것이 둘이 없으며, 방편이 자재하며, 모양없는 법을 받아들이며, 모양없는 법을 관찰하며, 부처님 법이 평등함을 알며, 온갖 부처님 법을 갖춘 연고로 이렇게 청정한 범행이라 이름하느니라.

다시 열 가지 법을 닦아야 하나니 무엇이 열인가.

이른바 처비처지(處非處智)·과현미래업보지(過現未來業報智)·제선해탈삼매지(諸善解脫三昧智)·제근승열지(諸根勝劣智)·종종해지(種種解智)·종종계지(種種界智)·일체지처도지(一切之處道智)·천안무애지(天眼無碍智)·숙명무애지(宿命無碍智)·영단습기지(永斷習氣智)이니라.

이 여래의 열 가지 힘을 낱낱이 관찰하면 낱낱 힘에 한량없는 뜻이 있으니 마땅히 물을지니라. 들은 뒤에 대자비심을 일으켜 중생을 관찰하여 버리지 아니하고, 모든 법을 생각하여 쉬지 아니하며, 위없는 업을 행하고도 과보를 구하지 말며, 경계가 요술 같고 꿈 같고 그림자 같고 메아리 같고 변화와 같음을 분명히 알아야 할지니라.

만일 보살들이 이렇게 관행(觀行)하여 모든 법에 두 가지 이해를 내지 아니하면 온갖 부처님 법이 빨리 앞에 나타나서〔現前〕처음 발심할 때에 곧 아뇩다라삼먁삼보리를 얻으며, 온갖 법이 곧 마음의 성품임을 알며, 지혜의 몸을 성취하되 다른 이를 말미암아 깨닫지 아니하리라.

17. 초발심공덕품(初發心功德品)

그때 제석천왕〔天帝釋〕이 법혜(法慧)보살에게 물었다.
불자여, 보살이 처음으로 보리심을 내면 그 공덕이 얼마나 됩니까.
법혜보살이 말씀하였다.
그 이치가 깊고 깊어서 말하기 어렵고, 알기 어렵고, 분별하기 어렵고, 믿고 이해하기 어렵고, 증득하기 어렵고, 행하기 어렵고, 통달하기 어렵고, 생각하기 어렵고, 헤아리기 어렵고, 들어가기 어려우니라. 그러나 내가 마땅히 부처님의 위신력을 힘입어 그대에게 말하리라.

불자여, 가령 어떤 사람이 모든 즐길거리로써 동방의 아승지 세계에 있는 중생들에게 한 겁 동안 공양하고, 그런 뒤에 가르쳐서 오계(五戒)를 깨끗이 갖게 하며, 남방 서방 북방과 네 간방과 상방 하방도 또 이와 같이 하였다면, 그대는 어떻게 생각하는가. 이 사람의 공덕이 많다고 하겠는가.

제석천왕이 말하였다.

불자여, 이 사람의 공덕은 오직 부처님만이 아실 것이고 다른 모든 이들은 측량할 수가 없을 것입니다.

법혜보살이 말씀하였다.

불자여, 이 사람의 공덕을 보살이 처음 발심한 공덕에 견주어보면, 백분의 일에도 미치지 못하고, 백천분의 일에도 미치지 못하며, 이렇게 억분·백억분·천억분·백천억분·나유타억분·백나유타억분·천나유타억분·백천나유타억분·수분·가라분·산수분·비유분·우파니사타분의 일에도 미치지 못하느니라.

불자여, 이 비유는 그만두고 가령 어떤 사람이 온갖 즐길거리로써 시방의 열아승지 세계에 있는 중생들에게 백겁 동안 공양하고, 그런 뒤에 가르쳐서 십선도(十善道)를 닦게 하고, 이렇게 천겁 동안 공양한 뒤에 사선(四禪)에 머물게 하고, 백천겁을 지낸 뒤에 사무량심(四無量心)에 머물게 하고, 억겁을 지낸 뒤에 사무색정(四無色定)에 머물게 하고, 백억겁을 지낸 뒤에 수다원과에 머물게 하고, 천억겁을 지낸 뒤에 사다함과에 머물게 하고, 백천억겁을 지낸 뒤에 아나함과에 머물게 하고, 나유타억겁을 지낸 뒤에 아라한과에 머물게 하고, 백천나유타억겁을 지낸 뒤에 가르쳐서 벽지불도에 머물게 하였다면, 어떻게 생각하는가. 이 사람의 공덕이 많다고

하겠는가.

 제석천왕이 대답하였다.

 불자여, 이 사람의 공덕은 오직 부처님만이 아실 것입니다.

 법혜보살이 말씀하였다.

 불자여, 이 사람의 공덕을 보살이 처음 발심한 공덕에 비유하면 백분의 일에도 미치지 못하고, 내지 우파니사타분의 일에도 미치지 못한다. 무슨 까닭인가. 모든 부처님께서 처음 발심하실 때에 다만 온갖 즐길거리로써 시방의 열아승지 세계에 있는 중생들에게 공양하기를, 백겁 내지 백천나유타 억겁 동안을 지내기 위하여 보리심을 내신 것이 아니며, 다만 그렇게 많은 중생들을 가르쳐서 오계(五戒)와 십선도(十善道)를 닦게 하거나 사선정·사무량심·사무색정에 머물게 하거나, 수다원과·사다함과·아나함과·아라한과·벽지불도를 얻게 하기 위하여 보리심을 내신 것이 아니다.

 여래의 종성(種性)이 끊어지지 않게 하기 위한 연고며, 일체 세계의 중생을 제도하여 해탈케 하기 위한 연고며, 일체 세계의 이루어지고 무너짐을 알게 하기 위한 연고며, 일체 세계에 있는 중생의 때묻고 깨끗함을 알게 하기 위한 연고며, 일체 세계의 성품이 청정함을 알게 하기 위한 연고며, 일체 중생의 욕락과 번뇌와 습기를 알게 하기 위한 연고며, 일체 중생이 여기서 죽어 저기 나는 것을 알게 하기 위한 연고며, 일체 중생의 근성과 방편을 알게 하기 위한 연고며, 일체 중생의 마음과 행을 알게 하기 위한 연고며, 일체 중생의 삼세의 지혜를 알게 하기 위한 연고며, 일체 부처님의 경계가 평등함을 알게 하기 위한 연고로 위없는 보리심을 내신 것이다.

 불자여, 이 비유는 그만두고, 가령 어떤 사람이 한 생각 동안에 동방으로 아승지 세계를 능히 지나가는데, 생각생각마다 이와 같이 하여 아승지 겁이 끝나도록 하였다면 이 여러 세계는 그 끝간 데를 찾을 수 없으리라. 또 둘째 사람이 한 생각 동안에 앞 사람이 아승지 겁 동안에 지나간 세계를 능히 지나가는데, 이와 같이 하기를 또 아승지 겁이 다하도록 하였으며, 차례차례로 더하고 더하여 열째 사람에게 이르렀으며, 남방 서방 북방과 네 간방과 상방 하방도 역시 이와 같이 하였다.

또 이 시방 가운데 모두 백 사람이 있어서 낱낱이 이와 같이 하여 모든 세계를 지나갔다면, 이 모든 세계는 오히려 끝간 데를 알 수 있다 하더라도 보살이 처음으로 아뇩다라삼먁삼보리심을 내어서 얻은 선근은 그 끝간 데를 알 사람이 없으리라.

무슨 까닭인가. 불자여, 보살이 다만 저러한 세계를 지나간 것만 알기 위하여 보리심을 낸 것이 아니라, 시방세계를 분명히 알기 위하여 보리심을 낸 것이다. 이른바 묘한 세계가 곧 추한 세계요, 추한 세계가 곧 묘한 세계며, 작은 세계가 곧 큰 세계요, 큰 세계가 곧 작은 세계며, 넓은 세계가 곧 좁은 세계요, 좁은 세계가 곧 넓은 세계며, 한 세계가 곧 말할 수 없는 세계요, 말 할 수 없는 세계가 곧 한 세계며, 말 할 수 없는 세계가 한 세계에 들어가고, 한 세계가 말할 수 없는 세계에 들어가며, 더러운 세계가 곧 깨끗한 세계요, 깨끗한 세계가 곧 더러운 세계임을 알고자 하며, 잠깐 동안 마음으로 모든 광대한 세계를 다 알아서 장애가 없고자 아뇩다라삼먁삼보리심을 낸 것이다.

불자여, 시방 아승지 세계가 이루어지고 무너지는 겁의 수효는 그 끝간 데를 알 수 있을지언정 보살이 아뇩다라삼먁삼보리심을 처음 낸 공덕과 선근은 그 끝간 데를 알지 못하리라.

　무슨 까닭인가. 보살이 다만 저러한 세계의 이루어지고 무너지는 겁의 수효만을 알기 위하여 아뇩다라삼먁삼보리심을 내기로 한 것이 아니라, 일체 세계의 이루어지고 무너지는 겁을 모두 알아서 남음이 없게 하기 위하여 아뇩다라삼먁삼보리심을 내는 것이다.

　이른바 긴 겁이 짧은 겁과 평등하고, 짧은 겁이 긴 겁과 평등하며, 한 겁이 무수한 겁과 평등하고, 무수한 겁이 한 겁과 평등하며, 부처님 계신 겁이 부처님 없는 겁과 평등하고, 부처님 없는 겁이 부처님 계신 겁과 평등하며, 말할 수 없는 겁이 한 찰나와 평등하고, 한 찰나가 말할 수 없는 겁과 평등하며, 잠깐 동안에 앞세상 뒷세상과 지금 세상의 일체 세계가 이루어지고 무너지는 겁을 모두 다 알고자 하여 아뇩다라삼먁삼보리심을 내는 것이다. 이것을 이름하여 처음 발심하고 큰 서원으로 장엄하여 일체의 겁을 분명히 아는 신통한 지혜라 한다.

　발심하였으므로 항상 세 세상〔三世〕 모든 부처님의 생각하심이 되며, 삼세 모든 부처님의 위없는 보리를 얻을 것이며, 삼세 모든 부처님이 묘한 법을 주실 것이며, 삼세 모든 부처님과 더불어 성품이 평등하며, 삼세 모든 부처님의 도를 돕는 법을 이미 닦았으며, 삼세 모든 부처님의 힘과 두려울 것 없음을 성취하며, 삼세 모든 부처님의 함께 하지 않는 불법을 장엄하며, 법계 모든 부처님의 법문 말씀하는 지혜를 모두 얻을 것이니, 왜냐면 이렇게 발심함으로써 마땅히 부처가 될 것이기 때문이다.

　이 사람이 곧 삼세 부처님들과 평등하리니, 삼세 부처님 여래의 경계와 공덕과 평등하리라.

처음 발심하였을 때에 곧 시방 모든 부처님의 함께 칭찬하심이 될 것이며, 곧 능히 법을 말하며, 온갖 세계에 있는 중생들을 교화하고 조복할 것이며, 곧 능히 일체 세계를 진동할 것이며, 곧 능히 일체 세계를 비출 것이며, 곧 능히 일체 세계에서 나쁜 갈래의 고통을 멸할 것이며, 곧 능히 일체 국토를 깨끗이 장엄할 것이며, 곧 능히 일체 세계에서 성불함을 보일 것이며, 곧 능히 일체 중생으로 하여금 환희하게 할 것이며, 곧 능히 일체 법계의 성품에 들어갈 것이며, 곧 능히 일체 부처님의 종성을 지닐 것이며, 곧 능히 일체 부처님의 지혜 광명을 얻을 것이다.

이 처음 발심한 보살은 삼세에 대하여 조금도 얻음이 없으니, 이른바 부처님이나 부처님 법이나 보살·보살법·독각·독각법·성문·성문법·세간·세간법·출세간·출세간법·중생·중생법 등이다. 오직 온갖 아는 지혜를 구할 뿐이므로 모든 법계에 마음이 집착하지 않느니라.

18. 명법품(明法品)

그때 정진혜(精進慧)보살이 법혜(法慧)보살에게 보살은 어떻게 닦아 익혀야 하는지 물었다.

법혜보살이 대답하였다.

불자여, 열 가지 법이 있어 보살들로 하여금 행하는 일이 청정케 한다. 무엇이 열인가. 하나는 재물을 희사하여 중생의 뜻을 만족케 함이요, 둘은 계법을 청정하게 지니어 범계하지 아니함이요, 셋은 부드럽고 인욕하여 다함이 없음이요, 넷은 부지런히 법을 닦아 영원히 퇴전하지 아니함이요, 다섯은 바르게 생각하는 힘으로 마음이 산란하지 아니함이요, 여섯은 한량없는 여러 가지 법을 분별하여 알음이요, 일곱은 일체의 법을 닦아 집착함이 없음이요, 여덟은 마음이 동요하지 않음이 산과 같음이요, 아홉은 중생들을 널리 제도하기를 다리와 같이 함이요, 열은 모든 중생이 여래와 더불어 성품이 같은 줄을 아는 것이다. 불자여, 이 열 가지 법이 보살들의 행을 청정케 하는 것이다.

보살이 중생의 마음을 만족케 하기 위하여 안의 재물과 밖의 재물을 모두 버리면서도 집착하지 아니하나니, 이는 보시바라밀을 청정케 함이다.

여러 가지 계율을 구족히 가지면서 집착하지 아니하고 아만을 영원히 여의나니, 이는 지계바라밀을 청정케 함이다.

온갖 나쁜 것을 모두 참으면서 여러 중생들에게 마음이 평등하여 흔들리지 않기를 마치 땅이 모든 것을 능히 지니는 것과 같이 하나니, 이는 인욕바라밀을 청정케 함이다.

모든 업을 두루 지으며 항상 닦아서 게으르지 아니하고, 여러 가지 짓는 일에 퇴전치 아니하며, 용맹한 세력을 제어할 이 없고 모든 공덕에 취하지도 버리지도 아니하면서도 능히 온갖 지혜의 문을 만족하나니, 이는 정진바라밀을 청정케 함이다.

오욕경계에 탐착하지 아니하며, 차례로 닦는 선정을 모두 성취하여 항상 바르게 생각하여 머물지도 않고 나오지도 아니하며, 온갖 번뇌를 능히 소멸하며, 한량없는 삼매문을 내며, 끝없는 큰 신통을 성취하며, 역(逆)으로 순(順)으로 차례차례 모든 삼매에 들며, 한 삼매문에서 가없는 삼매문에 들어가며, 온갖 삼매의 경계를 다 알며, 일체 삼매와 삼마발제 지혜인이 서로 어기지 아니하여, 온갖 지혜의 지위에 빨리 들어가나니, 이는 선정바라밀을 능히 청정케 함이다.

여러 부처님께 법을 듣고 받아지니며, 선지식을 친근하여 섬기고 게으르지 아니하며, 항상 법문 듣기를 좋아하여 마음에 만족함이 없고, 들음을 따라 이치답게 생각하며, 참된 삼매에 들어 모든 편벽된 소견을 여의며, 모든 법을 잘 관찰하여 실상인을 얻으며, 여래의 무공용도를 요달해 알며, 넓은 문의 지혜〔普門慧〕를 타고 온갖 지혜의 지혜문에 들어가서, 영원히 휴식함을 얻나니, 이는 곧 반야바라밀을 청정케 함이다.

온갖 세간에서 짓는 업을 일부러 나타내며, 중생을 교화함에 게으르지 아니하며, 그들의 즐겨함을 따라 몸을 나타내며, 모든 행하는 일에 물들지 아니하며, 혹은 범부를 나타내고 혹은 성인의 행하는 행을 나타내며, 혹은 생사를 나타내고 혹은 열반을 나타내며, 모든 지을 것을 다 잘 관찰하며, 온갖 장엄하는 일을 나타내면서도 탐착하지 아니하고 모든 갈래에 두루 들어가 중생을 제도하나니, 이것이 곧 방편바라밀을 청정케 함이다.

끝까지 일체 중생을 성취하며, 끝까지 일체 세계를 장엄하며, 일체 부처님께 공양하며, 장애없는 법을 통달하며, 법계에 가득한 행을 수행하며, 오는 세월이 끝나도록 몸이 항상 머물며, 지혜로 온갖 마음을 알며, 유전하고 환멸함을 깨달으며, 일체 국토를 나타내고 여래의 지혜를 증득하려 하나니, 이것이 곧 원바라밀을 청정케 함이다.

깊은 마음의 힘을 갖추었으니 잡되게 물듦이 없는 연고며, 깊이 믿는 힘을 갖추었으니 꺾을 이가 없는 연고며, 대비의 힘을 갖추었으니 고달픈 생각이 없는 연고며, 대자의 힘을 갖추었으니 행함이 평등한 연고며, 모두가 지니는 총지력을 갖추었으니 일체 중생으로 하여금 기쁨이 만족케 하는 연고며, 바라밀의 힘을 갖추었으니 대승을 장엄하는 연고며, 큰 서원의 힘을 갖추었으니 길이 끊어지지 않는 연고며, 신통의 힘을 갖추었으니 한량없는 것을 내는 연고며, 가지하는 힘을 갖추었으니 믿어 이해하고 받아들이게 하는 연고니, 이것이 곧 역바라밀을 청정케 함이다.

탐욕이 많은 이를 알며, 성냄이 많은 이를 알며, 어리석음이 많은 이, 세 가지가 평등한 이, 배우는 지위를 수행하는 이, 잠깐 동안에 그지없는 중생의 행, 그지없는 중생의 마음, 일체법의 진실함, 일체 여래의 힘을 알며, 법계의 문을 두루 깨닫나니, 이것이 곧 지혜바라밀을 청정케 함이니라.

19. 승야마천궁품(昇夜摩天宮品)

세존께서 모든 보리수 아래와 수미산 정상을 떠나지 않으시고 야마천궁의 보배로 장엄한 궁전으로 향하시었다.

야마천왕이 멀리서 부처님 오시는 것을 보고 즉시 신통한 힘으로 그 전각 안에 보련화장 사자좌를 변화하여 만들었다. 그리고는 부처님을 향하여 예배 합장하며 여쭈었다.

잘오셨나이다 세존이시여. 잘오셨나이다 선서시여. 잘오셨나이다 여래응정등각이시여. 바라옵건대 저희를 가엾이 여기사 이 궁전 안에 머무르소서.

부처님께서 청을 받으시고 보배궁전에 오르시니 시방에서도 모두 이와 같았다.

천왕은 지난 세상에 부처님 계신 데서 선근 심은 것을 생각하고 부처님의 위신력을 받들어 불공덕과 야마천궁전의 길상함을 게송으로 찬탄하였다.

그때 세존께서 마니보배 장엄전에 드시어 보련화장사자좌에 결가부좌하시니 그 전각이 넓어져서 하늘대중이 있는 처소와 같았으며 시방세계들도 모두 그와 같았다.

20. 야마궁중게찬품(夜摩宮中偈讚品)

그때 부처님의 신력으로 시방의 큰보살이 수많은 권속보살과 함께 와서 모였으니, 그 이름은 공덕림(功德林)보살·혜림보살·승림보살·무외림보살·참괴림보살·정진림보살·역림보살·행림보살·각림보살·지림보살들이었다.

각기 떠나온 세계는 친혜세계·당혜세계·보혜세계·승혜세계·등혜세계·금강혜세계·안락혜세계·일혜세계·정혜세계·범혜세계들이었고, 상주안불·무승안불·무주안불·부동안불·천안불·해탈안불·심체안불·명상안불·최상안불·감청안불이 계신 곳이었다.

이 여러 보살들이 각기 떠나온 방위를 따라 제각기 마니장 사자좌를 변화하여 만들고 결가부좌하였다.

그때 세존께서 두 발등으로 백천억 묘한 빛 광명을 놓아 시방으로 모든 세계를 비추시니 야마천궁의 부처님과 대중들이 모두 나타났다. 공덕림보살을 위시하여 열 보살들이 부처님의 위신력을 받들어 게송으로 찬탄하였다.

각림(覺林)보살은 다음과 같이 게송으로 말씀하였다.

마치 그림 그리는 화가가
자기의 마음 알지 못하지만
마음으로 그림을 그리듯이
모든 법의 성품도 그러하다.

마음이 화가와 같아서
모든 세간을 그려내나니
오온이 마음 따라 생기어서
무슨 법이든 짓지 못함이 없다.

마음과 같아 부처도 그러하고

부처와 같아 중생도 그러하니
마땅히 알라. 부처와 마음이
그 체성 모두 다함이 없다.

마음이 모든 세간 짓는 줄을
아는 이가 있다면
이 사람 부처를 보아
부처의 참성품 알게 되도다.

마음이 몸에 있지 않고
몸도 마음에 있지 않으나
불사(佛事)를 능히 지어
자재함이 미증유로다.

만일 어떤 사람이
삼세 일체 부처님을 알고자 한다면
마땅히 법계의 성품을 관하라
모든 것 오직 마음이 지어냄이로다.
(若人欲了知 三世一切佛 應觀法界性 一切唯心造)

21. 십행품(十行品)

공덕림(功德林)보살이 부처님의 위신력을 입어 보살의 선사유(善思惟) 삼매에 들었다가 깨어나 보살들에게 말씀하였다.

불자여, 보살행은 불가사의하여 법계와 허공계와 같으니, 보살마하살은 삼세의 부처님들을 따라 배우며 수행하기 때문이니라.

무엇이 보살 마하살의 행인가. 열 가지가 있으니 환희행(歡喜行)・요익행(饒益行)・무위역행(無違逆行)・무굴요행(無屈撓行)・무치란행(無癡亂行)・선현행(善現行)・무착행(無着行)・난득행(難得行)・선법행(善法行)・진실행(眞實行)이니라.

(1) 환희행

무엇이 보살 마하살의 환희행(歡喜行)인가.

불자여, 보살이 큰 시주(施主)가 되어 가진 것을 모두 보시하되 그 마음이 평등하여 뉘우치거나 아낌이 없으며 과보를 바라지도 않으며, 이름이 알려지길 구하지도 않으며 어떤 이익을 탐하지도 않는다. 다만 일체 중생을 구호하고 거두어 주며 요익하기 위해서이며, 부처님들이 닦으신 행을 배우고, 생각하고, 좋아하고, 청정케 하고, 증장시키고, 머무르고, 드러내고, 연설하여 중생들로 하여금 괴로움을 벗어나 즐거움을 얻도록 하기 위해서이다.

불자여, 보살 마하살이 이 행을 닦을 때 일체 중생으로 하여금 환희하고 즐겁게 하려고 한다. 어느 지방에 가난한 곳이 있으면 원력으로써 그곳에 태어난다. 그리하여 무수한 중생들이 "우리는 너무 가난해서 끼니를 이어갈 수 없고 굶주려 목숨을 부지하기 어려우니 먹을 것을 베풀어 살아가게 하소서."라고 하면, 보살은 곧 보시를 하여 그들을 기쁘게 하고 만족케 한다.

이와 같이 한량없는 중생들이 와서 구걸하더라도 보살은 조금도 싫어하거나 겁내지 않고 더욱 자비심을 일으킨다. 보살은 중생들이 와서 구걸하는 것을 보고 더욱 환희하여 이와 같이 생각한다. 나는 지금 좋은 이익을 얻고 있다. 이 중생들은 내 복밭이고 내 좋은 벗〔善友〕이다. 청하지 않았으되 찾아와 나를 불법 가운데 들게 하니, 나는 이제 마땅히 이와 같이 배우고 닦아서 일체 중생의 마음을 저버리지 않으리라.

또 이렇게 생각한다.

내가 이미 지었거나 지금 짓고 있거나 앞으로 지을 착한 일〔善根〕로써 오는 세상에는 모든 세계 중생들 가운데 광대한 몸을 받아, 그 살로 굶주린 중생들의 배를 채워 주리라. 한 조그만 중생까지라도 배가 차지 않은 이가 있으면 내 몸에서 베어내는 살도 다하지 말아지이다.

이러한 선근으로 위없는 보리〔菩提〕를 얻고 대열반(大涅槃)을 증득하고, 내 살을 먹은 중생들도 또한 위없는 보리를 얻고 평등한 지혜를 가지며, 불법을 갖추어 불법을 널리 짓다가 무여열반(無餘涅槃)에 들기를 원한다. 만약 한 중생이라도 만족하지 않는다면 끝내 위없는 보리를 증득하지 않겠다고 원한다.

보살이 이와 같이 중생을 이롭게 하지만, '나'라는 생각, 중생이라는 생각, 있다는 생각, 목숨이라는 생각, 짓는 이라는 생각, 받는 이라는 생각이 전혀 없다. 자기 몸도 보지 않고, 보시하는 물건도 보지 않고, 받는 이도 보지 않고, 복밭도 보지 않고, 업도 보지 않고, 과보도 보지 않는다.

이것이 보살 마하살의 즐거운 행이니라.

(2) 요익행

불자여, 무엇이 보살 마하살의 요익행(饒益行)인가.

보살은 청정한 계율을 지니어 빛과 소리와 냄새와 맛과 감촉에 대하여 집착하지 않는다. 위세를 구하지 않고, 내지 왕위를 구하지도 않는다. 그러한 일체에 집착이 없고 다만 청정한 계율을 굳게 지니면서 이렇게 생각한다.

내가 청정한 계율을 지녀 반드시 모든 속박과 탐욕의 번뇌와 모든 어려운 핍박과 훼방의 어지러움을 버리고, 부처님께서 찬탄하시는 평등한 정법을 얻으리라.

불자여, 보살은 한 순간도 욕심 내지 않고 마음이 청정하기가 부처님과 같다. 다만 방편으로 중생을 교화하는 일만 예외이니 일체지혜의 마음을 버리지 않기 때문이다. 보살은 욕심으로 인해 한 중생도 괴롭히지 않는다. 차라리 자신의 목숨을 버릴지언정 끝내 중생을 괴롭히는 일은 하지 않는다.

보살은 또 이와 같이 생각한다.

중생들이 오욕에 탐착하여 헤매며 자유롭지 못하다. 내가 이제 중생들로 하여금 위없는 계율에 머물도록 하겠다. 청정한 계율에 머물고는 일체지에서 물러나지 않아 아뇩다라삼먁삼보리를 얻고 무여열반(無餘涅槃)에 들게 하리라.

그래서 스스로를 제도하고 남도 제도하며, 스스로 해탈하고 남도 해탈케 하며, 스스로 조복하고 남도 조복케 하며, 스스로 고요하고 남도 고요하게 하며, 스스로 안온하고 남도 안온하게 하며, 스스로 때를 벗고 남도 때를 벗게 하며, 스스로 청정하고 남도 청정케 하며, 스스로 열반에 들고 남도 열반에 들게 하며, 스스로 즐겁고 남도 즐겁게 한다.

이것이 보살 마하살의 이롭게 하는 행이니라.

(3) 무위역행

불자여, 무엇이 보살 마하살의 무위역행(無爲逆行)인가.

보살은 항상 참는 법을 닦아 겸손하고 공경하여, 스스로를 해치지 않고 남도 해치지 않으며, 스스로 집착하지 않고 남도 집착케 하지 않으며, 또 명예와 이익을 구하지도 않고 이런 생각을 한다. 내가 마땅히 중생에게 법을 말하여 그들이 모든 악을 여의고 탐욕과 성냄과 어리석음, 교만, 감추는 일, 아끼는 일, 질투, 아첨, 속임 등을 끊어서, 항상 참고 견디며 부드럽고 화평하게 살도록 하리라.

보살이 이와 같이 참는 법을 성취할 때, 차마 들을 수 없는 말로 욕함을 듣고 극심한 고초를 당하여 생명이 위태롭게 될지라도 보살은 이렇게 생각한다.

내가 이만한 고통으로 마음이 흔들린다면, 자신을 조복하지 못하고, 자신을 수호하지 못하고, 스스로 분명히 알지 못하고, 닦지 못하고, 안정하지 못하고, 고요하지 못하고, 아끼지 못하고, 집착하게 될 것이니, 어떻게 남의 마음을 청정하게 할 수 있을 것인가.

보살은 또 이와 같이 생각한다.

이 몸은 공적(空寂)하여 '나'도 없고 '내 것'도 없으며, 진실하지 않고, 성질이 공하여 둘이 없다. 괴로움도 즐거움도 모두 없으며, 모든 것이 공한 것을 내가 이해하고 남들에게 널리 말하여 중생들로 하여금 이런 견해를 없애게 해야 한다. 그러므로 내가 비록 이런 고통을 당할지라도 참고 견디어야 한다. 그것은 중생을 사랑하고, 이롭게 하고, 안락하게 하고, 가엾게 여기고, 거두어 주고, 버리지 않기 위해서이며, 스스로 깨닫기 위해서이며, 남들을 깨닫게 하기 위해서이며, 마음이 불퇴전하기 위해서이며, 불도에 나아가기 위해서이다.

이것이 보살 마하살의 어기지 않는 행이니라.

(4) 무굴요행

불자여, 무엇이 보살 마하살의 무굴요행(無屈撓行)인가.

보살은 모든 정진을 닦는다. 이른바 제일 정진, 큰 정진, 뛰어난 정진, 특별히 뛰어난 정진, 가장 뛰어난 정진, 가장 묘한 정진, 상(上)정진, 무상(無上)정진, 무등(無等)정진, 보변(普遍)정진이다.

보살은 성품에 탐욕과 성냄과 어리석음의 삼독(三毒)이 없고, 교만이 없고, 덮어 숨김이 없고, 아끼고 질투함이 없고, 아첨과 속임수가 없다. 성품이 스스로 부끄러워할 줄 알므로, 한 중생이라도 괴롭게 하지 않으려고 정진을 한다.

오로지 모든 번뇌를 끊기 위해 정진하고, 모든 의혹의 근본을 뽑기 위해 정진하며, 익힌 버릇들을 제거하기 위해 정진하며, 모든 중생계를 알기 위해 정진하고, 일체 중생이 여기서 죽어 저기에 나는 것을 알기 위해 정진하고, 일체 중생의 번뇌를 알기 위해 정진하고, 일체 중생의 마음에 좋아함을 알기 위해 정진하고, 일체 중생의 경계를 알기 위해 정진하고, 일체 중생의 근기의 우열을 알기 위해 정진하고, 일체 중생의 마음으로 행함을 알기 위해 정진한다.

보살은 이같이 행하는 방편으로 모든 세계에서 일체 중생에게 끝까지 무여열반을 얻게 한다.

이것이 보살 마하살의 굽히지 않는 행이니라.

(5) 무치란행

불자여, 어떤 것이 보살 마하살의 무치란행(無癡亂行)인가.

보살은 바른 생각을 성취하여 마음이 산란하지 않고 견고하여 흔들리지 않으며, 가장 청정하고 광대 무량하여 미혹이 없다. 생각이 바르므로 세간의 모든 언어를 잘 알고 출세간법의 말을 할 수 있다.

보살은 한량없는 정념을 성취하고 무량 아승지겁 동안 부처님과 보살과 선지식에게서 정법을 듣는다. 보살은 아승지겁을 지내더라도 정법을 잊지 않고 잃지 않고 항상 기억한다.

또 어떤 소리로도 보살을 산란하게 할 수 없다. 이른바 높고 큰 소리, 거칠고 탁한 소리, 사람을 몹시 두렵게 하는 소리, 마음을 기쁘게 하는 소리, 마음을 기쁘지 않게 하는 소리, 귀를 시끄럽게 하는 소리, 육근을 무너뜨리는 소리 등 아승지 세계에 가득한 이러한 소리를 듣더라도 보살은 잠시도 마음이 산란하지 않는다. 보살은 악업을 짓지 않으므로 악업의 장애가 없고, 번뇌를 일으키지 않으므로 번뇌의 장애가 없고, 법을 가볍게 여기지 않으므로 법의 장애가 없고, 정법을 비방하지 않으므로 과보의 장애가 없다. 보살은 삼매에 들어 거룩한 법에 머물고, 모든 음성을 사유 관찰하여, 음성이 생기고 머물고 사라지는 모양과 그 성질을 잘 안다.

보살은 잠깐 동안에 수없는 백천 삼매를 얻어 갖가지 소리를 얻더라도 마음이 산란치 않고, 삼매가 점점 더 깊어지게 한다. 그리고 이와 같이 생각한다.

내가 마땅히 일체 중생으로 하여금 위없는 청정한 생각에 편안히 머물러 일체지에서 물러나지 않고 마침내 무여열반을 성취하게 하리라.

이것이 보살 마하살의 어리석음과 어지러움을 떠난 행이니라.

(6) 선현행

불자여, 무엇이 보살 마하살의 선현행(善現行)인가.

보살은 몸으로 짓는 업이 청정하고, 말로 짓는 업이 청정하고, 생각으로 짓는 업이 청정하여, 얻을 것 없는 데〔無所得〕에 머물러서 얻을 것 없는 몸과 말과 생각의 업을 보인다. 이 세 가지 업이 모두 없는 것인 줄 알며, 허망함이 없으므로 얽매임이 없고, 무릇 나타내 보이는 것〔示現〕이 성품도 없고 의지함도 없다.

실제와 같은 마음에 머물러 한량없는 마음의 자성을 알고, 진여(眞如) 법성(法性)에 머물러 방편으로 출생하되 업보가 없어서 나지도 않고 멸하지도 않으며, 열반(涅槃)의 세계에 머물고, 진실하여 성품이 없는 성품에 머물러, 말로 할 수도 없으니 세간을 초월하여 의지할 데가 없다.

분별을 떠나 속박이 없는 법에 들어갔고, 가장 뛰어난 지혜의 진실한 법에 들어갔고, 세간에서는 알 수 없는 출세간법에 들어갔으니 이것이 보살의 선교방편(善巧方便)으로 생기는 모양을 나타내는 것이다.

이 보살은 이렇게 생각한다. 일체 중생이 성품 없는 것으로 바탕을 삼았고 모든 법이 무위(無爲)로 바탕을 삼았으며, 모든 국토가 무상(無相)으로 모양을 삼았다. 모든 삼세(三世)가 다 말뿐이니, 모든 말이 여러 법 가운데 의지할 곳이 없고, 모든 법이 말 속에 의지할 곳이 없다.

보살은 이와 같이 모든 법이 다 깊고 깊음을 알며, 모든 세간이 다 고요하고, 모든 불법이 더함이 없으며, 불법이 세간법(世間法)과 다르지 않고 세간법이 불법과 다르지 않음을 안다. 불법과 세간법이 서로 섞이지 않고 차별이 없으며, 법계의 체성(體性)이 평등해서 삼세에 널리 들어감을 분명히 안다. 큰 보리심을 영원히 버리지 않고, 중생을 교화하는 마음이 항상 물러가지 않으며, 큰 자비심이 더욱 늘어나 모든 중생의 의지처가 된다.

보살은 또 이렇게 생각한다.

내가 중생을 성숙시키지 않으면 누가 성숙시켜 주며, 내가 중생을 조복하고, 교화하고, 깨우치고, 청정하게 하지 않으면 누가 해 주겠는가. 이것은 내가 할 일이다. 만약 나만 이 깊고 깊은 법을 안다면 나 혼자만 아뇩다라삼먁삼보리에 해탈하고, 다른 중생들은 여러 가지 번뇌가 마음을 가리어 사견에 빠져 바른 도를 행하지 못할 것이다.

보살은 이와 같이 중생을 살피고 이러한 생각을 해서 말한다.

만약 이 중생이 성숙되지 못하고 조복되지 못했는데 그냥 버려두고 나만 아뇩다라삼먁삼보리를 증득함은 마땅하지 못하다. 내가 먼저 중생을 교화하고 무량겁 동안 보살행을 닦아, 성숙하지 못하고 조복되지 못한 이를 먼저 조복되게 하리라.

이것이 보살 마하살의 잘 나타내는 행이니라.

(7) 무착행

불자여, 무엇이 보살 마하살의 무착행(無着行)인가.

보살은 집착이 없는 마음으로 생각생각마다 아승지 세계에 들어가 아승지 세계를 청정하게 장엄하면서도 그 세계에 집착하는 마음이 없다.

보살은 생각 생각에 많은 부처님을 뵙지만 부처님께 집착하는 마음이 없으며, 부처님 세계와 부처님 상호에도 집착함이 없으며, 광명을 보고 설법을 듣는 데도 집착하지 않는다. 부처님과 보살과 거기 모인 대중에게도 집착하지 않고, 부처님 법을 듣고 환희심을 내어 의지력이 광대해져서 보살행을 행하면서도 부처님 법에 집착함이 없다.

보살은 이와 같이 집착이 없기 때문에 부처님의 법 안에 있으면서도 마음에 장애가 없어, 부처님의 보리를 알고 법의 계율을 증득하고 부처님의 바른 가르침에 머문다. 보살행을 닦고 보살의 마음에 머물고 보살의 해탈법을 생각하면서도 보살이 머무는 데에 물들지 않고 보살이 행하는 데에 집착하지 않고, 보살도를 청정하게 하여 보살의 수기(受記)를 받는다. 수기를 받고 중생을 관찰하고 대비심을 일으켜 선근을 내면서도 거기에 집착하지 않는다.

보살은 또 이와 같이 생각한다.

나는 한 중생을 위해서라도 시방 세계의 낱낱 국토에서 무량겁을 지내면서 교화하고 성숙하게 할 것이며, 이 한 중생을 위해서 하듯 일체 중생을 위해서도 그와 같이 할 것이다. 끝까지 이 일을 위해 싫어하거나 고달픈 생각을 내어 내버려 두고 떠나지 않을 것이다.

손가락 한 번 튕길 동안이라도 나 자신에 집착하여 '나'라든가 '내 것'이라는 생각을 일으키지 않으며, 미래겁이 다하도록 보살행을 닦아도 몸에 집착하지 않고 법에 집착하지 않고 생각과 소원과 삼매와 관찰과 적정과 경계와 중생교화와 입법계(入法界)에 집착하지 않는다.

왜냐면, 보살은 모든 법계가 요술과 같고, 모든 부처님은 그림자 같으며, 보살행은 꿈과 같고, 부처님의 설법은 메아리 같다고 관하기 때문이다. 모든 세간이 화현(化現)과 같으니 업보로 유지되기 때문이며, 차별한 몸이 환상과 같으니 행의 힘으로 일으키기 때문이며, 일체 중생이 마음과 같으니 여러 가지로 물들기 때문이며, 모든 법이 실제와 같으니 변할 수 없기 때문이다.

이것이 보살 마하살의 집착이 없는 행이니라.

(8) 난득행

불자여, 무엇이 보살 마하살의 난득행(難得行)인가.

보살은 얻기 어려운 선근(善根)과 굴복하기 어려운 선근, 가장 뛰어난 선근, 깨뜨릴 수 없는 선근, 지나갈 이 없는 선근, 불가사의 선근, 다함 없는 선근, 자재력 선근, 큰 위덕 선근, 모든 부처님과 성격이 같은 선근 등을 성취하였다.

이 보살이 모든 행을 닦을 때 불법 중에서 가장 뛰어난 이해를 얻으며, 부처님 보리에서 가장 넓고 큰 이해를 얻는다. 보살의 서원에는 조금도 휴식이 없으며, 모든 겁이 다하여도 마음이 지치거나 게으름이 없으며, 온갖 고통에도 싫은 생각을 내지 않으며, 모든 악마의 무리가 동요하지 못하며, 모든 부처님이 보호하며, 보살의 고행을 갖춰 행하며, 보살행을 닦아 부지런히 힘써 게으르지 않으며, 대승(大乘)의 소원에 항상 물러가지 않는다.

보살은 중생이 있는 것 아닌 줄 알지만 일체 중생을 버리지 않는다. 마치 뱃사공과 같아서 생사에 머물지도 않고 열반에 머물지도 않고 생사와 열반의 가운데에 머물지도 않으면서, 이쪽 기슭에 있는 중생을 건네어 저쪽 기슭의 편안하고 두려움 없고 근심 없고 시끄러움이 없는 곳에 이르게 하지만, 중생의 수효에 집착하지 않는다.

한 중생을 버리고 많은 중생에게 집착하지도 않고, 많은 중생을 버리고 한 중생에게 집착하지도 않는다. 중생계가 늘지도 않고 줄지도 않으며, 나지도 않고 멸하지도 않으며, 다하지도 않고 자라지도 않으며, 중생계를 분별하지도 않고 둘로 하지도 않는다.

왜냐면, 보살은 중생계와 법계가 같은 데에 깊이 들어가 중생계와 법계가 둘이 없는 것을 알기 때문이다. 둘이 없는 법은 늘지도 줄지도 않고, 나지도 멸하지도 않으며, 있지도 없지도 않고, 취하지도 의지하지도 않고, 집착하지도 않는다.

보살은 이와 같이 얻기 어려운 마음을 성취하고 보살행을 닦을 때 이승(二乘)법도 말하지 않고 부처님 법도 말하지 않고 세간과 세간법과 중생과 중생 없음과, 때와 깨끗함도 말하지 않는다. 왜냐면, 보살은 모든 법이 물들지도 않고 집착도 없고 바뀌지도 않고 물러가지도 않는 것을 알기 때문이다.

보살이 이와 같이 얻기 어려운 지혜 마음을 성취하고 모든 행을 닦아 삼악도에서 중생들을 건져내어 교화 조복하여 삼세 부처님 도에 편히 두고 동요치 않게 한다. 그리고 이렇게 생각한다.

세간 중생들이 은혜 갚을 줄을 모르고 원수로 상대하며, 삿된 소견에 집착하여 미혹하고 전도되며, 어리석고 지혜가 없으며, 신심이 없고 나쁜 벗을 따라 나쁜 생각을 일으키며, 탐욕과 애착과 무명과 갖가지 번뇌로 가득 차 있으니, 이곳이야말로 내가 보살행을 닦을 만한 곳이다. 중생들이 은혜를 알고 총명한 지혜가 있고 선지식이 세간에 충만하다면, 내가 그런 곳에서는 보살행을 닦을 필요가 없을 것이다. 왜냐면 중생들에게 바라는 바가 없기 때문이다.

중생을 지도하는 이는 마땅히 그같이 하여, 취하지도 않고 구하지도 않으며, 다만 중생을 위해 보살도를 닦으면서 그들로 하여금 안온한 피안에 이르러 아뇩다라삼먁삼보리를 이루게 한다.

이것이 보살 마하살의 얻기 어려운 행이니라.

(9) 선법행

불자여, 무엇이 보살 마하살의 선법행(善法行)인가.

보살은 모든 세간의 하늘·사람·악마·범천·사문·바라문·건달바들을 위해 시원한 법의 못이 되어 바른 법을 거두어 지녀 부처의 씨〔佛種〕가 끊어지지 않게 한다. 청정한 광명 다라니를 얻었으므로 설법하고 수기하는 데 변재가 끝이 없고, 뜻을 갖춘 다라니를 얻었으므로 뜻을 말하는 변재가 끝이 없고, 참다운 법을 깨닫는 다라니 등을 얻었으므로 법의 변재 등이 끝이 없다.

보살은 대비심이 견고하여 널리 불사를 짓는다. 중생들의 근기와 욕락에 따라 넓고 긴 혀〔廣長舌〕로 한 음성에 한량없는 소리를 나타내어 때에 알맞도록 설법하여 모두 환희하게 한다.

보살은 열 가지 몸을 성취한다. 무변 법계에 들어가는 비취신(非趣身)이니 일체 세간을 멸하기 때문이며, 무변 법계에 들어가는 제취신(諸趣身)이니 일체 세간에 나기 때문이며, 나지 않는 몸〔不生身〕이니 생이 없는 평등한 법에 머물기 때문이며, 멸하지 않는 몸이니〔不滅身〕이니 일체의 멸함을 말로 할 수 없기 때문이며, 참되지 않는 몸〔不實身〕이니 실제와 같음을 얻었기 때문이며, 허망하지 않는 몸〔不妄身〕이니 마땅함을 따라 나타나기 때문이며, 변하지 않는 몸〔不遷身〕이니 여기서 죽어 저기서 나는 일을 벗어났기 때문이며, 무너지지 않는 몸〔不壞身〕이니 법계의 바탕이 무너지지 않기 때문이며, 한 모양 몸〔一相身〕이니 삼세 언어의 길이 단절된 때문이며, 모양 없는 몸〔無相身〕이니 법의 모양을 잘 관찰하기 때문이다.

보살은 이 열 가지 몸을 성취하고, 일체 중생의 집이 되나니 모든 선근을 기르기 때문이며, 일체 중생의 구호함이 되나니 그들에게 크게 안온함을 얻게 하기 때문이며, 일체 중생의 돌아갈 곳이 되나니 큰 의지처를 주기 때문이며, 일체 중생의 인도자가 되나니 위없는 벗어남을 이루게 하기 때문이며, 일체 중생의 스승이 되나니 진실한 법에 들어가도록 하기 때문이며, 일체 중생의 등불이 되나니 그들에게 업보를 환히 보게 하기 때문이며, 일체 중생의 빛이 되나니 깊고 묘한 법을 비추게 하기 때문이며, 모든 삼세의 횃불이 되나니 그로 하여금 진실한 법을 깨닫게 하기 때문이며, 일체 세간의 비춤이 되나니 광명의 땅에 들게 하기 때문이며, 일체 제취(諸趣)의 밝음이 되나니 여래의 자재를 시현하기 때문이다.

불자여, 이것이 보살 마하살의 법을 잘 말하는 행이니, 보살이 이 행에 머무르면 일체 중생을 위해 시원한 법의 못이 되어 모든 불법의 근원을 다하게 하느니라.

(10) 진실행

불자여, 무엇이 보살 마하살의 진실행(眞實行)인가.

보살은 진실하고 참된 말을 성취하여 말한 대로 행하고 행한 대로 말한다. 보살은 삼세 부처님들의 진실한 말을 배우고, 부처님들의 종성(種性)에 들어가고, 부처님들과 선근이 같고, 부처님들의 둘이 없는 말〔無二語〕을 얻고, 여래를 따라 배워서 지혜가 성취되었다.

이 보살은 중생의 옳고 그른 도리를 아는 지혜〔是處非處智〕를 성취하고, 과거·현재·미래에 업으로 받는 과보를 아는 지혜〔去來現在業報智〕, 근기가 날카롭고 둔함을 아는 지혜〔諸根利鈍智〕, 여러 가지 경계를 아는 지혜〔種種界智〕, 갖가지 이해를 아는 지혜〔種種解知〕, 온갖 곳에 이르러 갈 길을 아는 지혜〔一切至處道智〕, 모든 선정·해탈·삼매의 때묻고 깨끗함이 일어나는 시기와 시기 아님을 아는 지혜〔諸禪解脫三昧垢淨起時非時智〕, 온갖 세계에서 지난 세상에 머물던 일을 기억하는 지혜〔一切世界宿主隨念智〕, 천안통의 지혜〔天眼智〕, 누진통의 지혜〔漏盡智〕를 성취하고도 보살행을 버리지 않는다. 왜냐면 일체중생을 교화하여 모두 청정하게 하기 위해서이다.

보살은 이와 같은 증상심(增上心)을 다시 일으킨다.

내가 만약 일체 중생을 위없는 해탈도에 머무르게 하지 못하고 먼저 아뇩다라삼먁삼보리를 이룬다면, 이것은 나의 본원(本願)을 어기는 일이니 마땅하지 않다. 그러므로 나는 마땅히 일체 중생에게 위없는 보리와 무여열반을 먼저 얻게 한 후에 성불할 것이다. 왜냐면 중생들이 내게 청하여 발심한 것이 아니고, 내가 중생을 위해 청하지 않은 벗이 되어 일체 중생에게 선근을 쌓아 일체지를 이루게 하고자 했기 때문이다.

이 보살은 본원을 버리지 않았으므로 위없는 지혜의 장엄에 들어가 중생들을 이롭게 하고 만족케 하며, 본래의 서원에 따라 모두 끝까지 이르게 하였다. 모든 법 가운데서 지혜가 자재하고 모든 중생을 청정하게 하며, 생각생각마다 시방세계에 두루 노닐고 무수한 불국토에 나아가며, 생각생각마다 무수한 부처님과 부처님의 장엄과 청정한 국토를 다 보며, 여래의 자재한 신통력을 나타내어 법계와 허공계에 두루 가득하다.

보살은 중생들이 둘〔二〕에 집착하기 때문에 대비(大悲)에 머물러서 이런 적멸법을 닦아 행하며, 부처님의 열 가지 힘〔十力〕을 얻어 인다라그물〔因陀羅網〕 같은 법계에 들어가고, 여래의 걸림없는 해탈을 성취하여 걸림없는 청정한 법륜을 운전한다. 지혜의 해탈을 얻어 모든 세간의 경계를 알고, 생사의 소용돌이를 끊고 지혜의 바다에 들어가 불법의 바다인 실상의 세계에 이른다.

보살이 이 진실한 행에 머물고는 모든 세간 중에 가까이 하는 이는 모두 마음이 열리어 깨달아 환희하고 청정하게 한다.

이것이 보살 마하살의 진실한 행이니라.

22. 십무진장품(十無盡藏品)

그때 공덕림보살이 다시 보살들에게 말씀하였다.

불자여, 보살 마하살이 열 가지 장(藏)이 있으니 이른바 신장(信藏)·계장(戒藏)·참장(慚藏)·괴장(愧藏)·문장(聞藏)·시장(施藏)·혜장(慧藏)·염장(念藏)·지장(持藏)·변장(辯藏) 등이다.

어떤 것을 보살 마하살의 신장(信藏)이라 하는가. 이 보살이 일체법이 공함을 믿으며, 일체법이 모양 없으며, 원이 없으며, 짓는 일 없으며, 분별 없으며, 의지한 데 없으며, 헤아릴 수 없으며, 위가 없으며, 초월함이 없으며, 남이 없음을 믿는다. 보살이 이 믿는 장에 머물면 모든 부처님의 법을 들어 지니고 중생에게 말하여 깨닫게 한다.

어떤 것을 보살 마하살의 계장(戒藏)이라 하는가. 이 보살이 널리 이익주는 계·받지 않는 계·머물지 않는 계·뉘우침 없는 계·어기지 않는 계·시끄럽게 손해하지 않는 계·섞임이 없는 계·탐구함이 없는 계·허물이 없는 계·헐고 범함이 없는 계를 성취한다.

어떤 것을 보살 마하살의 참장(慚藏)이라 하는가. 이 보살이 과거에 지은 나쁜 짓을 생각하고 부끄러움을 낸다.

어떤 것을 보살 마하살의 괴장(愧藏)이라 하는가. 이 보살이 스스로 부끄러워하기를 "옛적부터 오욕락을 탐구하여 만족한 줄 몰랐으며 탐욕·성냄·어리석음 따위의 온갖 번뇌를 증장하였으니 내가 이제는 다시 그런 일을 행하지 않으리라."고 한다.

어떤 것을 보살 마하살의 문장(聞藏)이라 하는가. 이 보살은 이 일이 있으므로 저 일이 있고 이 일이 없으므로 저 일이 없으며, 이 일이 일어나므로 저 일이 일어나고 이 일이 멸하므로 저 일이 멸함을 알며, 이는 세간법이고, 이는 출세간법이며, 이는 유위법이고, 이는 무위법이며, 이는 유기법이고, 이는 무기법임을 안다.

어떤 것을 보살 마하살이 시장(施藏)이라 하는가. 이 보살이 열 가지 보시를 행하나니 이른바 부분보시·전부보시·내시·외시·내외시·일체보시·과거보시·미래보시·현재보시·구경시이다.

어떤 것을 보살 마하살의 혜장(慧藏)이라 하는가. 이 보살이 색을 사실대로 알고 색의 집, 색의 멸, 색의 멸하는 도를 사실대로 알며, 수상행식을 사실대로 알며, 무명·애·성문·독각·보살을 사실대로 안다.

어떤 것을 보살 마하살의 염장(念藏)이라 하는가. 이 보살이 어리석음을 여의고 구족하게 기억한다.

어떤 것을 보살 마하살의 지장(持藏)이라 하는가. 이 보살이 여러 부처님께서 말씀하신 수다라의 구절과 뜻을 지니고 잊지 아니한다.

어떤 것을 보살 마하살의 변장(辯藏)이라 하는가. 이 보살이 깊은 지혜가 있어 실상을 분명히 알고 중생에게 법을 말함에 모든 부처님의 경전을 어기지 아니한다.

불자여, 이 열 가지 무진장은 보살들로 하여금 필경에 위없는 보리를 성취케 하느니라.

23. 승도솔천궁품(昇兜率天宮品)

　세존께서는 다시 위신력으로 보리수 아래와 수미산 정상과 야마천궁을 떠나지 아니 하시고 도솔천으로 가시어 모든 묘한 보배로 장엄한 궁전으로 향하시었다. 도솔천왕은 부처님께서 멀리서 오시는 것을 보고 마니장 사자좌를 마련하고 갖가지로 장엄하였다. 그리고 도솔천왕은 무수한 도솔천자들과 더불어 여래를 맞아 받들고 한량없는 공양물을 올렸다.
　도솔천왕은 천자들과 더불어 부처님께 합장하고 여쭈었다.
　잘오셨나이다, 세존이시여. 잘 오셨나이다, 선서시여. 잘 오셨나이다, 여래 응공 정등각이시여. 저희들을 위하사 이 궁전에 계시옵소서.
　그리고는 부처님의 위신력을 받들어 지난 세상에 부처님께 심은 선근을 스스로 기억하고 부처님을 게송으로 찬탄하였다.
　그때 세존께서 일체마니보장엄전의 마니보장 사자좌에서 결가부좌하셨다. 헤아릴 수 없는 보살대중이 다른 지방의 여러 국토로부터 함께 와서, 광대한 마음으로 공경하고 존중하며 부처님께 공양하였다. 시방의 일체 도솔천에서도 모두 이와 같았다.

24. 도솔궁중게찬품(兜率宮中偈讚品)

그때 부처님의 위신력으로 시방에서 대보살이 각각 일만 부처님 세계의 티끌수 같은 보살들과 더불어 부처님 계신 곳으로 왔다. 그 이름은 금강당(金剛幢)보살·견고당보살·용맹당보살·광명당보살·지당(智幢)보살·보당(寶幢)보살·정진당보살·이구당보살·성수당(星宿幢)보살·법당보살들이었다.

그들이 떠나온 세계는 묘보·묘락·묘은·묘금·묘마니·묘금강·묘파두마·묘우발라·묘전단·묘향세계다. 그 세계의 부처님은 무진당불(無盡幢佛)·풍당불·해탈당불·위의당불·명상당불·상당불·최승당불·자재당불·범당불·관찰당불이시다.

그 보살들이 부처님 계신 데 이르러서는 부처님 발에 정례하고, 각기 온 곳을 따라 사자좌 위에 결가부좌하였다.

그때 세존께서 두 무릎으로 백천억 나유타 광명을 놓아 시방법계 허공계를 두루 비추며 신통을 나투셨다. 금강당보살을 위시하여 십대보살이 차례로 부처님의 신력을 받들어 시방을 관찰하고 게송으로 찬탄하였다.

> 색신이 부처 아니며
> 음성 또한 그러하나
> 색신과 음성을 떠나서
> 부처님 신통력을 보는 것도 아니다.

여래는 수승하기 비길 데 없고
깊고 깊어 말할 수 없으며
언어의 길을 뛰어나
청정하기 허공과 같다.

비유컨대 밝고 깨끗한 눈이
해로 인하여 빛을 보는 것처럼
깨끗한 마음 그와 같아서
부처님 힘으로 여래를 본다.

모든 국토에
한량없는 몸 나투시나
몸은 어떤 곳에도 있지 않고
법에도 머물지 않는다.

여래는 분별을 떠나서
시간도 수량도 초월함이라
삼세의 여러 부처님께서
출현하심도 그러하도다.

한량없는 세계에
도사께서 출현하심은
본래의 원력을 따라서
시방에 두루 응하심이로다.

부처님 몸이나 세간이나
모두 나라고 할 것 없나니
이것 깨달아 정각 이루고
다시 중생에게 말한다.

도사(導師)는 오고 감이 없고
머무는 바도 없나니
전도(顚倒)를 영원히 여의면
등정각이라 이름한다.

말로써 부처님들의
자재하심 보이거니와
정각은 말도 초월했으나
말을 빌어서 말할 뿐이다.

설사 생각생각마다
무량한 부처님께 공양하더라도
진실한 법 알지 못하면
공양이라 일컬을 수 없도다.

25. 십회향품(十廻向品)

　금강당(金剛幢)보살이 보살지광삼매(菩薩智光三昧)에서 일어나 보살들에게 말씀하였다.

　불자들이여, 보살 마하살의 불가사의한 큰 서원이 법계에 충만하여 일체 중생을 널리 구제한다. 그것은 과거·미래·현재의 모든 부처님의 회향(廻向)을 닦아 배우는 일이다.

　보살 마하살의 회향에 열 가지가 있으니, 첫째는 일체 중생을 구호하되 중생이라는 생각을 떠난 회향[救護一切衆生離衆生相廻向]이요, 둘째 깨뜨릴 수 없는 회향[不壞廻向], 셋째 모든 부처님과 동등한 회향[等一切諸佛廻向], 넷째 모든 곳에 이르는 회향[至一切處廻向], 다섯째 다함이 없는 공덕장 회향[無盡功德藏廻向], 여섯째 일체 평등한 선근에 들어 가는 회향[入一切平等善根廻向], 일곱째 일체 중생을 평등하게 수순하는 회향[等隨順一切衆生廻向], 여덟째 진여의 모양인 회향[眞如相廻向], 아홉째 속박도 집착도 없는 해탈 회향[無縛無著解脫廻向], 열째는 법계에 들어가는 무량 회향[入法界無量廻向]이니라.

(1) 일체 중생을 구호하되 중생이라는 생각을 떠난 회향

　불자들이여, 무엇이 보살 마하살의 일체 중생을 구호하면서도 중생이라는 생각을 떠난 회향[救護一切衆生離衆生相廻向]인가. 보살이 보시바라밀(布施波羅蜜)을 행하고, 지계(持戒)바라밀을 맑히고, 인욕(忍辱)바라밀을 닦고, 정진(精進)바라밀을 일으키고, 선정(禪定)바라밀에 들어가고, 반야(般若)바라밀에 머물러 대자(大慈)·대비(大悲)·대희(大喜)·대사(大捨)로 이와 같은 무량 선근을 닦는다.

보살이 선근을 닦을 때 이렇게 생각한다.

이 선근으로 일체 중생을 두루 이롭게 하고 모두 청정케 하여 마침내는 지옥·아귀·축생·염라왕 등의 한량없는 고통을 영원히 떠나게 하여지이다.

보살이 선근을 심을 때 자신의 선근으로 또 이렇게 회향한다.

내가 마땅히 일체 중생의 집이 되리니 온갖 괴로운 일을 면하게 하기 위해서며, 일체 중생의 보호가 되리니 모든 번뇌에서 해탈케 하기 위해서며, 일체 중생의 돌아갈 곳이 되리니 모든 두려움을 여의게 하기 위해서며, 일체 중생의 나아갈 곳이 되리니 일체지(一切智)에 이르게 하기 위해서며, 모든 중생의 안락처가 되리니 구경 안온처를 얻게 하기 위해서며, 일체 중생의 광명이 되리니 지혜의 빛을 얻어 어리석은 어둠을 없애게 하기 위해서며, 일체 중생의 횃불이 되리니 모든 무명의 암흑을 깨뜨리게 하기 위해서며, 일체 중생의 등불이 되리니 구경 청정처에 머물게 하기 위해서며, 일체 중생의 길잡이가 되리니 그들을 진실한 법에 들게 하기 위해서며, 일체 중생의 큰 스승이 되리니 걸림없는 지혜를 주기 위해서다.

보살은 모든 선근으로 이와 같이 회향하여, 일체 중생에게 평등하게 이익을 주며 마침내 모두 일체지를 얻게 하느니라.

(2) 깨뜨릴 수 없는 회향

불자들이여, 무엇이 보살 마하살의 깨뜨릴 수 없는 회향〔不壞廻向〕인가.

보살은 과거·현재·미래의 부처님 계신 데서 깨뜨릴 수 없는 믿음을 얻나니 모든 부처님을 다 받들어 섬기기 때문이다. 보살들과 내지 처음 한 생각을 내어 일체지를 구하는 이에게서 깨뜨릴 수 없는 믿음을 얻나니 모든 보살의 선근을 서원하고 닦으면서 지칠 줄을 모르기 때문이다. 모든 불법에서 깨뜨릴 수 없는 믿음을 얻나니 수호하고 머물러 지니기 때문이다. 일체 중생에게 깨뜨릴 수 없는 믿음을 얻나니 인자한 눈으로 평등하게 보고 선근으로 회향하여 널리 이롭게 하기 때문이다. 모든 희고 깨끗한 법에서 깨뜨릴 수 없는 믿음을 얻나니 끝없는 선근을 두루 모으기 때문이다. 모든 보살의 회향하는 도에서 깨뜨릴 수 없는 믿음을 얻나니 훌륭한 욕구와 이해를 가득 채우기 때문이다. 모든 보살 법사(法師)에게서 깨뜨릴 수 없는 믿음을 얻나니 모든 보살에게서 부처님이란 생각을 일으키기 때문이다. 모든 부처님의 자재한 신통에서 깨뜨릴 수 없는 믿음을 얻나니 모든 부처님의 불가사의한 일을 믿기 때문이다. 모든 보살의 선교방편행에서 깨뜨릴 수 없는 믿음을 얻나니 여러 가지 행할 경계를 거두어 가지기 때문이다.

보살이 이와 같은 깨뜨릴 수 없는 믿음에 안주할 때 부처님·보살·성문·독각과 부처님의 가르침과 여러 중생들, 이런 여러 가지 경계에 선근 심기를 한량없이 하며, 보리심을 더욱더 자라게 하며, 자비심이 광대하여 평등하게 관찰하며, 부처님들의 지으신 바를 수순하여 배우며, 모든 청정한 선근을 거두어 가지며, 진실한 이치에 들어가 복덕의 행을 모으며, 큰 보시를 행하고 모든 공덕을 닦으며 삼세를 평등하게 관한다.

보살이 이와 같은 선근 공덕으로 일체지에 회향하면서, 항상 부처님을 뵙고 선지식을 가까이하고 보살들과 함께 머물기를 원한다. 일체지를 생각하여 잠시도 마음에서 버리지 않으며, 부처님의 가르침을 받아 부지런히 수호하며, 일체 중생을 교화 성숙 시키며, 마음으로 항상 출세간의 길에 회향하며, 모든 법사를 공양하고 섬기며, 모든 법을 분명히 이해하여 기억하고 잊지 않으며, 큰 원을 수행하여 다 만족케 하느니라.

(3) 모든 부처님과 동등한 회향

불자들이여, 무엇이 보살 마하살의 모든 부처님과 동등한 회향〔等一切諸佛廻向〕인가.

보살은 과거·미래·현재의 모든 부처님께서 회향하시는 도를 따라 배운다. 회향하는 도를 배울 때 모든 색(色)과 내지 촉(觸)·법(法)이 아름답거나 추함을 보더라도 애증(愛憎)을 내지 않아 마음이 자재하며, 허물이 없어 광대하고 청정하며, 기쁘고 즐거워서 근심 걱정이 없으며, 마음이 부드러워 여러 감관이 상쾌하다.

보살이 이와 같은 안락을 얻었을 때 또 다시 발심하여 부처님께 회향하며 이런 생각을 한다.

원컨대 제가 지금 심은 선근으로 부처님의 낙(樂)이 더욱 늘어나게 하여지이다. 즉, 불가사의하게 부처님께서 머무시는 낙(樂), 견줄 데 없는 부처님 삼매의 낙, 한정할 수 없는 대자비의 낙, 모든 부처님의 해탈하는 낙, 끝없는 큰 신통의 낙, 가장 존중하고 크게 자재한 낙, 광대 구경의 한량없는 힘의 낙, 깨달아 아는 것을 떠난 고요한 낙, 걸림없이 머무를 데 머무르는 바른 선정의 낙, 둘이 없는 행〔不二行〕을 행하여 변화하지 않는 낙이다.

이런 선근으로 부처님께 회향하고 다시 이 선근으로 보살에게 회향한다. 즉, 원이 채워지지 않는 이는 가득 채워지게 하고, 마음이 맑지 못한 이는 청정하게 하고, 바라밀이 만족하지 못한 이는 만족하게 한다. 금강 같은 보리심에 편안히 머물며, 일체지에서 물러나지 않으며, 큰 정진을 버리지 않아 보리문인 모든 선근을 수호한다. 중생들이 '나'라는 교만을 버리고 보리심을 내게 하며, 소원을 성취하여 모든 보살이 머무는 데에 편안히 머물게 하며, 보살의 밝고 영리한 근성을 얻게 하며, 선근을 닦아 일체지를 증득하도록 한다.

보살이 선근으로써 이같이 보살에게 회향하고는 다시 일체 중생에게 회향한다. 일체 중생이 심은 선근이 아무리 적더라도 한 순간에 부처님을 뵙고 법을 듣고 스님들을 공경하여지이다. 부처님을 뵙고 마음이 청정해지고, 부처님의 법을 얻어 한량없는 덕을 모으고, 모든 신통을 맑게 해서 법에 대한 의심을 버리고 가르침에 머물러지이다고 한다.

중생을 위해 이와 같이 회향하듯이 성문(聲聞)과 벽지불(辟支佛)에게 회향함도 또한 이와 같느니라.

(4) 모든 곳에 이르는 회향

불자들이여, 무엇이 보살 마하살의 모든 곳에 이르는 회향〔至一切處廻向〕인가.

보살이 모든 선근을 닦을 때 그 선근 공덕의 힘으로 모든 곳에 이르러지이다라고 원한다.

비유컨대 실제(實際)가 이르지 못하는 곳이 없어서 모든 물건에 이르고 모든 세간, 중생, 국토, 법, 허공, 삼세, 유위, 무위, 언어와 음성에 이르듯이, 이 선근도 그와 같아서 모든 여래의 처소에 두루 이르러 삼세의 모든 부처님께 공양한다. 과거의 부처님들은 소원이 다 원만하시며, 미래의 부처님들은 장엄을 구족하시며, 현재의 부처님과 국토와 도량에 모인 대중들은 모든 허공과 법계에 가득하시다. 믿고 이해하는 큰 위력 때문이며, 광대한 지혜가 걸림이 없기 때문이며, 모든 선근을 모두 회향했기 때문에 온갖 공양거리로 공양하여 한량없고 끝없는 세계에 충만하여지이다고 원하느니라.

(5) 다함없는 공덕장 회향

불자들이여, 무엇이 보살 마하살의 다함없는 공덕장 회향〔無盡功德藏廻向〕인가.

보살이 모든 업장을 참회하고 일으킨 선근과, 삼세 모든 부처님께 예경하고 일으킨 선근과, 모든 부처님께 설법해 주기를 청하여 일으킨 선근, 부처님의 설법을 듣고 부지런히 수행하여 불가사의하고 광대한 경계를 깨닫고 일으킨 선근, 과거·미래·현재의 모든 부처님과 중생들의 선근을 따라 기뻐해서 일으킨 선근, 과거·미래·현재 모든 부처님의 선근이 다함없음을 보살들이 부지런히 닦아서 얻은 선근, 삼세 부처님들이 정각을 이루고 바른 법륜을 굴리어 중생 교화하시는 것을 보살이 다 알고 기뻐하는 마음을 내어 생긴 선근, 삼세 부처님들이 처음 발심하여 보살행을 닦아 정각을 이루고 내지 열반에 드시고, 열반에 든 후 정법이 세상에 머무르고 법이 다하기까지 기뻐하는 마음을 내서 생긴 선근과, 보살이 이와 같이 말할 수 없는 부처님의 경계와 자신의 경계와 보리의 장애없는 경계를 생각하는 이러한 광대하고 한량없이 차별된 모든 선근의 집적(集積)과 신해(信解)·수희·원만·성취·수행·획득·지각(知覺)·섭지(攝持)·증장(增長)을 모두 회향하여 모든 부처님의 국토를 장엄한다.

보살이 이와 같이 회향할 때 온갖 보살행을 닦아 복덕이 뛰어나고 색상(色相)이 견줄 데 없으며, 위력과 광명이 세상에서 뛰어나 악마와 그 무리들이 마주 대하지 못하며, 선근을 구족하고 대원을 성취하였다. 마음이 더욱 넓어 일체지와 동등하며, 한 생각 속에 한량없는 부처님의 세계가 두루 가득하고, 지혜의 힘이 한량없어 모든 부처님 경계를 통달하며, 보리심의 힘이 법계처럼 광대하고, 허공처럼 끝까지 이르느니라.

(6) 견고한 일체 선근을 따르는 회향

불자들이여, 무엇이 보살 마하살의 견고한 일체 선근을 따르는 회향〔隨順堅固一切善根廻向〕인가.

보살이 제왕이 되어 큰 나라를 다스리면, 그 위덕이 널리 퍼지고 이름이 천하에 떨쳐 모든 적들이 귀순한다. 법령을 공포할 때는 바른 법에 의지하고, 한 일산(日傘)을 들어 방방곡곡을 가리며, 천하를 두루 다녀도 거리낄 것이 없으며, 법에 자재하여 보는 사람마다 복종하며, 형벌이 아니어도 덕에 감복하여 교화를 따르며, 네 가지 거두어 주는 법〔四攝法〕으로 중생을 거두며 전륜왕이 되어 모든 사람을 구제한다.

보살에게는 이런 자재한 공덕이 있고 많은 권속이 있어 함부로 저해할 수 없다. 조그마한 허물도 없어 보는 이가 싫어하지 않으며, 복덕으로 장엄하여 상호(相好)가 원만하고 고르며, 나라연(那羅延)과 같은 견고한 신체를 얻고 큰 힘을 성취하여 굴복시킬 수 없으며, 청정한 업을 얻어 온갖 업장을 소멸하였다.

온갖 보시를 구족하게 행할 때 음식과 맛좋은 것을 보시하고, 수레와 의복, 꽃과 향을 보시한다. 왕의 자리를 요구하더라도 조금도 아낌이 없으며, 감옥에 갇힌 중생을 보면 재물과 보배와 제 몸을 희생해서라도 그들을 풀려나게 하며, 사형을 당하게 될 죄수를 만나게 되면 자신의 목숨으로 대신한다.

일찍이 있지 아니한 법〔未曾有法〕을 구하기 위해 몸을 던져 불무더기에라도 들어가며, 부처님의 정법을 보호 유지하기 위해서라면 어떠한 고초라도 달게 받으며, 법을 구할 때 한 글자를 위해서라도 모든 소유를 죄다 버리며, 항상 바른 법으로 중생들을 교화하여 선행을 닦고 악행을 버리게 하며, 중생들이 남을 해롭게 하는 것을 보면 자비심으로 구원하여 죄업을 버리게 한다.

혹은 온갖 살림살이에 소용되는 물건들을 보시하는 무차대시회(無遮大施會)를 베풀 때 그 가운데 중생의 갖가지 복밭들이 먼 데서 왔거나 가까운 데서 왔거나, 어질거나 어리석거나, 아름답거나 추하거나, 남자거나 여자거나, 사람이거나 사람 아닌 이거나, 마음과 행동이 같지 않고 구하는 바가 저마다 다르더라도 평등하게 베풀어 모두 만족케 한다.

보살이 이와 같이 보시할 때 잘 거두는 마음을 내어 다 회향한다. 이른바 색(色)을 잘 거두어 견고한 일체 선근에 수순하며, 수(受)·상(想)·행(行)·식(識)을 잘 거두어 견고한 일체 선근에 수순하며, 왕위와 살림살이와 은혜로운 보시를 잘 거두어 견고한 일체 선근에 수순하느니라.

(7) 일체 중생을 평등하게 수순하는 회향

불자들이여, 무엇이 보살 마하살의 일체 중생을 평등하게 수순하는 회향〔等隨順一切衆生廻向〕인가.

보살은 가는 곳마다 모든 선근을 쌓아 모은다. 크고 작은 선근을 비롯하여, 모든 보시를 부지런히 닦는 선근, 훌륭한 뜻을 세워 끝까지 계율을 지니는 선근, 항상 정진하는 마음이 물러가지 않는 선근, 큰 방편으로 한량없는 삼매에 들어가는 선근, 지혜로 잘 관찰하는 선근, 일체 세간을 덮어 기르는 선근 등이다.

보살은 모은 선근으로 순간순간 이와 같이 회향한다. 일체 중생이 재보(財寶)가 풍족하여 모자람이 없도록 하여지이다. 일체 중생이 그지없는 큰 공덕장을 성취하여지이다. 일체 중생이 온갖 편하고 안락함을 갖추어지이다. 일체 중생이 보살마하살의 업을 증장하여지이다. 일체 중생이 한량없고 제일가는 수승한 법을 이루어지이다. 일체 중생이 물러나지 않는 일체지의 법을 얻어지이다. 일체 중생이 시방세계의 부처님들을 볼 수 있도록 하여지이다. 일체 중생이 세간의 번뇌와 때를 길이 여의어지이다. 일체 중생이 모두 청정하고 평등한 마음을 얻어지이다. 일체 중생이 모든 험난한 곳을 떠나 일체지를 얻어지이다.

보살이 이와 같이 회향할 때 일체 공덕이 청정하여 환희 법문과 무량 공덕으로 원만하게 장엄한다. 또 업이 평등함을 얻고 과보·몸·방편·원·일체 중생·일체 국토·일체행·일체지와 삼세 부처님의 평등을 얻느니라.

(8) 진여의 모양인 회향

불자들이여, 무엇이 보살 마하살의 진여의 모양인 회향〔眞如相廻向〕인가.

보살은 바른 생각이 분명하여 마음이 견고하게 머물며, 미혹을 멀리 떠나 전념으로 수행하며, 깊은 마음이 흔들리지 않아 무너지지 않는 업을 이룬다. 일체지에 나아가 물러나지 않으며, 대승을 구하되 용맹하여 두려움이 없으며, 덕의 근본을 심어 세간을 두루 편안케 하며, 뛰어난 선근을 내어 희고 깨끗한 법을 닦으며, 대비가 더욱 자라 마음의 보배를 성취하며, 항상 부처님을 생각하고 바른 법을 보호하고 보살도에 신심이 견고하여 한량없이 맑고 미묘한 선근을 성취하며, 모든 공덕과 지혜를 부지런히 닦으며, 잘 가르치는 스승이 되어 선한 법을 내게 하며, 지혜와 방편으로 회향한다.

또 그러한 선근으로 이와 같이 회향한다. 원만하고 걸림없는 몸의 업을 얻어 보살행을 닦아지이다. 청정하고 걸림없는 구업(口業)을 얻어 보살행을 닦아지이다. 걸림없는 의업(意業)을 성취하여 대승에 안주하여지이다. 원만하고 장애없는 마음을 얻어 보살행을 맑게 닦아지이다. 한량없고 광대한 보시할 마음을 일으켜 끝없는 일체 중생에게 두루 공급하여지이다. 모든 법에 마음이 자재하여 큰 법의 지혜를 설하되 장애가 없어지이다. 일체지로 이를 곳을 분명히 통달하고 보리심을 일으켜 세간을 두루 비춰지이다. 삼세 부처님을 바르게 기억하여 여래가 앞에 계신 줄로 참되게 생각하여지이다. 부처님의 십력지(十力智)에 머물러 중생을 두루 거두기를 쉬지 말아지이다. 삼매를 얻어 여러 세계에 다니면서도 세간에 물들지 말아지이다. 여러 세계에 있으면서도 고달프지 않으며 중생을 교화하되 항상 쉬지 말아지이다. 한량없이 생각하는 지혜와 방편을 일으켜 보살의 불가사의한 도를 성취하여지이다.

불자들이여, 보살은 항상 선한 마음으로 이렇게 회향한다.

진여가 모든 곳에 두루하여 끝이 없듯이, 선근의 회향도 모든 곳에 두루하여 끝이 없다. 진여가 진실로 성질을 삼듯이 선근의 회향도 모든 법의 진리로써 성질을 삼는다. 진여가 모든 것에 충만하듯이, 선근의 회향도 한 찰나에 법계에 두루한다. 진여가 끝까지 청정하여 온갖 번뇌와 함께 하지 않듯이, 선근의 회향도 일체 중생의 번뇌를 없애고 청정한 지혜를 원만케 하느니라.

(9) 집착도 없고 속박도 없는 해탈 회향

불자들이여, 무엇이 보살 마하살의 집착도 없고 속박도 없는 해탈 회향〔無著無縛解脫廻向〕인가.

보살은 모든 선근에 마음으로 존중한다. 생사에 뛰어나고, 모든 선근을 거두고, 모든 선근을 희구하고, 모든 허물을 뉘우치고, 선근을 따라 기뻐하고, 부처님께 예경하고, 합장 공양하고, 탑에 정례하고, 부처님의 설법을 청하는 데 마음으로 존중하나니, 이런 여러 가지 선근에 모두 존중하여 수순 인가한다.

불자들이여, 보살이 이와같이 선근을 존중하고 수순 인가할 때

끝까지 기뻐하며 견고하게 믿고 이해하여, 스스로 편히 머물고 남도 편히 머물게 하며, 부지런히 닦아 집착이 없으며, 자재하게 모으고 뛰어난 뜻을 이루며, 여래의 경지에 머물면서 세력이 증장하며 모두 알고 본다.

보살은 여러 선근으로 이와 같이 회향한다. 집착과 속박이 없는 해탈한 마음으로 보현의 신업(身業)을 성취하며, 보현의 어업(語業)을 청정하게 하며, 보현의 의업(意業)을 원만하게 하며, 보현의 광대한 정진을 일으킨다.

불자들이여, 보살이 집착과 속박이 없는 마음으로 회향하되 세간과 세간법을 분별하지 않으며, 보리와 보살을 분별하지 않으며, 보살행과 뛰어난 도를 분별하지 않으며, 부처님과 부처님의 법을 분별하지 않으며, 중생을 조복하거나 조복하지 않음을 분별하지 않으며, 선근과 회향을 분별하지 않으며, 자신과 타인을 분별하지 않으며, 보시하는 물건과 보시 받는 사람을 분별하지 않으며, 보살행과 등정각을 분별하지 않으며, 법과 지혜를 분별하지 않는다.

보살이 이와 같이 회향할 때 삼세의 부처님들이 보살로 계실 때 닦던 회향과 같이 회향한다. 과거 부처님들의 회향을 배우며, 미래 부처님들의 회향을 이루며, 현재 부처님들의 회향에 머문다. 과거 부처님들의 회향하던 길에 편히 머물며, 미래 부처님들의 회향할 길을 버리지 않으며, 현재 부처님들의 회향하는 길을 따르느니라.

(10) 법계에 들어가는 한량없는 회향

불자들이여, 무엇이 보살 마하살의 법계와 평등한 한량없는 회향[等法界無量廻向]인가.

보살은 법사(法師)의 자리에 있으면서 법보시(法布施)를 널리 행한다. 큰 자비심을 일으켜 중생들을 보리심에 편히 있게 하며, 항상 이로운 일을 행하여 쉼이 없으며, 보리심으로 선근을 기르며, 중생들을 위해 이끄는 스승이 되어 중생들에게 일체지에 이르는 길을 보이며, 중생들에게 법장(法藏)의 해가 되어 선근의 광명으로 모든 것을 널리 비추며, 중생들에게 마음이 평등하여 여러 가지 선행을 닦아 쉬지 않으며, 마음이 청정하여 물들지 않고 지혜가 자재하여 선근의 도업(道業)을 버리지 않으며, 중생들에게 지혜로운 상주(商主)가 되어 그들로 하여금 편안하고 바른 길에 들어가게 하며, 중생들을 위해 지도자가 되어 모든 선근의 법과 행을 닦게 하며, 중생들을 위해 깨뜨릴 수 없는 견고한 선지식이 되어 선근이 자라서 성취하게 한다.
　이 보살이 법보시를 비롯하여 모든 청정한 법을 내되, 일체지의 마음을 거두어 나아가게 하며, 뛰어난 원력이 끝까지 견고하고 성취 증장하여 큰 위덕을 갖추며, 선지식을 의지하여 아첨하는 마음이 없어서 일체지의 문과 끝없는 경계를 사유·관찰한다. 또 이 선근으로 이와 같이 회향한다.
　원컨대 광대하고 걸림없는 일체 경계를 닦아 성취하고 증장케 하여지이다. 부처님의 바른 교법 중에서 한 구절이나 반 게송만이라도 듣고 받아 지니고 말할 수 있게 하여지이다. 법계가 평등하여 한량없고 끝없는 모든 세계의 과거·현재·미래에 계시는 모든 부처님을 생각케 하며 생각하고는 보살행을 닦게 하여지이다. 부처님을 생각한 선근으로 한 중생을 위해 한 세계에서 미래겁이 다하도록 보살행을 닦게 하며 한 세계에서와 같이 온 법계와 허공계의 모든 세계에서도 다 그와 같이 하며, 한 중생을 위한 것과 같이 일체 중생을 위해서도 또한 그러하며, 선한 방편으로 낱낱이 다 미래겁이 다하도록 큰 서원으로 장엄하여 끝까지 부처님과 선지식을 떠날 생각이 없게 하며, 항상 부처님들의 출현을 보며, 한 부처님이라도 세상에 출현하실 때 놓치지 않고 친견케 하여지이다.

보살이 법보시한 선근으로써 이와 같이 회향할 때, 보현의 한량없고 끝없는 보살의 행과 원을 원만하게 성취하며, 허공과 법계의 모든 부처님 세계를 청정하게 장엄하며, 일체 중생들에게도 이와 같이 끝없는 지혜를 두루 성취하여 모든 법을 알게 하느니라.

26. 십지품(十地品)

세존께서 타화자재천왕궁의 마니보장전에서 큰보살 대중과 함께 계셨다. 그 보살들은 다 타방세계로부터 왔으며 아뇩다라삼먁삼보리에서 물러나지 않는 이들이었다.

그때 금강장보살이 부처님의 위신력을 받들어 보살대지혜광명삼매에 들었다. 삼매에 들어갔을 때 시방으로 각각 십억 세계의 티끌 수 같은 세계 밖에 계시는, 십억 세계의 티끌 수 금강장 부처님들이 앞에 나타나 말씀하셨다.

잘하는 일이다, 금강장보살이여. 능히 이 보살대지혜광명삼매에 들었도다. 선남자여, 이것은 시방에 계시는 각각 십억 세계의 티끌

수 부처님들이 그대에게 가피하려는 것이니, 비로자나여래·응정등각의 본원력이요, 위신력이며 또한 그대의 수승한 지혜의 힘인 까닭이니라.

또 그대로 하여금 모든 보살에게 불가사의한 부처님 법의 광명을 말하게 하려는 것이니, 이른바 지혜의 자리에 들게 하고, 일체 선근을 포섭케 하고, 일체 불법을 잘 택하게 하고, 모든 법을 두루 알게 하고, 법을 잘 말하게 하고, 분별 없는 지혜가 청정하고, 모든 세상법에 물들지 않고, 출세의 선근이 청정하고 불가사의한 지혜의 경계를 얻게 하고, 온갖 지혜를 가진 사람의 지혜의 경계를 얻게 하려는 까닭이니라.

또 보살 십지의 처음과 나중을 얻게 하고, 보살 십지의 차별한 모양을 사실대로 말하게 하고, 일체 불법을 반영하여 생각케 하고, 무루(無漏)법을 각각 분별케 하고, 큰 지혜의 광명으로 교묘하게 장엄함을 잘 선택하여 관찰케 하고, 결정한 지혜의 문에 잘 들어가게 하고, 머무는 곳을 따라 두려움 없음을 차례로 나타내어 말하게 하고, 걸림없는 변재의 광명을 얻게 하고, 큰 변재의 지위에 머물러 잘 결정케 하고, 보살을 생각하여 잊지 않게 하고, 일체 중생계를 성숙케 하고, 모든 곳에 두루 이르러 결정코 깨우치게 하려는 까닭이니라.

그때 시방 부처님께서 각각 오른손을 펴서 금강장보살의 정수리를 만지시었다. 정수리를 만지시자 금강장보살이 삼매에서 일어나, 일체 보살 대중에게 삼세 부처님의 지혜인 지(地)를 말씀하였다.

불자들이여, 어떤 것을 보살 마하살의 지혜의 지(地)라 하는가.

보살의 지혜인 지에 열 가지가 있으니, 환희지(歡喜地)·이구지

(離垢地)·발광지(發光地)·염혜지(焰慧地)·난승지(難勝地)·현전지(現前地)·원행지(遠行地)·부동지(不動地)·선혜지(善慧地)·법운지(法雲地)이다. 이 보살의 십지는 삼세 부처님이 이미 말씀하셨고 장차 말씀하실 것이고 지금 말씀하시느니라.

(1) 환희지

금강장보살이 십지의 이름을 말하고는 잠자코 있자, 여러 보살들이 일시에 똑같은 소리로 금강장보살을 향하여 가장 수승한 십지(十地)법을 말씀해 주길 게송으로 청하였다.

그때 세존께서 양미간으로 청정한 광명을 놓으시니 이름이 보살력염명(菩薩力焰明)이며, 백천 아승지 광명으로 권속이 되었다. 금강장보살이 시방을 관찰하고 대중에게 청정한 믿음을 더하게 하려고 게송으로 말씀하였다.

불자여, 어떤 중생이 선근을 깊이 심고 모든 행을 잘 닦고 도를 돕는 법을 잘 모으고 여러 부처님께 잘 공양하고 청정한 법을 잘 쌓고, 선지식의 거두어 주심이 되고 깊은 마음을 청정하게 하여, 광대한 뜻을 세우고, 광대한 지혜를 내면 자비가 앞에 나타난다. 보살이 처음 이런 마음을 내고는, 곧 범부의 처지를 뛰어나 보살의 지위에 들어가서 여래의 집에 태어나나니, 여래의 종성에서 결정코 위 없는 보리를 얻는다. 보살이 이런 법에 머물면 보살의 환희지에 머물렀다 하나니, 동하지 않는 법[不動法]과 서로 응하는 까닭이니라.

불자여, 보살이 환희지에 머무르면 여러 가지 환희와 청정한 신심과 즐거움과 희열과 기쁜 경사와 뛰놀음과 용맹과 투쟁없음과 고뇌없음과 성내지 않음을 성취하느니라.

불자여, 보살이 이 환희지에 머물고는 부처님을 생각하므로 환희하고, 부처님 법과 보살과 보살행과 청정한 바라밀과 보살지의 수승함과 보살의 깨뜨릴 수 없음과 여래의 중생 교화함과 능히 중생들에게 이익을 얻게 함과 일체 여래의 지혜와 방편에 들어감을 생각하므로 환희한다.

또 이렇게 생각하나니, 내가 모든 세간경계를 여의므로 환희하고, 모든 부처님을 친근하므로 환희하고, 범부의 처지를 여의므로 환희하고, 지혜의 자리에 가까웠으므로 환희하고, 모든 악취(惡趣)를 아주 끊었으므로 환희하고, 일체 중생의 의지할 곳이 되므로 환희하고, 일체 여래를 뵈오므로 환희하고, 부처님의 경계에 났으므로 환희하고, 모든 보살의 평등한 성품에 들어갔으므로 환희하고, 온갖 무서운 일을 여의었으므로 환희한다.

무슨 까닭인가. 이 보살이 환희지를 얻고는 온갖 공포를 멀리 여의나니, 이른바 살아갈 수 없을 공포, 나쁜 이름 들을 공포, 죽을 공포, 악취에 떨어질 공포, 대중의 위덕을 공포하는 등 이런 공포를 아주 다 여읜다. 왜냐하면, 이 보살이 '나'라는 생각〔我相〕을 떠났으므로 자신도 아끼지 않거늘, 하물며 재물이리오. 그러므로 살지 못할 공포가 없다. 다른이에게 공양을 바라지 않고 오로지 일체 중생에게 보시만 하니, 나쁜 이름 들을 공포가 없다. '나'라는 소견〔我見〕을 여의어 '나'라는 생각이 없으니 죽을 공포가 없고, 죽어도 결정코 불 보살을 떠나지 아니할 줄 아니, 나쁜 길〔惡道〕에 떨어질 공포가 없고, 내가 좋아하는 것은 일체 세간에서 더불어 같음이 없거늘 어찌 나을 것이 있으리오. 그러므로 대중의 위력을 두려워할 것이 없다.

불자여, 이 보살이 대비(大悲)로 으뜸을 삼는 광대한 뜻을 무너뜨릴 이가 없고, 점점 부지런히 모든 선근을 닦아서 성취하나니, 온갖 지혜의 지(地)를 구하는 연고이다. 불자여 보살이 이와 같이 깨끗이 다스리는 지(地)의 법을 성취하는 것을 보살의 환희지에 편안히 머무른다고 하느니라.

불자여, 보살이 이 환희지에 머물고는 이러한 큰 원과 용맹과 작용을 능히 성취한다. 이른바 광대 청정하고 결정한 알음알이를 내어 모든 공양거리로써 일체 부처님께 공경 공양하고 남음이 없게 하니, 광대하기 법계와 같고 끝없기 허공과 같아서 오는 세월이 다 하도록 모든 겁 동안에 쉬지 아니한다.

또 다음과 같이 큰 원을 세운다. 일체 부처님의 법륜을 받아지녀 불법을 수호하여지이다.

또 일체 세계에 부처님께서 세상에 나실 때 다 나아가 친근 공양하며 모든 곳에서 일시에 법을 연설하여지이다.

또 여러 바라밀을 거두어서 여러 지를 깨끗이 다스리며, 전체인 모양〔總相〕·각각인 모양〔別相〕·같은 모양〔同相〕·다른 모양〔異相〕·이루는 모양〔成相〕·무너지는 모양〔壞相〕으로 온갖 보살행을 사실대로 말하여, 일체 중생을 가르쳐서 받아 행하고 마음이 증장케 하여지이다.

또 일체 중생계를 내가 모두 교화하여 부처님 법에 들어가서, 모든 세간의 갈래를 아주 끊고 온갖 지혜의 지에 편안히 머물게 하여지이다.

또 일체 세계가 갖가지로 같지 않은 것을 지혜로써 분명히 알아지이다.

또 일체 국토가 한 국토에 들어가고 한 국토가 일체 국토에 들어가며, 한량없는 부처님 국토가 모두 청정하고, 여러 가지 광명으로 장엄하며, 일체 번뇌를 여의고 청정한 도를 성취하며, 한량없이 지혜있는 중생이 그 가운데 충만하며, 광대한 부처님의 경계에 들어가 중생의 마음을 따라 나타나서 모두 환희케 하여지이다.

또 일체 보살과 더불어 뜻과 행이 같으며, 원수와 미운 이가 없이 선근을 모으며, 일체 중생의 나는 곳에 들어가서 불가사의한 대승을 성취하고 보살행을 닦아지이다.

또 물러남이 없는 법륜을 타고 보살행을 행하되 몸과 말과 뜻으로 짓는 업이 헛되지 아니하여, 잠깐 보아도 부처님 법에 결정한 마음을 내고, 소리만 들어도 진실한 지혜를 얻고, 겨우 깨끗한 신심을 내어도 영원히 번뇌를 끊게 되며, 약왕나무와 같은 몸을 얻고, 여의주와 같은 몸을 얻어, 일체보살행을 수행하여지이다.

또 일체 세계에서 아뇩다라삼먁삼보리를 이루어서, 정각 이루고 법륜을 굴리고 열반에 드는 일을 나타내며, 부처님 경계인 큰 지혜를 얻고, 생각 생각마다 일체 중생의 마음을 따라 성불함을 보여서 적멸을 얻게 하여지이다.

불자여, 보살이 환희지에 머물어 이렇게 큰 서원과 용맹과 작용을 내나니, 이 열 가지 원이 으뜸이 되어 백만 아승지 큰 원을 만족하느니라.

불자여, 만일 중생계가 끝나면 나의 원도 끝나려니와 중생계가 끝날 수 없으므로 내 큰 원의 선근도 다함이 없느니라.

불자여, 보살이 이러한 큰 원을 내고는, 곧 이익하는 마음〔利益

心], 부드러운 마음[柔軟心], 따라 순종하는 마음[隨順心], 고요한 마음[寂靜心], 조복하는 마음[調伏心], 적멸한 마음[寂滅心], 겸손한 마음[謙下心], 윤택한 마음[潤澤心], 동하지 않는 마음[不動心], 흐리지 않는 마음[不濁心]을 얻느니라.

불자여, 보살이 이러한 대비와 대자(大慈)로 초지에서 모든 물건을 아끼지 않고, 부처님의 큰 지혜를 구하며 크게 버리는 일을 수행하여 가진 것을 모두 보시하나니, 이것을 이름하여 보살이 초지에 있어서 크게 버리는 일을 성취하는 것이라 하느니라.

(2) 이구지

그때 금강장보살이 해탈월보살에게 말씀하였다.

불자여, 보살 마하살이 초지를 이미 닦고서, 제이지에 들어가면 열 가지 깊은 마음을 일으켜야 하나니, 이른바 정직한 마음[正直心]·부드러운 마음[柔軟心]·참을성 있는 마음[堪能心]·조복한 마음[調伏心]·고요한 마음[寂靜心]·순일하게 선한 마음[純善心]·잡되지 않은 마음[不雜心]·그리움 없는 마음[無顧戀心]·넓은 마음[廣心]·큰 마음[大心]이니, 보살은 이 열 가지 마음으로 제2 이구지(離垢地)에 들어가느니라.

불자여, 보살이 이구지에 머물면, 성품이 저절로 일체 살생을 멀리 여의어서, 칼이나 작대기를 두지 아니하고, 원한을 품지 아니하고, 부끄럽고 수줍음이 있어 인자하고 용서함이 구족하며, 생명있는 일체 중생에게 항상 이익하고 사랑하는 마음을 내나니, 보살이 오히려 나쁜 마음으로 중생을 뇌롭게 하지도 않거늘, 하물며 저에게 중생이라는 생각을 내면서 짐짓 거치른 마음으로 살해할까보냐.

성품이 훔치지 않나니, 보살이 자기의 재산에 만족함을 알고 다른 이에게는 인자하고 사랑하여 침노하지 않으며, 다른 이에게 소속한 물건에는 남의 것이라는 생각을 내어 훔치려는 마음이 없고, 풀잎 하나라도 주지 않는 것은 가지지 않거늘, 하물며 생활에 필요한 물건이리오.

성품이 사음하지 않나니, 보살이 자기의 아내에 만족함을 알고 다른 처를 구하지 않으며, 다른 이의 처첩이나, 다른 이가 보호하는 여자에게 탐하는 마음도 내지 않거늘 하물며 종사하리오.

성품이 거짓말하지 않나니, 보살이 항상 진실한 말과 참된 말과 시기에 맞는 말을 하고, 꿈에서라도 덮어 두는 말을 차마 하지 못하며, 하려는 마음도 없거늘 하물며 짐짓 범하리오.

성품이 이간하는 말〔兩舌〕을 하지 않나니, 보살이 이간하는 마음이 없고 해치려는 마음도 없으며, 이 말로써 저를 파괴하기 위하여 저에게 말하지 아니하고, 저 말로써 이를 파괴하기 위하여 이에게 말하지 않으며, 아직 파괴하지 않은 것을 파괴하게 하지 않고, 이미 파괴한 것은 더 증장하지 않으며, 이간을 기뻐하지 않고, 이간하기를 좋아하지 않으며, 이간할 말을 짓지도 않고, 이간하는 말은 실제거나 실제가 아니거나 말하지 아니하느니라.

성품이 나쁜 말을 하지 않나니, 이른바 해롭게 하는 말, 거치른 말, 남을 괴롭히는 말, 남을 성내게 하는 말, 앞에 대하는 말, 앞에 대하지 않는 말, 비속한 말, 버릇없는 말, 듣기 싫은 말, 듣는 이가 기쁘지 않는 말, 분노의 말, 속 태우는 말, 원한 맺는 말, 뇌롭게 하는 말, 좋지 않은 말, 달갑지 않은 말, 나와 남을 해롭게 하는 말 등은 모두 버리느니라. 그리고 항상 윤택한 말, 부드러운 말,

뜻에 맞는 말, 듣기 좋은 말, 듣는 이 기뻐하는 말, 남의 마음에 드는 말, 운치있고 규모있는 말, 여러 사람이 좋아하는 말, 여러 사람이 기뻐하는 말, 몸과 마음이 희열한 말을 하느니라.

성품이 번드르르한 말을 하지 않나니, 보살은 언제나 잘 생각하고 하는 말, 시기에 맞는 말, 진실한 말, 의로운 말, 법에 맞는 말, 도리에 따르는 말, 교묘하게 조복하는 말, 때에 맞추어 요량하여 결정한 말을 좋아하느니라. 이 보살이 웃음거리라도 항상 생각하고 말하거늘, 어찌 짐짓 산란한 말을 하리오.

성품이 탐욕부리지 않나니, 보살이 남의 재물이나 다른 이의 생활용품에 탐심을 내지 않고 원하지 않고 구하지 않느니라.

성품이 성내지 않나니 보살이 일체 중생에게 항상 자비한 마음·이익하는 마음·가엾이 여기는 마음·환희한 마음·화평한 마음·포섭하는 마음을 내어 길이 성내거나 원한을 버리고, 항상 인자하고 도와주고 이익하려는 일을 생각하여 행하느니라.

또 성품에 삿된 소견이 없나니, 보살이 바른 길에 머물러서 점치지 않고, 나쁜 계를 가지지 않고, 마음과 소견이 정직하고 속이거나 아첨하지 않으며, 불·법·승에 결정한 신심을 내느니라.

불자여, 보살이 이와 같이 열 가지 선한 법〔十善業道〕을 행하여 항상 끊임이 없느니라. 열 가지 나쁜 업〔十不善業道〕이 상품은 지옥의 인(因)이 되고, 중품은 축생의 인이 되고 하품은 아귀의 인이 되느니라.

살생한 죄로는 중생들이 지옥·축생·아귀에 떨어질 것이며, 인간에 태어나더라도 두 가지 과보를 받으리니, 하나는 단명하고, 둘은 병이 많으리라.

훔친 죄로는 중생들이 삼악도(三惡道)에 떨어질 것이며, 인간에 태어나더라도 두 가지 과보를 받으리니, 하나는 빈궁하고, 둘은 재물을 함께 가지게 되어 마음대로 하지 못하리라.

사음한 죄로는 중생들이 삼악도에 떨어질 것이며 인간에 태어나더라도 아내가 정숙하지 못하고 뜻에 맞는 권속을 얻지 못하리라.

거짓말한 죄로는 중생들이 삼악도에 떨어질 것이며, 인간에 태어나더라도 비방을 많이 받고, 남에게 속게 되리라.

또 이간하는 죄로는 중생들이 삼악도에 떨어질 것이며, 인간에 태어나더라도 권속이 뿔뿔이 흩어지고, 친족들이 험악하리라.

나쁜 말 한 죄로는 중생들이 삼악도에 떨어질 것이며, 인간에 태어나더라도 항상 나쁜 소리를 듣고, 다투는 일이 많으리라.

번드르르한 말을 한 죄로는 중생들이 삼악도에 떨어질 것이며, 인간에 태어나더라도 사람들이 제 말을 곧이 듣지 않고, 말이 분명치 못하리라.

탐욕한 죄로는 중생들이 삼악도에 떨어질 것이며, 인간에 태어나더라도 만족할 줄을 모르고 욕심이 끝이 없으리라.

성낸 죄로는 중생들이 삼악도에 떨어질 것이며, 인간에 태어나더라도 항상 남들에게 시비를 받게 되고, 남의 해침을 받으리라.

또 삿된 소견을 가진 죄로는 중생들이 삼악도에 떨어질 것이며, 인간에 태어나더라도 삿된 소견을 가진 집에 나게 되고, 마음이 아첨하고 굽으리라.

불자여, 열 가지 나쁜 업은 이렇게 한량없는 큰 고통을 내게 된다. 그러므로 보살은 이렇게 생각한다. 나는 마땅히 열 가지 나쁜 길을 멀리 여의고, 열 가지 선한 길로 법의 동산을 삼아 편안히 머물면서, 다른 이도 거기 머물도록 권하리라.

불자여, 이 보살은 다시 중생을 이익케 하려는 마음, 안락케 하려는 마음, 인자한 마음, 가엾이 여기는 마음, 딱하게 여기는 마음, 거두어 주려는 마음, 수호하려는 마음, 자기와 같다는 마음, 스승이라는 마음, 대사(大師)라는 마음을 낸다. 보살은 이렇게 계율을 보호하여 지니며 자비한 마음을 증장케 하느니라.

불자여, 보살이 이 이구지에 머물고는 원력으로 많은 부처님을 뵙게 되며, 여러 부처님 계신 데서 광대한 마음과 깊은 마음으로 공경 존중하며 받들어 섬기고 공양한다. 의복·음식·좌복·의약과 모든 필수품을 공양하며, 모든 스님에게도 공양하나니, 이 선근으로써 아뇩다라삼먁삼보리에 회향한다. 또 여러 부처님 계신 데서 존중한 마음으로 다시 십선도법(十善道法)을 받아 행하며, 그 받은 것을 따르고, 내지 보리를 마침내 잊지 아니한다. 보살이 한량없는 백천억 나유타 겁 동안에 간탐 질투하고 파괴한 허물을 멀리 여의었으므로 보시와 지계가 청정하고 만족하느니라.

불자여, 이 보살이 사섭법(四攝法) 중에서는 사랑스러운 말〔愛語〕이 치우쳐 많고 십바라밀 중에는 지계바라밀이 치우쳐 많으니, 다른 것을 행하지 않는 것은 아니지마는 힘을 따르고 분수를 따를 뿐이다.

불자여, 이것을 이름하여 보살의 제2 이구지를 간략히 말한다 하느니라.

(3) 발광지
그때 금강장보살이 해탈월보살에게 말씀하였다.

불자여, 보살 마하살이 제2지를 깨끗이 수행하고, 제3지에 들어가려면 열 가지 깊은 마음을 일으켜야 하나니, 청정한 마음, 편안히 머무는 마음, 싫어서 버리는 마음, 탐욕을 여의는 마음, 물러나지 않는 마음, 견고한 마음, 밝고 성대한 마음, 용맹한 마음, 넓은 마음, 큰 마음이다.

불자여, 보살이 제3지에 머물고는 모든 유위법(有爲法)의 실상을 관찰하나니, 이른바 무상하고, 괴롭고, 부정하고, 안온하지 못하고, 파괴하고, 오래 머물지 못하고, 찰나에 났다 없어지고, 과거에 생한 것도 아니고, 미래로 가는 것도 아니고, 현재에 있는 것도 아니다.

또 이 법을 관찰하면 구원할 것도 없고, 의지할 것도 없고, 근심·슬픔·고뇌와 함께 하고, 사랑하고 미워하는 데 얽매이고, 걱정이 많아지고, 정지하여 있지 못하며, 탐욕과 성내는 일과 어리석은 불이 쉬지 아니하고, 여러 근심에 얽매여 밤낮으로 늘어나며, 요술과 같아서 진실하지 아니하니라.

이런 것을 보고는 모든 유위법에 대하여 싫어함이 배나 더하여 부처님 지혜로 나아간다. 보살은 여래의 지혜가 한량없이 이익함을 보고, 모든 유위법은 한량없이 걱정되는 줄을 보므로, 일체 중생에게 열 가지 불쌍히 여기는 마음〔哀愍心〕을 낸다. 중생들이 고독하여 의지할 데 없음을 보고, 빈궁하여 곤란함을 보고, 삼독(三毒)의 불에 타는 것을 보고, 업보의 옥에 갇힘을 보고, 번뇌의 숲에 막힘을 보고, 잘 살펴보지 못함을 보고, 선한 법에 욕망이 없음을 보고, 부처님 법을 잃어버린 것을 보고, 생사의 흐름에 따르는 것을 보고, 해탈하는 방편 잃음을 보고 불쌍한 마음을 내느니라.

보살이 이렇게 중생계의 한량없는 고통과 고뇌를 보고, 크게 정진하는 마음을 내어 생각하기를 '이 중생들을 내가 구호하고 해탈케 하고 내지 열반케 하리라' 하느니라.

불자여, 보살이 발광지에 머물면 4선(四禪)과 4무색정(四無色定)에 머물고 한량없는 신통력을 얻는다. 이 보살이 선정과 삼매와 삼마발제에 마음대로 들고 나면서도, 그 힘을 따라 태어나는 것이 아니고, 보리의 부분을 만족할 수 있는 곳을 따라서 마음과 원력으로 그 가운데 나느니라.

이 보살이 사섭법(四攝法) 중에는 이롭게 하는 행[利行]이 치우쳐 많고, 십바라밀 중에는 참는 바라밀이 치우쳐 많으니, 다른 것을 닦지 아니함은 아니지마는 힘을 따르고 분수를 따를 뿐이다.

불자여, 이것을 이름하여 보살의 제3 발광지라 하느니라.

(4) 염혜지

이때 금강장보살이 해탈월보살에게 말씀하였다.

불자여, 보살 마하살이 제3지를 이미 청정하게 닦고 제4 염혜지에 들어가려면 법에 밝은 문[法明門] 열 가지를 수행하여야 한다. 이른바 중생계를 관찰하고, 법계·세계·허공계·식계(識界)·욕계·색계·무색계·넓은 마음으로 믿고 아는 세계·큰 마음으로 믿고 아는 세계를 관찰함이니, 보살이 이러한 법에 밝은 열 가지 문으로 제4 염혜지에 들어가느니라.

불자여, 보살이 이 염혜지에 머물면, 능히 열 가지 지혜로써 여래의 가문에 태어나느니라. 이른바 깊은 마음이 물러가지 않으며, 삼보(三寶)에 깨끗한 신심을 내어 끝까지 무너지지 않으며, 모든 행이 생멸함을 관찰하며, 모든 법의 성품이 나지 아니함을 관찰하며, 세간이 이루어지고 무너짐을 관찰하며, 업으로 인하여 남〔生〕이 있음을 관찰하며, 생사와 열반을 관찰하며, 중생의 국토에 대한 업을 관찰하며, 지나간 세월과 오는 세월을 관찰하며, 다할 것이 없음을 관찰하는 까닭이니라.

불자여, 보살이 제4지에 머물러서는 몸〔身〕과 받아들임〔受〕과 마음〔心〕과 법(法)을 관하되, 안으로 밖으로 안팎으로 하여 세간의 탐욕과 근심을 제하느니라.

또 이 보살이 아직 생기지 않은 악은 생기지 못하게 하며, 이미 생긴 악은 바로 끊으며, 아직 생기지 않은 선한 법은 생기게 하며, 이미 생긴 선한 법은 잃지 않고 더욱 증대하게 하려고 부지런히 정진하며 마음을 내어 바로 행하느니라.

또 이 보살이 하려는 정력〔欲力〕과 정진하는 정력과 마음의 정력과 관하는 정력으로 끊는 행을 수행하여 신통을 성취해서, 싫어하고 여의고 멸하고 버리는 데 회향하느니라.

또 이 보살이 믿는 근〔信根〕과 정진하는 근〔進根〕과, 생각하는 근〔念根〕과 선정의 근〔定根〕과 지혜의 근〔慧根〕을 수행하되, 싫어함을 의지하며 떠남을 의지하며 멸함을 의지하여 버리는 데로 회향하느니라.

또 이 보살이 믿는 힘〔信力〕과 정진하는 힘과 생각하는 힘과 선정의 힘과 지혜의 힘을 수행하되, 싫어함을 의지하며, 떠남을 의지하며, 멸함을 의지하여 버리는 데로 회향하느니라.

또 이 보살이 념각분(念覺分)과 택법각분(擇法覺分)과 정진각분(精進覺分)과 희각분(喜覺分)과 의각분(疑覺分)과 선정각분(禪定

覺分)과 사각분〔捨覺分〕을 수행하되, 싫어함을 의지하며 떠남을 의지하며 멸함을 의지하여 버리는 데로 회향하느니라.

또 이 보살이 바른 소견·바른 생각·바른 말·바른 업·바른 직업·바른 정진·바른 기억·바른 선정을 수행하되, 싫어함을 의지하며 떠남을 의지하며 멸함을 의지하여 버리는 데로 회향하느니라.

불자여, 보살이 사섭법(四攝法) 중에는 동사(同事)가 치우쳐 많고, 십바라밀 중에는 정진 바라밀이 치우쳐 많으니, 다른 것을 닦지 아니함은 아니지마는 힘을 따르고 분수를 따를 뿐이니라.

(5) 난승지

그때 금강장보살이 해탈월보살에게 말씀하였다.

불자여, 보살 마하살이 제4지에서 행할 바를 원만히 하고, 제5지에 들어가려면 열 가지 평등하고 청정한 마음으로 들어가야 하느니라. 이른바 과거의 불법과, 미래의 불법과, 현재의 불법과, 계율과, 마음과, 사견 의혹을 끊음과, 도이며 도 아님을 가리는 지혜와, 수행하는 지견(智見)과, 모든 보리분법을 상상(上上)으로 관찰함과, 일체 중생을 교화하는 데 청정하고 평등한 마음이다. 보살이 이 제5지에 머물고는 물러가지 않는 마음을 얻느니라.

불자여, 이 보살이 고(苦)와 고의 집〔苦集〕과 고의 멸〔苦滅〕과 고의 멸에 이르는 길〔苦滅道〕이라는 성인의 참된 이치를 실상대로 아나니, 세속의 이치〔俗諦〕를 잘 알고, 제일가는 뜻이라는 이치〔第一義諦〕를 잘 알고, 내지 여래의 지혜가 성취하는 이치〔如來智成就諦〕를 잘 아느니라.

불자여, 이 보살이 이와 같은 여러 가지 이치를 아는 지혜를 얻고는, 모든 유위법(有爲法)이 허망하고 거짓으로 어리석은 이를 속이는 줄을 실상대로 아나니, 보살이 이때에 중생들에게 대비심이 점점 불어나고 대자(大慈)의 광명을 내느니라.

불자여, 보살이 이러한 지혜의 힘을 얻고는 일체 중생을 버리지 아니하고 부처님 지혜를 항상 구하여, 모든 유위법을 실상대로 관찰하느니라.

불자여, 보살이 이런 지혜로 관찰하며, 닦는 선근은 모두 일체 중생을 구호하며, 내지 중생들로 하여금 반열반에 들게 하려는 것이니라.

불자여, 보살이 이 제5 난승지에 머물면, 생각하는 이라 이름하나니 모든 법을 잊지 않으며, 지혜있는 이라 이름하나니 잘 결정하며, 내지 다른 마음을 밤낮으로 여의는 이라 이름하나니 일체 중생 교화하기를 항상 좋아하는 까닭이니라.

불자여, 보살이 중생을 이익케 하기 위하여 세간의 기예를 모두 익히나니, 이른바 문자와 산수와 도서와 인장과 지·수·화·풍과 갖가지를 모두 통달한다. 또 약방문을 잘 알아서 여러 가지 병을 치료하며, 문장과 글씨와 시와 노래와 춤과 풍악과 연예와 웃음거리와 재담 등을 다 잘하며, 도성과 촌읍과 가옥과 원림과 샘과 못과 내와 풀과 나무와 꽃과 약초들을 계획하고 가꾸는 데 묘리가 있고, 금·은·마니·진주·유리·보패·옥·보석·산호 등이 있는 데를 다 알아 파내어 사람들에게 보이며, 일월성신과 새 우는것과 지진과 길흉, 신상과 산수가 좋고 나쁜 것을 잘 관찰하여 조금도 틀리지 아니한다.

계행을 지니며 선정에 들고, 신통과 네 가지 무량심과 네 가지 무색정(無色定)과 나머지 일체 세간 일로써 중생을 해롭히지 않고 이익케 하는 일이면 모두 열어보여서 점점 위없는 불법에 머물게 한다. 이 보살이 십바라밀 중에는 선정 바라밀이 치우쳐 많으니, 다른 것을 닦지 아니함은 아니지마는 힘을 따르고 분한을 따를 뿐이다.

불자여, 이것이 보살의 제5 난승지를 간략히 말함이 되느니라.

(6) 현전지

그때 금강장보살이 해탈월보살에게 말씀하였다.

불자여, 보살 마하살이 제5지를 구족하고 제6 현전지(現前地)에 들려면, 열 가지 평등한 법을 관찰하여야 한다. 무엇이 열인가. 일체법이 형상이 없고, 자체가 없고, 남이 없고, 이루어짐이 없고, 본래 청정하고, 희론이 없고, 취하거나 버림이 없고, 고요하고, 요술 같고 꿈 같고 그림자 같고 메아리 같고 물 속의 달 같고 거울 속의 영상 같고 아지랑이 같고 화현과 같고, 있고 없음이 둘이 아니므로 평등하다.

보살이 이렇게 일체법의 자성이 청정함을 관하여, 따라 순종해 어김이 없어서 제6 현전지에 들어가나니, 밝고 이로운 수순인(隨順忍)을 얻고 무생법인(無生法忍)은 얻지 못하였느니라.

불자여, 보살이 이렇게 관찰하고는 다시 대비가 만족하여 세간의 나고 멸함을 관찰하고, 이런 생각을 한다.

세간에 태어나는 것이 다 '나'에 집착한 탓이니, 만일 집착을 여의면 나는 곳이 없으리라.

또 생각하기를 범부는 지혜가 없어 '나'에 집착하여 항상 있는 것 없는 것을 구하며, 바르지 못한 생각으로 허망한 행을 일으키어 삿된 도를 행하므로, 죄행과 복행과 부동행이 쌓이고 증장하며, 여러 가지 행에 마음의 종자를 심고 번뇌〔漏〕도 있고 취함〔取〕도 있으므로 다시 다음 생〔後有〕의 나고 늙고 죽음을 일으킨다.

이른바 업은 밭이 되고 식(識)은 종자가 되니, 무명이 덮이고, 애정의 물이 축여주고 '나'라는 교만이 물을 대어 주므로 소견이 증장하여 이름과 물질〔名色〕이라는 싹을 낸다. 명색(名色)이 증장하여 오근(五根)을 내며, 여러 근이 상대하여 촉(觸)을 내며, 촉이 상대하여 받아들임〔受〕을 내며, 받아들인 후에 희구하므로 사랑〔愛〕을 내며, 사랑이 증장하여 취함〔取〕을 내며, 취함이 증장하여 유(有)를 내며, 유가 생기면 여러 갈래〔諸趣〕 중에 오온으로 된 몸을 일으키는 것을 난다〔生〕 하고, 나서는 쇠하고 변하는 것이 늙음이요, 필경에 없어지는 것이 죽음이 된다. 늙어서 죽는 때에 모든 열뇌(熱惱)를 내고 열뇌로 인하여 근심하고 걱정하고 슬퍼하고 탄식하여 여러 가지 고통이 모이느니라.

이 인연으로 모이는지라 모으는 자가 없으며 뜻좇아 멸하는지라 또한 멸하는 자도 없으니 보살이 이같이 연기의 상을 수순 관찰한다.

불자여, 보살이 또 이렇게 생각한다.

제일의제(第一義諦)를 알지 못하므로 무명이라 하고, 지은 바 업과(業果)가 행(行)이요, 행을 의지한 첫 마음이 식(識)이요, 식과 함께 4취온(四取蘊)을 냄이 명색(名色)이 되고, 명색이 증장하여 6처(六處)가 되고, 근(根)·경(境)·식(識) 3사(三事)의 화합이 촉(觸)이며, 촉과 함께 생기하여 받아들임〔受〕이 있고, 받아들임에 물들어 집착하는 것이 사랑〔愛〕이고, 사랑의 증장이 취함〔取〕이고, 취함으로 일으킨 유루업(有漏業)이 유(有)이고, 업으로부터 온(蘊)을 일으키는 것이 나는 것〔生〕이고, 온의 성숙이 늙음〔老〕이고, 온의 무너짐이 죽음〔死〕이고, 죽을 때 이별함에 어리석어 탐내고 그리워하여 가슴이 답답한 것을 걱정〔愁〕이라 하고, 눈물 흘리며 슬퍼하는 것을 탄식〔歎〕이라 하나니, 오근에 있어서는 괴로움〔苦〕이 되고, 의지에 있어서는 근심〔憂〕이 되고, 근심과 괴로움이 점점 많아지는 것이 고뇌〔惱〕가 되나니, 이와 같이 괴로움의 나무가 자라거니와, 나도 없고 내 것도 없으며 짓는 이도 없고 받는 이도 없다.

불자여, 보살이 또 이렇게 생각하느니라.

삼계(三界)에 있는 것이 오직 한마음〔一心〕이니 여래가 이에 분별 연설하시되 12가지〔十二有支〕가 다 한마음을 의지하여 있음이로다. 무슨 까닭인가. 일을 따라서 탐욕이 마음과 함께 나나니, 마음은 식(識)이요, 일은 행(行)이라. 행에 미혹함이 무명이며, 무명과 더불어 마음이 함께 나는 것이 명색이요, 명색이 증장한 것이 육처(六處)요, 육처의 셋이 합한 것이 촉(觸)이요, 촉과 함께 나는 것이 수(受)요, 수가 만족하지 않는 것이 애(愛)요, 애로 거두어 버리지 아니함이 취(取)요, 그 여러 가지 생기는 것이 유(有)요, 유가 일으킨 것이 생(生)이요, 나서 성숙함이 늙음〔死〕이요, 늙어서 무너짐을 죽음〔死〕이라 한다.

불자여, 이 가운데서 무명(無明)에 두 가지 업이 있으니 하나는 중생으로 하여금 반연할 바를 미혹하게 함이요, 둘은 행이 생겨나는 인이 된다. 행(行)에도 두 가지 업이 있으니 하나는 미래의 과보를 내는 것이요, 둘은 식이 생겨나는 인이 된다. 식(識)은 여러 유(有)를 상속하게 하고 명색이 생겨나는 인이 된다. 명색(名色)은 서로 도와서 성립케 하고 육처가 생겨나는 인이 된다. 육처(六處)는 각각 제 경계를 취하고, 촉이 생겨나는 인이 된다. 촉(觸)은 반연할 바를 능히 접촉하고 수가 생겨나는 인이 된다. 수(受)는 사랑스러운 일과 미운 일을 받아들이고 애가 생겨나는 인이 된다. 애(愛)는 사랑할 만한 일에 물들고 취가 생겨나는 인이 된다. 취(取)는 여러 가지 번뇌를 상속케 하고 유가 생겨나는 인이 된다. 유(有)는 다른 갈래에 태어나게 하고 생이 생겨나는 인이 된다. 생(生)은 온을 일으키고 늙음이 오게 하는 인이 된다. 늙음은 여러 근이 변해 달라지게 하고 죽음이 있게 하는 인이 된다. 죽음(死)은 모든 행을 파괴하고 알지 못하므로 서로 계속 되어 끊어지지 않는다.

불자여, 이 가운데서 무명은 행을 반연하고, 내지 생은 노사를 반연한다는 것은, 무명과 내지 노사로 하여금 끊어지지 않고 도와서 이루게 하는 연고이다. 무명이 멸하면 행이 멸하고, 내지 생이 멸하면 노사가 멸한다는 것은 무명과 내지 생이 연이 되지 아니하여 행과 내지 노사로 하여금 끊어 없어지게 하고 도와서 이루게 하지 않는 연고이다.

불자여, 이 가운데 무명과 애와 취가 끊어지지 않는 것은 번뇌〔惑〕의 길이요, 행과 유가 끊어지지 않는 것은 업(業)의 길이요, 나머지 다른 것이 끊어지지 않는 것은 고통〔苦〕의 길이니라. 앞의 것〔前際〕 뒤의 것〔後際〕이라는 분별이 멸하면 세 길이 끊어지나니, 이러한 세 길이 '나〔我〕'와 '내 것〔我所〕'을 여의고, 다만 나고 멸하는 것〔生滅〕만 있는 것이 마치 묶어 세운 갈대와 같다.

또 무명이 행을 연한다 함은 과거를 관(觀)함이요, 식과 내지 수는 현재를 관함이요, 애(愛)와 내지 유는 미래를 관함이니, 이후로 점점 상속한다.

또 십이유지(十二有支)가 세 가지 괴로움〔三苦〕이 되나니, 이 가운데 무명과 행과 내지 육처는 변천하는 괴로움〔行苦〕이요, 촉과 수는 괴로움의 괴로움〔苦苦〕이요, 다른 것들은 무너지는 괴로움〔壞苦〕이다. 무명이 멸하면 행이 멸한다 함은 세 가지 괴로움이 끊어지는 것이다.

또 무명이 행을 연한다 함은 무명의 인연이 여러 행을 내는 것이요, 무명이 멸하면 행이 멸한다 함은 무명이 없으므로 여러 행도 없으니, 나머지도 역시 그러하다.

또 무명이 행을 연한다 함은 얽매여 속박됨〔繫縛〕을 내는 것이요, 무명이 멸하면 행이 멸한다 함은 얽매여 속박됨을 멸하는 것이니, 다른 것도 역시 그러하다.

불자여, 보살이 순역(順逆)으로 모든 연기(緣起)를 관찰하나니, 이같이 연기를 관하여 나〔我〕도 남〔人〕도 없고 수명도 없으며 자성이 공하며 짓는 자와 받는 자도 없는 줄 알면 공(空)해탈문이 현전함을 얻으며, 모든 유지(有支)가 다 자성이 멸해서 필경 해탈하여 조그만 법도 상이 남이 없음을 관하면 즉시에 무상(無相)해탈문이 현전함을 얻으며, 이같이 공과 무상에 들어 마침내 원하고 구함이 없되 오직 대비로 으뜸을 삼아서 중생을 교화함을 제외하면 즉시에 무원(無願)해탈문이 현전함을 얻는다.

불자여, 보살이 이처럼 현전지에 머물러 공·무상·무원의 삼해탈문을 얻으며, 반야바라밀이 증장함을 얻느니라.

(7) 원행지

이때 금강장보살이 해탈월보살에게 말씀하였다.

불자여, 보살 마하살이 6지의 수행을 구족하고, 제7 원행지(遠行地)에 들어가려면, 열 가지 방편 지혜를 닦아서 수승한 도를 일으켜야 한다.

이른바 비록 공·무상·무원삼매를 닦으나 자비로 중생을 버리지 아니하며, 부처님의 평등한 법을 얻었으나 항상 부처님께 공양하기를 즐겨하며, 공함을 관찰하는 지혜의 문에 들었으나 복덕을 부지런히 모으며, 삼계를 멀리 떠났으나 삼계를 장엄하며, 모든 번뇌의 불꽃을 끝까지 멸하였으나 일체 중생을 위하여 탐하고 성내고 어리석은 번뇌의 불꽃을 일으키며, 모든 법이 요술 같고 그림자 같고 메아리 같고 아지랑이 같고 변화와 같고 물 가운데 달 같고 거울 속의 영상 같아서 자성이 둘이 없는 줄 알지만 마음을 따라 한량없는 차별한 업을 짓는다. 비록 일체 국토가 허공과 같은 줄 알지만 청정하고 묘한 행으로 부처님 국토를 장엄하며, 부처님의 법신은 본성이 몸이 없는 줄 알지만 상호(相好)로 그 몸을 장엄하며, 부처님의 음성은 성품이 적멸하여 말할 수 없는 줄 알지만 일체 중생을 따라서 여러 가지 차별한 밝고 청정한 음성을 내며, 부처님을 따라서 삼세가 오직 한 생각인 줄 알지만 중생들의 뜻으로 이해하는 분별을 따라서 여러 가지 모양, 시기, 겁으로써 모든 행을 닦는다.

보살이 이같은 열 가지 방편지혜로 수승한 행을 일으켜 제6지로부터 제7지에 들어가며, 들어간 후에 이 행이 항상 앞에 나타남이 제7 원행지에 머무는 것이 되느니라.

불자여, 이 보살은 생각마다 열 가지 바라밀을 항상 구족하나니, 왜냐면 생각마다 대비로 으뜸을 삼고 부처님 법을 수행하여 부처님 지혜에 향하는 까닭이다. 자기에게 있는 선근을 부처님 지혜를 구하기 위하여 중생에게 베풀어 줌이 단나 바라밀(檀那波羅蜜)이요, 일체 번뇌의 열을 멸함이 시라(尸羅) 바라밀이요, 자비로 으뜸을 삼아 중생을 해롭히지 않음이 찬제(羼提) 바라밀이요, 수승하고 선한 법을 구하여 만족함이 없는 것이 비리야(毘梨耶) 바라밀이요, 온갖 지혜의 길이 항상 앞에 나타나서 일찍이 산란하지 않는 것이 선나(禪那) 바라밀이요, 모든 법이 나지도 않고 멸하지도 않음을 능히 인정하는 것이 반야(般若) 바라밀이요, 한량없는 지혜를 능히 출생함이 방편(方便) 바라밀이요, 상상품의 수승한 지혜를 구함이 원(願) 바라밀이요, 모든 이단의 언론과 마군들이 능히 깨뜨릴 수 없는 것이 역(力) 바라밀이요, 일체 법을 실제와 같이 아는 것이 지(智) 바라밀이다.

불자여, 이 십바라밀은 보살이 생각마다 모두 구족하였으며, 이와 같이 네 가지 포섭하는 법〔四攝法〕, 네 가지 총지〔四持〕, 서른 일곱 가지 도를 돕는 법〔三十七助道品〕, 세 가지 해탈문〔三解脫門〕과 내지 일체 보리의 부분법〔菩提分法〕이 생각생각마다 모두 원만하느니라.

보살이 십지 중에서 보리분법을 모두 만족하나 제7지가 가장 수승하니, 이 제7지에서 공용행(功用行)이 만족하여야 지혜의 자재행에 들어가게 되는 까닭이다. 보살이 초지에서는 일체 불법을 반연하고 원을 세워 구하므로 보리분법을 만족하며, 제2지에서는 마음의 때를 여의는 연고며, 제3지에서는 원이 더욱 증장하여 법의 광명을 얻는 연고며, 제4지에서는 도에 들어가는 연고며, 제5지에서는 세상의 하는 일을 따르는 연고며, 제6지에서는 깊은 법문에 들어가는 연고며, 제7지에서는 일체 불법을 일으키는 연고로 다 보리분법을 만족하나니, 보살이 초지로부터 제7지에 이르도록 지혜의 공용분을 모두 성취하느니라. 이 힘으로 제8지에서 제10지에 이르도록 무공용행을 모두 성취하느니라.

이 보살의 십바라밀 중에는 방편 바라밀이 치우쳐 많으니, 다른 것도 닦지 아니함은 아니나 힘을 따르고 분한을 따를 뿐이니라.

(8) 부동지

그때 금강장보살이 해탈월보살에게 말씀하였다.

불자여, 보살 마하살이 7지에서, 방편지혜를 잘 닦으며, 모든 도를 청정하게 하며, 도를 돕는 법을 모으며, 큰 원력으로 포섭한 바며, 여래의 힘으로 가피한 바며, 자기 선근의 힘으로 유지한 바며, 여래의 힘[力]과 두려움 없음[無所畏]과 함께하지 않는 부처님법[不共佛法]을 항상 생각하며, 깊은 마음으로 생각함을 청정케 하고, 복덕과 지혜를 성취하고, 대자비로 중생을 버리지 않고, 한량없는 지혜의 도에 들어가느니라. 일체 법이 본래 나는 일도 없고 일어남도 없고 모양도 없고 이룸도 없고 무너짐도 없고 다함도 없고 옮아감도 없으며, 성품 없는 것으로 성품이 되며, 처음과 중간과 나중이 모두 평등하며 분별이 없는 여여지(如如智)의 들어갈 곳에 들어가며, 모든 마음과 뜻과 식으로 분별하는 생각을 여의어, 집착할 바가 없음이 마치 허공과 같으며, 일체법이 허공의 성품과 같음에 드나니, 무생법인(無生法忍)을 얻음이 되느니라.

불자여, 보살이 이 인(忍)을 성취하면 즉시에 제8 부동지(不動地)에 들어가서, 적멸(寂滅)이 앞에 나타나느니라.

보살이 이 제8지에 머무름에 무공용각혜로써 일체지지의 경계를 관하나니, 이른바 세계의 이루어짐과 무너짐을 관하며 내지 삼계의 차별을 관하는 지혜를 얻느니라.

불자여, 이 보살이 중생의 좋아함을 따라서 몸을 나타내어 중생을 교화하나니, 중생신(衆生身)·국토신(國土身)·업보신(業報身)·성문신(聲聞身)·독각신(獨覺身)·보살신(菩薩身)·여래신(如來身)·지혜신〔智身〕·법신(法身)·허공신(虛空身)이다.

또 여래의 몸에 보리신(菩提身)·원신(願身)·화신(化身)·역지신(力持身)·상호장엄신(相好莊嚴身)·위세신(威勢身)·의생신(意生身)·복덕신(福德身)·법신(法身)·지신(智身)이 있음을 아느니라.

불자여, 보살이 이러한 몸과 지혜를 성취하고는 목숨에 자재하고〔命自在〕, 마음·재물·업·태어남·서원·이해·여의·지해·법에 자재함을 얻나니, 이 십자재를 얻어 지혜로운 이가 되느니라.

보살이 이렇게 들어가며 성취하고는 필경에 허물없는 몸의 업〔身業〕과 말의 업〔語業〕과 뜻의 업〔意業〕을 얻으며, 이 부동지에 머물러서는 몸과 말과 뜻의 업으로 하는 일이 모두 일체 불법을 쌓아 모으느니라.

불자여, 보살이 이 지에 머무름에, 온갖 지혜의 힘을 얻고는 부처님 경계에 들어가느니라.

이 보살은 십바라밀 중에서 서원 바라밀이 더욱 느나니, 다른 바라밀을 닦지 않는 것은 아니지만 힘을 따르고 분한을 따를 뿐이니라.

이것이 보살 마하살의 제8 부동지를 간략히 말함이라 하거니와, 만일 널리 말하자면 한량없는 겁을 지나더라도 다할 수 없느니라.

(9) 선혜지

이때 금강장보살이 해탈월보살에게 말씀하였다.

불자여, 보살 마하살이 이렇게 한량없는 지혜로 생각하며 관찰하고는, 다시 더 수승한 적멸 해탈을 구하며, 또 여래의 지혜를 닦으며, 여래의 비밀한 법에 들어가며, 불가사의한 큰 지혜의 성품을 관찰하며, 다라니 삼매의 문을 깨끗이 하며, 광대한 신통을 갖추며, 차별한 세계에 들어가며, 힘〔力〕과 두려움 없음〔無畏〕과 함께 하지 않는 법〔不共法〕을 닦으며, 부처님들을 따라 법륜을 굴리며, 대비〔大悲〕의 본원력을 버리지 아니하여 보살의 제9 선혜지에 들어가느니라.

불자여, 보살 마하살이 이 선혜지에 머무름에 선·악·무기 법의 행과, 내지 유위무위 법의 행을 사실대로 아느니라. 보살이 이러한 지혜로써, 중생심·번뇌·업·근기·지해·근성·욕락·수면·태어남·습기상속(習氣相續)과 삼취차별(三趣差別)의 빽빽한 숲〔稠林〕을 사실대로 아나니, 보살이 이러한 지혜를 수순하는 것이 선혜지에 머무름이 되느니라.

보살이 이 선혜지에 머물러서는 대법사가 되고 법사의 행을 갖추어서 여래의 법장을 잘 수호하나니, 한량없는 교묘한 지혜로 네 가지 걸림없는 변재〔四無礙辯〕를 일으키고 보살의 말로써 법을 연설한다. 이 보살이 네 가지 걸림없는 지혜를 따라서 잠시도 버리지 아니하나니, 무엇이 넷인가. 이른바 법에 걸림없는 지혜〔法無礙智〕

와, 뜻에 걸림없는 지혜〔義無礙智〕와, 말에 걸림없는 지혜〔辭無礙智〕와 말하기를 즐기는 데 걸림없는 지혜〔樂說無礙智〕니라.

이 보살이 십바라밀 중에는 힘바라밀〔力波羅蜜〕이 가장 수승하니, 다른 바라밀을 닦지 않는 것은 아니지만 힘을 따르고 분한을 따를 뿐이니라.

(10) 법운지

그때 금강장보살이 해탈월보살에게 말씀하였다.

불자여, 보살 마하살이 초지로부터 제9지에 이르기까지, 이렇게 한량없는 지혜로 관찰하여 깨닫고는 잘 생각하여 닦으며, 좋은 법〔白法〕을 만족하며 도를 돕는 법을 모으며, 큰 복덕과 지혜를 증장하며, 널리 대비를 행하며, 세계의 차별함을 알며, 중생계의 빽빽한 숲에 들어가며, 여래가 행하시는 곳에 들어가며, 여래의 적멸행을 수순하며, 늘 여래의 힘과 두려움 없음과 함께 하지 않는 부처님 법을 관찰하나니, 일체지지(一切智智)의 직책을 받는 지위라 이름하느니라.

불자여, 보살이 이러한 일체지지의 직책을 받는 지위에 들어가서는 곧 보살의 허물을 여의는 삼매〔離垢三昧〕를 얻으며, 법계의 차별한 삼매와, 도량을 장엄하는 삼매와, 온갖 꽃빛 삼매〔一切種華光三昧〕와, 해장(海藏)삼매와, 해인(海印)삼매와, 허공이 넓고 큰 삼매와, 모든 법의 자성을 관하는 삼매와, 일체 중생의 마음과 행동을 아는 삼매와, 모든 부처님이 다 앞에 나타나는 삼매에 들어가나니, 이러한 백천만 아승지 삼매가 모두 앞에 나타나느니라.

보살이 모든 삼매에 들어가고 일어날 때에 다 선교를 얻으며, 모든 삼매의 짓는 일이 차별함도 잘 아나니, 그 마지막 삼매를 이름하여 온갖 지혜의 수승한 직책을 받는 지위라 하느니라.

불자여, 보살 마하살이 이 법운지에 머무름에 여실히 욕심 세계의 모임〔欲界集〕과 형상세계·형상없는 세계·법계·함이 있는 세계·함이 없는 세계·중생계·인식계·허공계·열반계 등의 모임을 아나니, 일체지로써 일체 모임〔集〕을 앎이니라.

불자여, 이 보살 마하살이 이러한 상상의 깨달은 지혜로써, 중생의 변화를 사실대로 알며 가지(加持)와 부처님 여래들의 미세(微細)한 데 들어가는 지혜와 여래의 비밀한 곳과 부처님께서 겁에 들어가는 지혜와 여래께서 들어가는 지혜 등을 사실대로 안다. 모든 부처님의 지혜가 광대하고 한량이 없거늘, 이 법운지의 보살들이 모두 능히 들어 가느니라.

불자여, 보살 마하살이 이 지에 머무름에, 곧 보살의 불가사의한 해탈과 걸림없는 해탈, 깨끗하게 관찰하는 해탈, 두루 밝게 비치는 해탈, 여래장(如來藏)해탈, 수순하여 걸림없는 바퀴 해탈, 세 세상을 통달하는 해탈, 법계장 해탈, 광명의 바퀴 해탈과 남음없는 경계의 해탈을 얻는다. 이 열 가지가 으뜸이 되어 한량없는 백천 아승지 해탈문이 있음을 모두 이 제10지에서 얻으며, 이와 같이 내지 한량없는 백천 아승지 삼매문과 다라니문과 신통문을 모두 성취하느니라.

불자여, 이 보살 마하살이 이러한 지혜를 통달함에 한량없는 보리를 수순하며 선교(善巧)의 생각하는 힘을 성취하여 시방의 한량없는 부처님들이 가지신 한량없는 큰 법의 광명과 큰 법의 비침과 큰 법의 비를, 한 생각사이에 모두 능히 안치하고 받으며 거두고 유지〔安受攝持〕한다. 이 지의 보살이 지혜가 밝게 통달하고 신통이 자재하여 그 생각을 따라서 한량없는 자재신력을 나투며, 십바라밀 중에서는 지혜바라밀〔智波羅蜜〕이 가장 수승하며, 다른 바라밀도 닦지 않는 것은 아니니라.

불자여, 이 이름이 보살 마하살의 제10 법운지를 간략하게 말함이거니와, 만일 널리 말하자면 가령 한량없는 아승지 겁에도 다할 수 없느니라.

불자여, 보살의 열 가지 지(地)가 부처님의 지혜〔佛智〕를 인하여 차별이 있는 것이, 마치 땅을 인하여 설산 내지 수미산 등 열 산왕이 있는 것과 같다. 이 열 가지 보배산이 다 같이 바다에 있으면서 차별하게 이름을 얻었듯이, 보살의 십지도 그와 같아서 다 같이 온갖 지혜 가운데 있으면서 차별하게 이름을 얻었느니라.

비유컨대 큰 바다가 열 가지 모양으로 대해라는 이름을 얻음과 같나니, 무엇이 열인가. 하나는 차례로 점점 깊어짐이요, 둘은 죽은 시체를 받지 않음이요, 셋은 다른 물이 그 가운데 들어가면 모두 본래의 이름을 잃음이요, 넷은 모두 한 맛이요, 다섯은 한량없는 보물이 있고, 여섯은 바닥까지 이를 수 없고, 일곱은 넓고 커서 한량이 없고, 여덟은 큰 짐승들이 사는 곳이고, 아홉은 조수가 시한을 넘기지 않고, 열은 큰 비를 모두 받아도 넘치지 않음이니라.

보살의 행도 그와 같아서 열 가지 모양으로써 보살의 행이라 이름하여 고치거나 뺏을 수 없다. 이른바 환희지는 큰 서원을 내어 점점 깊어지는 연고요, 이구지는 모든 파계한 송장을 받지 않는 연고요, 발광지는 세간에서 붙인 이름을 여의는 연고요, 염혜지는 부처님의 공덕과 맛이 같은 연고요, 난승지는 한량없는 방편 신통과 세간의 뭇 보배들을 내는 연고요, 현전지는 인연으로 생기는 깊은 이치를 관찰하는 연고요, 원행지는 넓고 큰 깨닫는 지혜로 잘 관찰하는 연고요, 부동지는 광대하게 장엄하는 일을 나타내는 연고요, 선혜지는 깊은 해탈을 얻어서 세간에 행하되 사실대로 알아서 시한을 어기지 않는 연고요, 법운지는 모든 부처님 여래의 큰 법의 밝은 비를 받되 만족함이 없는 연고니라. 큰 마니 구슬이 다른 보배보다 수승한 것처럼 보살도 그와 같아서 여러 성인보다 뛰어나느니라.

해탈월보살이 말씀하였다.

이 법문을 들으면 얼마만큼의 복을 얻겠나이까.

금강장보살이 말씀하였다.

온갖 지혜로 모으는 복덕과 같이, 이 법문을 들은 복덕도 그와 같다. 왜냐면 이 공덕의 법문을 듣지 못하고는, 능히 믿고 이해하거나 받아 지니고 읽고 외우지도 못하거늘, 하물며 꾸준히 노력하고 말한 대로 수행하겠는가. 그러므로 반드시 이 온갖 지혜의 공덕을 모으는 법문을 듣고야 능히 믿고 이해하고 받아 지니고 닦아 익힐 것이며, 그런 후에야 온갖 지위에 이를 수 있음을 마땅히 알지니라.

27. 십정품(十定品)

그때 세존께서 마가다국 고요한 법보리 도량에서 비로소 바른 깨달음을 이루시고, 보광명전(普光明殿)에서 모든 부처님의 찰나제제불삼매(刹那際諸佛三昧)에 드시었다.

열 부처님 세계의 미진수 보살 마하살과 함께 계시었으니, 다 관정위(灌頂位)에 들어가 보살행을 갖춘 이들이었으니, 그 이름은 금강혜보살(金剛慧菩薩) 내지 보안경계지장엄(普眼境界智莊嚴)보살들이었다.

그때 보안보살이 부처님의 위신력을 받아 자리에서 일어나 오른 어깨를 드러내고 오른무릎을 땅에 대고 합장하며 여쭈었다.

세존이시여, 보현보살과 보현의 행원에 머무는 보살들이 얼마나 많은 삼매와 해탈을 성취하여 보살의 여러 가지 큰 삼매에 혹 들기도 하고 나기도 하며, 혹은 편안히 머물기도 하고, 보살의 불가사의한 넓고 큰 삼매에 잘 들어가고 나옴으로써 능히 모든 삼매에 자재하여 신통 변화가 쉬지 않습니까.

부처님께서 보안보살에게 말씀하셨다.

착하다. 보안아, 그대가 과거와 미래와 현재의 모든 보살들을 이익케 하려고 이런 이치를 묻는구나. 보안아, 보현보살이 지금 여기 있으니, 그대가 저에게 청하라. 저가 그대에게 그 삼매의 자재 해탈을 말하리라.

다시 부처님께서 보현보살에게 말씀하셨다.

보현아, 그대가 마땅히 보안과 여기 모인 여러 보살들을 위하여 열 가지 큰 삼매를 설해서 그들로 하여금 보현의 행과 원에 들어가 원만히 이루게 하라. 무엇이 열인가. 하나는 넓은 광명 큰 삼매요〔普光大三昧〕, 둘은 묘한 광명 큰 삼매요〔妙光大三昧〕, 셋은 차례로 모든 부처님 국토에 두루 가는 큰 삼매요〔次第遍往諸佛國土大三昧〕, 넷은 청정하고 깊은 마음인 큰 삼매요〔淸淨深心行大三昧〕, 다섯은 과거의 장엄한 갈무리를 아는 큰 삼매요〔知過去莊嚴藏大三昧〕, 여섯은 지혜 광명의 갈무리인 큰 삼매요〔智光明藏大三昧〕, 일곱은 모든 세계의 부처님 장엄을 아는 큰 삼매요〔了知一切世界佛莊嚴大三昧〕, 여덟은 중생의 차별한 몸인 큰 삼매요〔衆生差別身大三昧〕, 아홉은 법계에 자유자재하는 큰 삼매요〔法界自在大三昧〕, 열은 걸림없는 바퀴인 큰 삼매〔無礙輪大三昧〕니라.

이 열 가지 큰 삼매는 여러 큰 보살들이 잘 들어갔으며, 과거·미래·현재의 모든 부처님께서 이미 설하셨고, 장차 설하시고 지금 설하시느니라.

만일 여러 보살이 좋아하고 존중하여 닦아 익히기를 게을리 아니하면 곧 성취하게 되리니, 이같은 사람을 이름하여 부처라 하고, 여래라 하며, 또한 열 가지 힘을 얻은 이〔十力人〕·도사(導師)·대도사(大導師)·일체지(一切智)·일체견·걸림없는 데 머문 이〔住無礙〕·모든 경계를 통달한 이·온갖 법에 자유로운 이〔一切法自在〕라 하느니라.

이 보살이 모든 세계에 두루 들어가되 세계에 집착하지 아니하며, 모든 중생계에 두루 들어가되 중생에 취하는 것이 없으며, 모든 몸에 두루 들어가되 몸에 걸리지 아니하며, 모든 법계에 두루 들어가되 법계가 끝이 없음을 알며, 삼세의 모든 부처님을 친근하며, 모든 부처님 법을 분명히 보며, 모든 글자를 교묘하게 말하며, 모든 가명을 요달하고 모든 보살의 청정한 도를 성취하며, 모든 보살의 차별한 행에 편안히 머물며, 일념 동안에 모든 삼세의 지혜를 두루 얻으며, 삼세의 법을 두루 알며, 일체 부처님의 가르침을 두루 말하며, 모든 물러나지 않는 바퀴를 두루 굴리며, 과거·미래·현재의 낱낱 세상에 일체 보리도를 두루 증득하며, 이 낱낱 보리에서 일체 부처님의 말씀하신 것을 두루 아느니라.

보현아, 그대는 이제 일체 보살의 열 가지 큰 삼매를 분별해서 말하라. 여기 모인 이들이 모두 듣기를 원하느니라.

그리하여 보현보살이 부처님 뜻을 받들어 보안보살 등 대중을 살펴보고 열 가지 큰 삼매에 대하여 낱낱이 차례로 말씀하였다.

28. 십통품(十通品)

그때 보현보살이 보살 마하살의 열 가지 신통을 말씀하였다.

첫째, 남의 마음을 아는 신통〔他心智通〕이니, 한량없는 중생들의 마음이 차별함을 다 분별하여 아는 것이다.

둘째, 걸림없이 청정한 하늘눈 신통〔無礙淸淨天眼智通〕이니, 한량없는 중생들이 여기서 죽어 저기 나는 일과, 좋은 길·나쁜 길과, 복 받고 죄 받음과, 아름답고 추하고 더럽고 깨끗함을 걸림없는 눈으로 모두 분명히 보는 것이다.

셋째, 지나간 세상 일을 모두 기억하는 신통〔宿住隨念智通〕이다.

넷째, 오는 세월이 끝날 때까지의 겁을 아는 지혜의 신통〔知盡未來際劫智通〕이다.

다섯째, 걸림없는 청정한 하늘 귀〔無礙淸淨天耳〕를 성취하여 모든 음성을 듣기도 하고 듣지 않기도 하는 데 마음대로 자유롭다.

여섯째, 자체 성품이 없는 신통〔無體性智通〕 등이니, 부처님 명호를 듣고 자기 몸이 그 부처님 세계에 있음을 보게 되는 것이다.

일곱째, 일체 중생의 말을 잘 분별하는 지혜의 신통〔善分別一切衆生言音智通〕이다.

여덟째, 한량없는 아승지 색신의 장엄을 내는 지혜 신통〔出生無量阿僧祇色身莊嚴智通〕이니, 온갖 법이 빛을 여의어 차별한 모양이 없음을 알아서 법계에 들어가 갖가지 빛의 몸을 나타낸다.

아홉째, 온갖 법을 아는 지혜의 신통〔一切法智通〕이다.

열째, 온갖 법이 사라져 없어지는 삼매 지혜의 신통〔一切法滅盡三昧智通〕이다.

보살 마하살이 이 열 가지 신통에 머물면 이 보살의 몸과 말과 뜻으로 짓는 업을 헤아릴 수 없으며, 삼매의 자유로움을 헤아릴 수 없으며, 지혜의 경계를 헤아릴 수 없나니, 오직 부처님과 이 신통을 얻은 보살을 제하고는 이 사람의 공덕을 말하거나 칭찬하거나 찬탄할 수 없다.

이것이 보살 마하살의 열 가지 신통이니, 보살이 만일 이 신통에 머무르면 모든 삼세에 걸림없는 지혜의 신통을 얻게 됨을 보현보살이 여러 보살에게 말씀하였다.

29. 십인품(十忍品)

그때 보현보살이 여러 보살에게 말씀하였다.

불자여, 보살 마하살이 열 가지 인(忍)이 있으니, 만일 이 인을 얻으면 곧 일체 보살의 걸림없는 인에 이르러 온갖 불법이 장애가 없고 다함이 없느니라.

무엇이 열인가. 이른바 음성인(音聲忍)·따라주는 인[順忍]·무생법인(無生法忍)·요술 같은 인[如幻忍]·아지랑이 같은 인[如焰忍]·꿈 같은 인[如夢忍]·메아리 같은 인[如響忍]·그림자 같은 인[如影忍]·허깨비 같은 인[如化忍]·허공 같은 인[如空忍]이니, 이 열 가지 인은 세 세상 부처님들이 이미 말씀하셨고 지금 말씀하시고 장차 말씀하시느니라.

불자여, 어떤 것을 보살의 음성인(音聲忍)이라 하는가. 부처님께서 설하시는 법을 듣고 놀라지 않고 두려워하지 않으며, 깊이 믿고 깨달아 즐거이 나아가며, 오롯한 마음으로 생각하고 닦아서 편안히 머무는 것이니라.

불자여, 무엇이 보살의 따라주는 인[順忍]인가. 모든 법을 생각하고 관찰하며, 평등하고 어김없이 따라서 알며, 마음을 청정케 하고 바로 머물러 닦으며 나아가 성취함이니라.

불자여, 무엇이 보살의 무생법인(無生法忍)인가. 이 보살이 조그만 법의 남도 보지 않고 사라짐도 보지 않는다. 왜냐면 나지 않으면 사라짐이 없고, 사라짐이 없으면 다함이 없고, 다함이 없으면

때를 여의고, 때를 여의면 차별이 없고, 차별이 없으면 처소가 없고, 처소가 없으면 적정하고, 적정하면 탐욕을 여의고, 탐욕을 여의면 지을 것이 없고, 지을 것이 없으면 원함이 없고, 원함이 없으면 머무를 것이 없고, 머무를 것이 없으면 가고옴이 없기 때문이니라.

불자여, 무엇이 보살의 요술 같은 인〔如幻忍〕인가. 이 보살이 온갖 법이 다 요술과 같아서 인연으로 생기는 줄을 알고, 한 법에서 여러 법을 이해하며 여러 법에서 한 법을 이해하느니라. 모든 법이 요술 같음을 알면, 국토를 분명히 알며, 중생을 분명히 알며, 법계를 분명히 알며, 세간이 평등함을 알며, 부처님 출현하심이 평등함을 알며, 삼세가 평등함을 알고, 가지가지 신통변화를 성취하느니라.

마치 요술이 코끼리도 아니고 가지가지가 아니지마는 그러나 요술로 인하여 가지가지 차별한 것을 나타내는 것과 같이, 보살도 일체 세간이 요술과 같음을 관찰한다. 일체 세간이 요술과 같음을 관찰할 때에 중생의 남을 보지 않고 중생의 사라짐을 보지 않으며, 국토의 생멸을 보지 않으며, 모든 법을 보지 아니하여 평등한 성품에서 벗어나지 않는다.

이 보살이 비록 부처님 국토를 성취하나 국토가 차별없음을 알며, 중생 세계를 성취하나 중생이 차별없음을 알며, 비록 법계를 두루 관찰하나 법의 성품에 머물러서 고요하고 동하지 아니 하며, 비록 삼세가 평등함을 통달하나 삼세의 법을 분별하는 데 어기지 않으며, 비록 오온과 십이처를 성취하나 길이 의지할 바를 끊었으며, 비록 중생을 제도하나 법계가 평등하여 갖가지 차별이 없음을 알며, 일체 법이 문자를 여의어서 말할 수 없음을 알지만 항상 법을 말하여 변재가 다함이 없으며, 중생 교화하는 일에 집착하지 않으나 대비를 버리지 않고 중생을 제도하기 위하여 법륜를 굴리며, 과거의 인연을 열어보이나 인연의 성품은 흔들리지 않음을 아느니라.

불자여, 무엇이 보살의 아지랑이 같은 인〔如焰忍〕인가. 이 보살이 일체 세간이 아지랑이와 같음을 아나니, 마치 아지랑이가 있는 데가 없는 것같이 보살도 여실히 관찰하여 모든 법을 알고 현재에 모든 것을 증득하여 원만케 하느니라.

불자여, 무엇이 보살의 꿈 같은 인〔如夢忍〕인가. 꿈은 세간도 아니고 세간을 여읨도 아니지만 나타내어 보임이 있는 것같이, 보살도 일체 세간이 모두 꿈과 같음을 아느니라.

불자여, 무엇이 보살의 메아리 같은 인〔如響忍〕인가. 이 보살이 부처님의 설법을 듣고 법의 성품을 관찰하고 성취하여 저 언덕에 이르며, 일체 음성이 메아리 같아서 옴도 없고 감도 없음을 알고 그렇게 나타내느니라.

불자여, 무엇이 보살의 그림자 같은 인〔如影忍〕인가. 이 보살은 세간에 나는 것도 아니고 세간에서 사라지는 것도 아니며, 세간 안에 있는 것도 아니고 세간 밖에 있는 것도 아니며, 세간과 같지도 않고 세간과 다르지도 않으며, 세간에 머물지도 않고 세간에 머물지 않음도 아니며, 세간도 아니고 출세간도 아니며, 모든 부처님 법을 항상 행하면서도 모든 세간 일을 행하며, 세간 무리를 따르지도 않고 법의 흐름에 머물지도 않느니라.

불자여, 무엇이 보살의 허깨비 같은 인〔如化忍〕인가. 보살은 온갖 세간이 모두 허깨비 같음을 아나니, 이른바 일체 중생의 의업이 허깨비니 감각하는 생각으로 일어난 것이며, 일체 세간의 행이 허깨비니 분별로 일어난 것이며, 모든 괴로움과 즐거움이 뒤바뀐 것이 허깨비니 허망한 집착으로 생긴 것이며, 일체 세간의 진실치 아니한 법이 허깨비니 말로 나타난 것이며, 일체 번뇌로 분별함이 허깨비니 생각으로 생긴 것이다. 보살이 이와 같이 세간과 출세간이 허깨비인 줄을 아나니, 있는 것도 아니고 있지 않는 것도 아니니라.

불자여, 무엇이 보살의 허공 같은 인〔如空忍〕인가. 이 보살이 일체 법계가 허공과 같음을 아나니 모양이 없는 까닭이며, 일체 세계가 허공과 같으니 일어남이 없는 까닭이며, 일체 법이 허공과 같으니 둘이 없는 까닭이며, 일체 중생의 행이 허공과 같으니 행할 바가 없는 까닭이며, 일체 부처님이 허공과 같으니 분별이 없는 까닭이며, 일체 부처님의 힘이 허공과 같으니 차별이 없는 까닭이며, 일체 선정이 허공과 같으니 삼제(三際)가 평등한 까닭이며, 일체 법을 말함이 허공과 같으니 말할 수 없는 까닭이며, 일체 부처님의 몸이 허공과 같으니 집착도 없고 걸림도 없는 까닭이니라. 보살은 이와 같이 허공과 같은 방편으로 일체 법이 모두 없는 줄을 아느니라.

불자여, 이것을 보살 마하살의 열 가지 인이라 하느니라.

이때 보현보살마하살이 그 뜻을 다시 펴려고 게송으로 말씀하였다.

30. 아승지품(阿僧祇品)

그때 심왕(心王)보살이 부처님께 여쭈었다.

세존이시여, 모든 부처님 여래께서 아승지이고, 한량이 없고, 가없고, 같음이 없고, 셀 수 없고, 일컬을 수 없고, 생각할 수 없고, 헤아릴 수 없고, 말할 수 없고, 말할 수 없이 말할 수 없음을 연설하시나이다. 세존이시여, 어떤 것을 아승지 내지 말할 수 없이 말할 수 없다 하시나이까.

부처님께서 심왕보살에게 말씀하셨다.

착하다. 선남자여, 그대가 지금 여러 세간으로 하여금 부처님께서 아시는 수량의 뜻을 알게 하기 위하여 여래·응공·정변등각에게 묻는구나. 자세히 듣고 잘 생각하라. 그대에게 말하리라.

부처님께서 심왕보살에게 일백 낙차가 한 구지며 구지씩 구지가 한 아유다며 아유다씩 아유다가 한 나유타며, 그렇게 빈바라·긍갈라·아가라·최승·마바라·아바라·다바라·계분·보마·네마·아바검·미가바·비라가·비가바·승갈라마·비살라·비섬바·비성가·비소타·비바하·비닥디·비카담·칭량·일지·이로·전도·삼말야·비도라·해바라·사찰·주광·고출·최묘·니바라·하리바·일동·하리포·하리삼·해로가·달라보다·하로나·마로다·참모다·예라다·마로마·조복·교만 여읨·부동·극량·아마달라·발마달라·가마달라·나마달라·혜마달라·비마달라·발라마달라·시바마달라·예라·폐라·체라·게라·솔보라·니라·계라·세라·비라·미라·사라다·미로다·계로다·마도라·사무라·아야사·가마라·마가바·아달라·혜로야·폐로바·갈라파·하바바·비바라·나바라·마라라·사바라·미라보·자마라·타마라·발라마다·비가마·오파발타·연설·다함 없음·출생·나 없음·아반다·청련화·발두마·승지·취·지·아승지·아승지 제곱·한량없음 · 한량없는 제곱 · 그지없음 · 그지없는 제곱 · 같을 이 없음 · 같을 이 없는 제곱 · 헬 수 없음 · 일컬을 수 없음 · 일컬을 수 없는 제곱 · 생각할 수 없음 · 생각할 수 없는 제곱 · 헤아릴 수 없음 · 헤아릴 수 없는 제곱 · 말할 수 없음 · 말할 수 없는 제곱 · 말할 수 없이 말할 수 없음 · 말할 수 없이 말할 수 없는 제곱임을 말씀하시고 다시 게송으로 설하셨다.

31. 여래수량품(如來壽量品)

그때 심왕보살마하살이 대중 가운데서 여러 보살에게 말씀하였다.
불자여, 석가모니가 계시는 사바세계의 한 겁이 아미타불이 계시는 극락세계에서는 낮 하루 밤 하루요, 극락세계의 한 겁은 금강견불이 계시는 가사당 세계의 낮 하루 밤 하루요, 가사당 세계의 한 겁은 선승 광명연화개부불이 계시는 불퇴전음성륜세계의 낮 하루 밤 하루요, 불퇴전음성륜세계의 한 겁은 법당불이 계시는 이구세계의 낮 하루 밤 하루요, 이구세계의 한 겁은 사자불이 계시는 선등세계의 낮 하루 밤 하루요, 선등세계의 한 겁은 광명장불이 계시는 묘광명세계의 낮 하루 밤 하루요, 묘광명 세계의 한 겁은 법광명연화개부불이 계시는 난초과세계의 낮 하루 밤 하루요, 난초과세계의 한 겁은 일체신통광명불이 계시는 장엄혜세계의 낮 하루 밤 하루요, 장엄혜세계의 한 겁은 월지불이 계시는 경광명세계의 낮 하루 밤 하루니라.

불자여, 이렇게 차례차례로 백천만 아승지 세계를 지나가서 최후 세계의 한 겁은 현승불이 계시는 승련화세계의 낮 하루 밤 하루인데, 보현보살과 함께 수행하는 큰 보살들이 그 가운데 가득하였느니라.

32. 제보살주처품(諸菩薩住處品)

그때, 심왕보살마하살이 대중 가운데서 여러 보살에게 말씀하였다.

불자여, 동방에 선인산이 있으니 옛적부터 보살들이 거기 머물렀으며 현재는 금강승 보살이 권속 삼백 보살과 함께 그 가운데 있으면서 법을 연설하느니라.

남방에 승봉산이 있으니 법혜보살이 권속 오백 보살과 함께 그 가운데 머물면서 법을 연설하느니라.

서방에 금강염산이 있으니 정진무외행 보살이 그의 권속 삼백 보살과 함께 그 가운데 있으면서 법을 연설하느니라.

북방에 향적산이 있으니 향상보살이 그의 권속 삼천 보살과 함께 그 가운데 있으면서 법을 연설하느니라.

동북방에 청량산(淸涼山)이 있으니 문수사리보살이 권속 보살과 함께 그 가운데 머물면서 법을 연설하느니라.

바다 가운데 금강산이 있으니 법기보살이 권속 천이백 보살과 함께 그 가운데 머물면서 법을 연설하느니라.

동남방에 지제산이 있으니 천관보살이 일천 보살과 함께 그 가운데 있으면서 법을 연설하느니라.

서남방에 광명산이 있으니 현승보살이 권속 삼천 보살과 함께 그 가운데 머물면서 법을 연설하느니라.

서북방에 향풍산이 있으니 향광보살이 권속 오천 보살과 함께 그 가운데 머물면서 법을 연설하느니라.

또 큰 바다 가운데 한 처소가 있으니 이름이 장엄굴인데 옛적부터 보살들이 거기 있었으며, 비사리 선주근과 마도라성의 만족굴과 구진나성의 법좌와 깨끗한 저 언덕성 목진린다굴과 마란다국의 무애용왕건립과 감보자국의 출생자와 진단국의 나라연굴과 소륵국의 우두산과 가습미라국의 차제와 증장환희성의 존자굴과 암부리마국의 견억장광명과 간다라국 참파라굴 등에 옛적부터 보살들이 거기 있었음을 심왕보살이 여러 보살들에게 말씀하였다.

33. 불부사의법품(佛不思議法品)

그때 모인 대중 가운데서 모든 보살들이 이렇게 생각하였다.

부처님들의 국토가 어찌하여 불가사의하며, 부처님들의 본원(本願)·종성·출현·몸·음성·지혜·자재·걸림없음과 해탈이 어찌하여 헤아릴 수 없는가.

이때 세존께서 보살들의 생각하는 마음을 아시고 곧 신통력으로 가피하여 청련화장(靑蓮華藏)보살로 하여금 부처님의 두려움 없는 데 머물게 하며, 부처님의 법계에 들어가서 부처님의 위엄과 공덕을 얻게 하며, 부처님 법 방편에 머물게 하시었다.

청련화보살은 능히 걸림없는 법계를 통달하고 부처님의 신통한 힘을 받들어 연화장보살에게 말씀하였다.

불자여, 부처님 세존께서 한량없는 머무르심이 있으니 항상 큰 자비에 머무시며, 가지가지 몸에 머물러 부처의 일을 지으시며, 평등한 뜻에 머물러 청정한 법바퀴를 굴리시며, 네 가지 변재에 머물러 한량없는 법을 말씀하시며, 헤아릴 수 없는 모든 부처님 법에 머무시며, 청정한 음성에 머물러 한량없는 국토에 두루하시며, 말할 수 없는 깊은 법계에 머무시며, 가장 수승한 모든 신통을 나타내는 데 머무시며, 장애가 없는 최고의 법을 열어보이는 데 머무시는 것이니라.

불자여, 부처님께서 열 가지 법이 있어 법계에 두루하시니 부처님의 청정한 몸·눈·귀·코·혀·몸·뜻·해탈·세계·보살의 행과 원이니라.

이어서 청련화보살이 부처님 세존은 열 가지 잠깐 동안에 태어나는 지혜가 있으며, 열 가지 때를 놓치지 아니함이 있으며, 열 가지 견줄 수 없고 헤아릴 수 없는 경계가 있으며, 열 가지 지혜를 능히 내며, 열 가지 두루 들어가는 법이 있으며, 열 가지 믿고 알기 어려운 광대한 법이 있으며, 열 가지 큰 공덕이 있으며, 열 가지 끝까지 청정함이 있으며, 온갖 세계와 시간에 열 가지 부처의 일이 있으며, 열 가지 바다처럼 다하지 않는 지혜법이 있으며, 열 가지 항상한 법이 있으며, 열 가지로 한량없는 부처님의 법문을 연설함이 있으며, 열 가지로 중생을 위하여 불사를 짓는 일이 있으며, 열 가지 가장 훌륭한 법이 있으며, 열 가지 장애없이 머무름이 있으며, 가장 훌륭하고 더없는 장엄이 있으며, 열 가지 자재한 법이 있으며, 열 가지 한량없고 헤아릴 수 없는 원만한 부처의 법이 있으며, 열 가지 교묘한 방편이 있으며, 열 가지 광대한 불사가 있으며, 열 가지 둘이 없는 행에 자유자재한 법이 있으며, 열 가지 머무름이 있어 온갖 법에 머물며, 온갖 법을 알아 다하고 남음이 없으며, 열 가지 힘이 있으며, 열 가지 나라연 당기처럼 굳건한 법이 있으며, 열 가지 결정한 법이 있으며, 열 가지 빠른 법이 있으며, 마땅히 항상 생각해야 할 열 가지 청정한 법이 있으며, 열 가지 온갖 지혜에 머무름이 있으며, 열 가지 한량없고 헤아릴 수 없는 부처님 삼매가 있으며, 열 가지 걸림없는 해탈이 있음을 말씀하였다.

34. 여래십신상해품(如來十身相海品)

그때 보현보살마하살이 여러 보살에게 여래께서 가지신 몸매바다를 말씀하였다.

여래의 정수리에 보배로 장엄한 서른 두 가지 거룩한 모습이 있으며, 여래의 미간과 눈·코·혀·혓바닥·혀끝·입웃잇몸·입오른뺨 아랫니·입오른뺨 윗니·입왼뺨 아랫니·입왼뺨 윗니·이·입술·목·오른어깨·왼어깨·가슴·길상한 형상 오른편·길상한 형상 왼편·오른손·왼손·오른손가락·왼손가락·오른손바닥·왼손바닥·음장(陰藏)·오른볼기·왼볼기·오른넓적다리·왼넓적다리·오른편 이니연(伊尼延) 사슴장딴지·왼편 이니연 사슴장딴지·장딴지 털·발 아래·오른발 위·왼발 위·오른발가락 사이·왼발가락 사이·오른발꿈치·왼발꿈치·오른발등·왼발등·오른발네둘레·왼발네둘레·오른발가락끝·왼발가락끝 등에 거룩한 모습이 있으니 아흔 일곱 가지이다.

비로자나여래께서는 이러한 열화장세계해의 티끌수 거룩한 모습이 있음을 보현보살이 말씀하였다.

35. 여래수호광명공덕품(如來隨好光明功德品)

세존께서 보수(寶手)보살에게 여래·응공·정등각의 따라서 잘생긴 모습[隨好]을 말씀하셨다. 그 이름이 원만왕(圓滿王)이요, 이 잘생긴 모습에서 큰 광명이 나오니 이름이 치성(熾盛)이며, 칠백만 아승지 광명으로 권속이 되었음을 보여주셨다.

36. 보현행품(普賢行品)

　그때 보현보살이 다시 보살대중에게 말씀하였다.
　전에 말한 것은 중생의 근기에 마땅함을 따라서 여래 경계의 일부분을 보인 것이다. 왜냐면 부처님 세존들께서는 중생들이 지혜가 없어 나쁜 업을 짓고 나와 내 것을 분별하고 집착하며, 생사를 따르고 여래의 도를 멀리하는 까닭에 세상에 출현하시느니라.
　불자여, 나는 보살들이 성내는 마음을 일으키는 허물보다 더 큰 허물을 보지 못하였다. 왜냐면 만약 보살이 다른 보살에게 성내는 마음을 일으키면 백만 가지 장애되는 문을 이루게 되는 까닭이다.
　그러므로 보살이 모든 보살의 행을 빨리 만족하려면 열 가지 법을 부지런히 닦아야 한다. 이른바 마음에 일체중생을 버리지 않음과, 여러 보살에게 여래라는 생각을 내는 것과, 일체 불법을 영원히 비방하지 않음과, 모든 국토가 다함이 없는 줄 아는 것과, 보살행에 깊이 믿고 좋아함을 내는 것과, 평등한 허공법계 같은 보리심을 버리지 않음과, 보리를 관찰하여 여래의 힘에 들어감과, 걸림없는 변재를 부지런히 익힘과, 중생교화에 고달픔이 없음과, 일체 세계에 머무르되 마음에 집착이 없음이다.
　불자여, 보살이 이 열 가지 법에 머무르면 능히 열 가지 청정함을 구족하고, 열 가지 광대한 지혜를 구족한다. 보살이 이 지혜에 머무르면 열 가지 두루 들어감에 들게 되며, 열 가지 수승하고 묘한 마음에 머문다. 묘한 마음에 머물고는 불법의 교묘한 지혜를 얻느니라.

 불자여, 보살이 이 법을 듣고는 다 마음을 내어 공경하고 받아 지녀야 하나니, 이 법을 수지하는 이는 조금만 공력을 써도 빨리 아뇩다라삼먁삼보리를 얻고 일체 불법을 구족하여 삼세 부처님 법과 평등하게 되는 까닭이니라.

 그때에 시방세계가 여섯 가지로 진동하며 일체 장엄거리가 내렸다. 보현보살이 부처님의 신통력과 자신의 선근력으로 시방 법계를 관찰하면서 게송으로 말씀하였다.

37. 여래출현품(如來出現品)

 그때 세존께서 미간의 백호상으로부터 큰 광명을 놓으시니 이름이 여래출현(如來出現)이다. 한량없는 광명으로 권속이 되었고 그 광명이 시방 온 허공에 있는 모든 세계를 두루 비추고 보살대중을 오른쪽으로 돌고는 여래성기묘덕보살(如來性起妙德菩薩)의 정수리로 들어갔다. 입으로 큰 광명을 놓으시니 이름이 걸림없고 두려움 없음[無礙無畏]이며, 보현보살의 입으로 들어갔다.

 이때 여래성기묘덕보살이 보현보살에게 부처님께서 나타내보이시는 신통변화가 어떠한 상서인지 물었다. 이는 여래가 출현하는 법문을 말씀하시려는 상서라고 보현보살이 답하였다.

 그때 성기묘덕보살이 보현보살에게 물었다.

불자여, 보살 마하살이 어떻게 부처님 여래·응공·정등각이 출현하시는 법을 아나이까. 여래·응공·정등각의 출현하는 법[出現之法]을 말씀하며 몸[身相]와 음성[言音]과 마음[心意]과 경계(境界)와 닦는 행[所行之行]과 도를 이루심[成道]과 법륜을 굴리심[轉法]과 내지 열반에 드심[入般涅槃]과 보고 듣고 친근하여 생기는 착한 뿌리[見聞親近所生善根]들을 다 말씀하소서.

(1) 여래출현법

그때 보현보살이 여래성기묘덕보살과 여러 보살 대중에게 말씀하였다.

불자여, 그것은 헤아릴 수 없나니, 왜냐면 여래께서 한 가지 인연으로 출현하여 성취하는 것이 아니고 열 가지 한량없는 백천 아승지 법으로써 출현하시는 까닭이니라.

보현보살이 거듭 이 뜻을 밝히기 위해 게송으로 말씀하였다.

> 만약 부처경계 알고자 하면
> 그 뜻을 맑히기 허공과 같이하라
> 망상과 모든 집착 멀리 여의고
> 마음의 향하는 바가 걸림없도록 하라.
> (若有欲知佛境界 當淨其意如虛空
> 遠離妄想及諸取 令心所向皆無礙)

(2) 여래의 법신

불자여, 보살 마하살이 어떻게 여래·응공·정등각의 몸을 보아야 하는가.

　불자여, 보살이 마땅히 한량없는 곳에서 여래의 몸을 보아야 하느니라.

　여래의 법신은 허공과 같아서 일체처 일체법 일체중생 어디든 이르지 않는 곳이 없어 법계에 가득차 있으나 가는 곳이 없으니, 여래는 교화할 곳을 따라 그 몸을 나타내보이기 때문이다. 또 여래의 법신은 허공과 같아서 일체 중생과 세간의 선근을 비추면서도 세간의 선근을 떠나 집착하지 않는다.

　또 여래 법신은 해와 같아서 무량한 일로 중생을 이롭게 한다. 또 여래는 일월과 같아서 지혜광명을 놓아 일체를 두루 비추고 분별이 없다. 그런데 중생들의 욕망과 선근이 다르기 때문에 보살·연각·성문·일체 중생 내지 사정(邪定)을 차례로 비추어 이익케 한다. 또 여래의 지혜해는 날 때부터 신심(信心)의 눈이 없는 생맹(生盲)중생까지도 이롭게 하여 선근을 길러 성취케 하니 지혜햇빛을 보지는 못하더라도 그 이익은 얻는다.

　또 여래 법신은 보름달과 같아서 네 종류의 미증유법이 있다. 즉 이승보다 공덕이 수승하며, 상대를 따라 수명의 장단이 있으며, 법신이 상주하며, 중생 앞에 다 현전하되 실법신은 분별이 없다.

　또 여래는 대범천왕과 같아서 중생을 교화하기 위하여 그 몸을 시현하되 차별하여 나타내보이려는 분별이 없다. 또 여래는 의왕(醫王)과 같아서 일체 불사(佛事)를 쉬지 않고 중생의 모든 번뇌의 병을 소멸시킨다. 또 여래 법신은 마니보왕과 같아서 일체 공덕인 대지혜장이 되어 차별없이 중생을 위하여 불사를 짓는다. 또 여래법신은 마니보왕과 같아서 여래의 몸을 보거나 듣는 중생은 생사(生死)의 고통이 모두 없어진다. 복이 적은 중생은 보지 못하나 오로지 생각하면 보거나 들을 수 있다.

보살 마하살은 한량없는 깨끗한 마음을 구족 성취하여 시방에 충만하며, 깊은 법계에 들어가 진실제에 머무르며, 무생무멸하고 삼세에 평등하며, 일체 허망을 모두 멸하고, 미래제에 들어가 정법이 일체 세간과 법계에 충만하여 모든 부처님 몸을 헤아릴 수 없이 장엄하느니라.

(3) 여래의 음성

불자여, 보살 마하살이 어떻게 여래 · 응공 · 정등각의 음성(音聲)을 알아야 하는가.

보살은 여래의 음성이 두루 이르는 줄 알아야 하나니, 한량없는 음성에 두루하는 까닭이다. 여래의 음성이 그들의 좋아하는 마음을 따라 환희케 함을 알아야 하나니 법문 연설하기를 분명히 하는 까닭이다. 여래의 음성이 그들의 믿고 이해함을 따라 환희케 함을 알아야 하나니 마음이 청량해지는 까닭이다. 여래의 음성이 교화하는 때를 놓치지 않음을 알아야 하나니 들어야 하는 이는 듣지 못함이 없는 까닭이다. 여래의 음성이 생멸함이 없음을 알아야 하나니 메아리와 같은 까닭이다. 여래의 음성이 주인이 없음을 알아야 하나니 온갖 업을 닦아서 일어나는 까닭이다. 여래의 음성이 삿되고 굽음이 없음을 알아야 하나니 법계로부터 나는 까닭이다. 여래의 음성이 끊어짐이 없음을 알아야 하나니 법계에 두루 들어가는 까닭이다. 여래의 음성이 변함이 없음을 알아야 하나니 구경에 이르는 까닭이니라.

(4) 여래의 마음

불자여, 보살 마하살이 어떻게 여래·응공·정등각의 마음을 알아야 하는가.

불자여, 여래의 마음과 뜻과 의식은 얻을 수 없으나 다만 지혜가 한량없음으로써 여래의 마음을 알아야 한다. 마치 허공이 모든 물건의 의지가 되지만 허공은 의지하는 곳이 없는 것처럼, 여래의 지혜도 그와 같아서 모든 세간 출세간 지혜의 의지가 되지만 여래의 지혜는 의지하는 곳이 없느니라.

또 불자여, 여래의 지혜는 이르지 않는 곳이 없다. 왜냐면 한 중생도 여래의 지혜를 갖추지 않은 이가 없기 때문이다. 다만 중생들이 허망한 생각과 뒤바뀐 집착으로 증득하지 못하나니, 만일 허망한 생각을 여의면 온갖 지혜가 곧 앞에 나타나게 되리라.

비유하면 큰 경책이 있어 분량이 삼천대천세계와 같은데 전체가 한 티끌 속에 있으며 한 작은 티끌 속과 같이 모든 작은 티끌 속도 역시 그러하다. 이때 어떤 지혜가 밝은 사람이 청정한 천안을 청정히 구족하여 이 경책이 작은 티끌 속에 있어서 중생들에게 이익을 주지 못함을 보고는 '내가 부지런히 방편을 지어서 저 티끌을 깨뜨리고 이 경책을 내어서 중생들을 이익케 하리라' 이렇게 생각하고, 즉시 방편을 써서 작은 티끌을 깨뜨리고 이 큰 경책을 꺼내어 중생들로 하여금 모두 이익을 얻게 하였다.

여래의 지혜도 걸림 없는 지혜로서 중생들의 몸 속에 갖추어져 있으나 어리석은 이의 허망한 생각과 집착으로 알지 못하고 깨닫지 못하여 이익을 얻지 못한다.

이때 여래께서 장애가 없이 청정한 지혜눈으로 법계의 모든 중생을 두루 관찰하고 이렇게 말씀하셨다.

 이상하다. 이상하다. 중생들이 여래의 지혜를 구족하고 있으면서도 어찌 어리석고 미혹하여 알지 못하고 보지도 못하는가. 내가 마땅히 성스러운 도로 가르쳐 허망한 생각과 집착을 영원히 여의고, 자기의 몸 속에 여래의 광대한 지혜가 부처와 같아서 다름이 없음을 보게 하리라.

 여래는 곧 중생들로 하여금 성인의 도를 닦아서 망상 집착을 여의게 하며 여래의 한량없는 지혜를 갖추게 하여 중생을 이익하고 안락케 한다.

 불자여, 보살 마하살은 마땅히 이렇게 한량없고 걸림없고 불가사의한 넓고 큰 모양으로 여래의 마음을 알아야 하느니라.

(5) 여래의 경계

 불자여, 보살 마하살이 어떻게 여래·응공·정등각의 경계를 알아야 하는가.

 불자여, 보살은 막힘이 없고 걸림이 없는 지혜로 모든 세간의 경계가 여래의 경계임을 알며, 모든 삼세 경계와 모든 세계의 경계와 모든 법의 경계와 모든 중생의 경계와 진여의 차별 없는 경계와 법계의 걸림없는 경계와 실제의 가없는 경계와 허공의 분량없는 경계와 경계없는 경계가 여래의 경계임을 알아야 한다. 모든 세간의 경계가 한량없듯이 여래의 경계도 한량이 없느니라.

 불자여, 보살은 마땅히 마음의 경계가 여래의 경계임을 알며, 마음의 경계가 가없고 한량없고 속박도 없고 해탈도 없음을 알아야 하느니라. 왜냐면 이러이러하게 생각하고 분별함으로써 이러이러하게 한량없이 나타나는 까닭이니라.

(6) 여래의 행

불자여, 보살 마하살이 어떻게 여래·응공·정등각의 행을 알아야 하는가.

불자여, 보살은 걸림없는 행이 여래의 행이며, 진여의 행이 여래의 행임을 알아야 한다. 진여는 앞 즈음에서 나지도 아니하고 뒤 즈음에 동하지도 아니하고 현재에 일어나지도 않듯이, 여래의 행도 그러하여 나지도 않고 동하지도 않고 일어나지도 아니하느니라.

(7) 여래의 성정각

불자여, 보살 마하살이 어떻게 여래·응공·정등각의 바른 깨달음을 알아야 하는가.

불자여, 보살이 여래가 바른 깨달음을 이룸은 온갖 이치에 관찰함이 없고, 법에 평등하여 의혹이 없으며, 둘이 없고 모양이 없으며, 행함도 없고 그침도 없으며, 한량없고 즈음이 없으며, 두 변〔二邊〕을 멀리 떠나서 중도(中道)에 머물며, 모든 문자와 언설을 벗어난 줄을 알아야 한다.

모든 중생의 마음에 행하는 바와 근성·욕락·번뇌·습기를 알아야 하나니, 요컨대 한 생각에 삼세 일체법을 알아야 한다. 비유하면 큰 바다가 사천하에 있는 모든 중생의 몸과 형상을 두루 도장 찍어 나타내므로〔印現〕 바다라 말하듯이, 부처님의 보리도 그와 같아서 모든 중생의 마음과 근성과 욕락을 두루 나타내면서도 나타내는 것이 없으므로 부처님들의 보리라 이름하느니라.

불자여, 부처님의 보리는 모든 문자로도 표현할 수 없으며, 모든 음성으로도 미칠 수 없으며, 모든 언어로도 말할 수 없으나 다만 마땅함을 따라서 방편으로 열어보이느니라.

불자여, 여래·응공·정등각이 바른 깨달음을 이룰 때에 모든 중생의 분량과 같은 몸을 얻으며, 모든 법·국토·삼세·부처님·말·진여·법계·허공계·무애계·원·행·적멸한 열반계의 분량과 같은 몸을 얻나니, 얻은 바 몸과 같이 말과 마음도 그와 같아서, 이렇게 한량없고 수없는 청정한 삼륜(三輪)을 얻느니라.

불자여, 여래가 바른 깨달음을 이룰 때에 그 몸에서 모든 중생이 바른 깨달음을 이루는 것을 두루 보며, 내지 모든 중생이 열반에 드는 것을 두루 보느니라. 모두 같은 성품이니 이른바 성품이 없음이니라. 무슨 성품이 없는가. 이른바 나는 성품이 없고, 멸하는 성품이 없고, '나'라는 성품·'나'가 아닌 성품·중생의 성품·중생이 아닌 성품·보리의 성품·법계의 성품·허공의 성품·바른 깨달음을 이루는 성품이 없나니, 모든 법이 다 성품이 없음을 아는 까닭으로 온갖 지혜를 얻고 크게 가엾이 여김이 서로 계속하여 중생을 제도하느니라.

비유하면 허공은 모든 세계가 이루어지거나 무너지거나 늘고 줄음이 없나니, 허공은 나는 일이 없는 까닭이다. 부처님의 보리도 그와 같아서 바른 깨달음을 이루거나 이루지 못하거나 늘고 줄음이 없나니, 보리는 모양도 없고 모양 아님도 없으며 하나도 없고 여러 가지도 없는 까닭이다.

불자여, 보살은 자기의 마음에 생각생각마다 항상 부처가 있어 바른 깨달음을 이루는 것을 알아야 하나니, 왜냐면 부처님 여래들이 이 마음을 떠나지 않고 바른 깨달음을 이루는 까닭이며, 자기의 마음과 같이 모든 중생의 마음도 그와 같아서, 다 여래가 있어 바른 깨달음을 이루느니라.

불자여, 보살 마하살은 마땅히 이렇게 여래가 바른 깨달음을 이루는 것을 알아야 하느니라.

(8) 여래의 전법륜

불자여, 보살 마하살이 어떻게 여래·응공·정등각의 법륜 굴리심을 알아야 하는가.

불자여, 여래는 마음의 자유자재한 힘으로 일어남도 없고 굴림도 없이 법륜을 굴리나니, 모든 법이 항상 일어남이 없음을 아는 까닭이다. 말없이 법륜을 굴리나니, 모든 법이 말할 수 없음을 아는 까닭이다. 끝까지 적멸하게 법륜을 굴리나니 모든 법이 열반의 성품임을 아는 까닭이다. 온갖 문자와 말로써 법륜을 굴리나니, 여래의 음성은 이르지 않는 곳이 없는 까닭이다. 소리가 메아리 같음을 알고 법륜을 굴리나니, 모든 법의 진실한 성품을 아는 까닭이다.

불자여, 일체 중생의 갖가지 말이 다 여래의 법륜을 떠나지 않았으니, 말과 음성의 실상이 곧 법륜인 까닭이니라.

(9) 여래의 반열반

불자여, 보살 마하살이 어떻게 여래·응공·정등각의 반열반하심을 알아야 하는가.

불자여, 보살이 여래의 대열반을 알고자 하면 마땅히 근본 자성을 알아야 하나니, 진여의 열반처럼 여래의 열반도 그러하고, 실제의 열반·법계의 열반·허공의 열반·법성의 열반 등처럼 여래의 열반도 그러하니, 왜냐면 열반은 생겨나는 일도 없고 벗어나는 일도 없는 까닭이다. 만일 법이 생겨남도 없고 벗어남도 없으면 멸함이 없으리라.

불자여, 부처님 여래는 중생들로 하여금 즐김을 내게 하려고 세상에 출현하시며, 중생으로 하여금 사모함을 내게 하려고 열반함을 보이시지만, 여래는 참으로 세상에 출현하심도 없고 열반하심도 없나니, 여래는 청정한 법계에 항상 계시면서 중생의 마음을 따라서 열반함을 나타내시느니라.

비유하면 해가 떠서 세간에 두루 비치되 무릇 청정한 물이 있는 그릇에는 그림자가 나타나서 여러 곳에 두루하지마는 오거나 가는 일이 없으며, 그릇이 깨지면 그림자가 나타나지 아니하는 것과 같느니라.

(10) 견문 · 친근 · 선근

불자여, 보살 마하살은 여래·응공·정등각을 보고 듣고 친근하여 심은 선근을 어떻게 알아야 하는가.

불자여, 보살은 마땅히 여래의 계신 데서 보고 듣고 친근하여 심은 선근이 모두 헛되지 않은 줄을 알아야 하나니, 다하지 않는 깨달음의 지혜를 내며, 모든 장난을 여의며, 결정코 끝닿은 데까지 이르며, 허탈함이 없으며, 모든 소원이 만족하며, 함이 있는 행을 다하지 않으며, 함이 없는 지혜를 따르며, 여러 부처의 지혜를 내며, 오는 세월까지 다하며, 온갖 훌륭한 행을 이루며, 하염없는 지혜의 지위에 이르는 까닭이다.

비유하면 장부가 금강을 조금만 삼켜도 마침내 소화되지 않고 몸을 뚫고서 밖으로 나오나니 금강은 육신에 섞여서 함께 있지 않는 까닭이다. 여래에게 조그만 선근을 심은 것도 그와 같아서, 모든 유위행과 번뇌의 몸을 뚫고 지나가서 무위의 구경 지혜에 이르나니, 이 작은 선근은 유위행과 번뇌로 더불어 함께 머물지 않는 까닭이니라.

　불자여, 가령 마른 풀을 수미산처럼 쌓았더라도 그 가운데 겨자씨만한 불을 던지면 모두 타고 마나니, 불은 능히 태우는 까닭이다. 여래에게 조그만 선근을 심은 것도 그와 같아서 반드시 모든 번뇌를 태워버리고 구경에 무여 열반을 얻나니, 이 작은 선근의 성품이 구경인 까닭이니라.

　불자여, 설산에 선견이란 약왕수(藥王樹)가 있어서 보는 이는 눈이 청정하고, 듣는 이는 귀가 청정하고, 맛보는 이는 혀가 청정하고, 닿는 이는 몸이 청정하며, 어떤 중생이 그 흙을 가져오면 병을 없애는 이익을 짓게 되느니라.

　여래·응공·정등각의 위없는 약왕도 그와 같아서 모든 중생을 이익케 하나니, 여래의 육신을 보는 이는 눈이 청정하고, 여래의 명호를 듣는 이는 귀가 청정하고, 여래의 계행 향기를 맡는 이는 코가 청정하고, 여래의 법미를 맛본 이는 혀가 청정하여 광장설을 갖추어 말하는 법을 알고, 여래의 광명에 닿은 이는 몸이 청정하여 필경에 위없는 법신을 얻고, 여래를 생각하는 이는 염불하는 삼매가 청정하여지느니라.

　불자여, 만일 중생이 여래가 지나가신 땅이나 탑에 공양하면 역시 선근을 갖추어서 모든 번뇌와 근심을 멸하고 성현의 즐거움을 얻느니라. 내가 지금 그대에게 말하노니, 어떤 중생이 부처님을 보거나 들으면서도 업에 덮여서 믿고 좋아함을 내지 못하더라도, 역시 선근을 심게 되어 헛되지 않을 것이며, 내지 필경에는 열반에 들게 되느니라.

불자여, 보살 마하살은 마땅히 이와 같이 여래의 계신 데서 보고 듣고 친근하면 그 선근으로 모든 나쁜 법을 여의고 착한 법을 구족하리라.

38. 이세간품(離世間品)

그때 세존께서 마가다국 고요한 법 보리도량의 보광명전에서 연화장 사자좌에 앉아 계셨다. 묘하게 깨달음이 다 원만하시며, 말할 수 없는 백천억 나유타 세계의 티끌수 보살 마하살과 함께 계셨으니 모두 한 생에 아뇩다라삼먁삼보리를 이룰 이들로서 각각 다른 지방의 가지가지 국토로부터 와서 모였다.

그때 보현보살마하살이 넓고 큰 삼매에 들었으니 이름이 불화장엄(佛華莊嚴)이다. 이 삼매에 들었을 때에 시방에 있는 모든 세계가 여섯 가지 열여덟 모양으로 진동하며, 큰 소리를 내었으니 듣지 못하는 이가 없었으며, 그런 후에 그 삼매에서 일어났다.

그때에 보혜(普慧)보살이 대중이 모두 모인 것을 알고 보현(普賢)보살에게 물었다.

불자여, 바라오니 말씀하소서. 무엇이 보살 마하살의 의지〔依〕며, 신기한 생각〔奇特想〕이며, 행이며, 선지식이며, 부지런히 정진함이며, 마음에 편안함이며, 중생을 성취함이며, 계며, 스스로 수기 받을 줄 아는 것이며, 보살에 들어감이며, 여래에 들어감이며, 중생마음이 행함에 들어감이며, 세계에 들어감이며, 겁에 들어감이며, 삼세를 말함이며, 삼세에 들어감이며, 고달프지 않은 마음을 냄이며, 차별지이며, 다라니이며, 부처를 연설함이며, 보현의 마음을 냄이며, 보현의 행하는 법이며, 대비를 일으키는 까닭이며, 보리심을 내는 인연이며, 선지식에게 존중하는 마음을 일으킴이며, 청정이며, 모든 바라밀이며, 지혜가 따라 깨달음이며, 증득하여 아는 것이며, 힘이며, 평등이며, 불법의 진실한 뜻이며, 법을 말함이며, 지님〔持〕이며, 변재며, 자재며, 집착없는 성품이며, 평등한 마음이며, 지혜를 냄이며, 변화며, 힘으로 지님〔力持〕이며, 큰 위안을 얻음이며, 불법에 깊이 들어감이며, 의지함이며, 두려움 없는 마음을 냄이며, 의혹 없는 마음을 냄이며, 부사의며, 교묘하고 비밀한 말이며, 교묘하게 분별하는 지혜며, 삼매에 들어감이며, 두루 들어감이며, 해탈하는 문이며, 신통이며, 밝음이며, 해탈이며, 동산과 숲이며, 궁전이며, 즐기는 것이며, 장엄이며, 동하지 않는 마음을 냄이며, 깊고 큰 마음을 버리지 않음이며, 관찰함이며, 법을 말함이며, 청정이며, 인(印)이며, 지혜 광명이 비침이며, 같을 이 없이 머무름이며, 열등한 마음이 없음이며, 산처럼 증상(增上)하는 마음이며, 위 없는 보리에 들어가는 바다 같은 지혜며, 보배처럼 머무름이며, 금강 같은 대승의 서원하는 마음을 냄이며, 크게 발기(發起)함이며, 구경의 큰 일이며, 무너지지 않는 믿음이며, 수기며,

착한 뿌리를 회향함이며, 지혜를 얻음이며, 가없는 광대한 마음을 냄이며, 묻힌 갈무리며, 계율과 위의며, 자재함이며, 걸림없는 작용이며, 중생의 걸림없는 작용이며, 세계의 걸림없는 작용이며, 법의 걸림없는 작용이며, 몸의 걸림없는 작용이며, 소원의 걸림없는 작용이며, 경계의 걸림없는 작용이며, 지혜의 걸림없는 작용이며, 신통의 걸림없는 작용이며, 신력의 걸림없는 작용이며, 힘의 걸림없는 작용이며, 유희며, 경계며, 힘이며, 두려움 없음이며, 함께하지 않는 법이며, 업이며, 몸이며, 몸의 업이며, 몸이며, 말이며, 말의 업을 깨끗이 닦음이며, 수호함을 얻음이며, 큰 일을 마련함이며, 마음이며, 마음을 냄이며, 두루한 마음이며, 여러 근이며, 깊은 마음이며, 더 느는 깊은 마음이며, 부지런히 닦음이며, 결정한 지해며, 결정한 지혜로 세계에 들어감이며, 결정한 지혜로 중생계에 들어감이며, 익힌 버릇〔習氣〕이며, 취착함〔取〕이며, 닦음이며, 불법을 성취함이며, 불법의 길에서 물러남이며, 생사를 여의는 길이며, 결정한 법이며, 불법을 내는 길이며, 대장부의 이름이며, 도며, 한량없는 도며, 도를 도움〔助道〕이며, 도를 닦음이며, 도를 장엄함이며, 발이며, 손이며, 배며, 내장이며, 마음이며, 갑옷을 입음이며, 싸우는 도구며, 머리며, 눈이며, 귀며, 코며, 혀며, 몸이며, 뜻이며, 다님〔行〕이며, 머무름이며, 앉음이며, 누움이며, 머무르는 곳이며, 다니는 곳이며, 관찰함이며, 널리 관찰함이며, 기운을 가다듬음〔奮迅〕이며, 사자후며, 청정한 보시며, 청정한 계율이며, 청정한 참음이며, 청정한 정진이며, 청정한 선정이며, 청정한 지혜며, 청정한 인자〔慈〕며, 청정한 대비〔悲〕이며, 청정한 기뻐함이며, 청정한 버림〔捨〕이며, 뜻〔義〕이며, 법이며, 복덕으로 도를 돕는 거리며, 지혜로 도를 돕는 거리며, 밝음이 만족함이며, 법을 구함이며, 법을 밝게 앎이며, 법을 수행함이며, 마(魔)이며, 마의 업이며, 마를 여의는 업이며, 부처를 봄이며, 부처의 업이며, 교만한 업이며, 지혜의 업이며, 마에게 포섭됨이며, 부처에게 포섭됨이며, 법에 포섭됨입니까.

무엇이 도솔천에 머물러서 짓는 업이며, 어찌하여 도솔천궁에서 없어지며, 어찌하여 태에 듦을 나투며, 미세한 길을 나타냄이며, 어찌하여 처음 태어남을 나투며, 어찌하여 미소를 보이며, 어찌하여 칠보를 걸으며, 어찌하여 동자의 지위를 나투며, 어찌하여 내궁에 있음을 나투며, 어찌하여 출가함을 나투며, 어찌하여 고행함을 보이며, 어떻게 도량에 나아가며, 어떻게 도량에 앉으며, 도량에 앉을 때의 기특한 모습이며, 어찌하여 마군을 항복받으며, 여래의 힘을 이룸이며, 어떻게 법륜을 굴리며, 어찌하여 법륜 굴림을 인하여 깨끗한 법을 얻으며, 어찌하여 여래·응공·정등각께서 반열반하심을 보이셨나이까. 이러한 법을 연설하소서.

이때 보현보살이 보혜보살들과 모든 보살에게 말씀하셨다.

불자여, 보살이 열 가지 의지가 있으니 무엇이 열인가. 이른바 보리심으로 의지를 삼나니 항상 잊지 않는 까닭이며, 선지식으로 의지를 삼나니 화합하여 한결같은 까닭이며, 선근으로 의지를 삼나니 닦아 모아 증장하는 까닭이며, 바라밀로 의지를 삼나니 구족하게 수행하는 까닭이며, 온갖 법으로 의지를 삼나니 필경에 벗어나는 까닭이며, 큰 서원으로 의지를 삼나니 보리를 증장케 하는 까닭이며, 여러 행으로 의지를 삼나니 다 성취하는 까닭이며, 모든 보살로 의지를 삼나니 지혜가 같은 까닭이며, 부처님께 공양함으로 의지를 삼나니 믿는 마음이 청정한 까닭이며, 일체 여래로 의지를 삼나니 아버지의 가르침과 같이 끊이지 않는 까닭이다. 만약 보살들이 이 법에 편안히 머물면, 여래의 위없는 큰 지혜의 의지할 곳이 되느니라.

　불자여, 보살에 열 가지 선지식이 있으니, 이른바 보리심에 머물게 하는 선지식이며, 선근을 내게 하는 선지식이며, 모든 법을 해석하여 말하게 하는 선지식이며, 일체 중생을 성숙케 하는 선지식이며, 결정한 변재를 얻게 하는 선지식이며, 모든 세간에 집착하지 않게 하는 선지식이며, 온갖 겁에 수행하되 게으르지 않게 하는 선지식이며, 보현의 행에 편안히 머물게 하는 선지식이며, 모든 부처의 지혜로 들어간 데 들게 하는 선지식이니라.

　불자여, 보살이 열 가지 세계에 들어감이 있으니, 이른바 더러운 세계, 깨끗한 세계, 작은 세계, 큰 세계, 티끌 속 세계, 미세한 세계, 엎어진 세계, 잦혀진 세계, 부처 있는 세계, 부처 없는 세계에 들어가나니, 보살이 이것으로 시방의 모든 세계에 두루 들어가느니라.

　불자여, 보살이 열 가지 겁에 들어감이 있으니, 이른바 지나간 겁, 오는 겁, 지금 겁, 셀 수 있는 겁, 셀 수 없는 겁, 셀 수 있는 겁이 곧 셀 수 없는 겁인 것, 셀 수 없는 겁이 곧 셀 수 있는 겁인 것, 모든 겁이 곧 겁 아닌 것, 겁 아닌 것이 곧 모든 겁인 것, 모든 겁이 곧 한 생각인 것에 들어가나니, 보살이 이것으로 모든 겁에 두루 들어가느니라.

　불자여, 보살이 열 가지 다라니가 있으니, 이른바 들어 지니는 다라니이니 온갖 법을 지니고 잊지 않는 까닭이며, 닦아 행하는 다라니이니 모든 법을 사실대로 교묘하게 관찰하는 까닭이며, 생각하는 다라니이니 모든 법의 성품을 분명히 아는 까닭이며, 법의 광명 다라니이니 부사의한 부처들의 법을 비추는 까닭이며, 삼매다라니이니 현재의 모든 부처님 계신 데서 바른 법을 들어도 마음이 어지럽지 않는 까닭이며, 뚜렷한 음성 다라니이니 부사의한 음성과 말을 이해하는 까닭이며, 삼세 다라니이니 삼세의 부사의한 부처님 법을 연설하는 까닭이며, 가지가지 변재 다라니이니 그지없는 부처님들의 법을 연설하는 까닭이며, 걸림없는 귀를 내는 다라니이니, 말할 수 없는 부처님의 말씀한 법을 모두 듣는 까닭이며, 온갖 불법 다라니이니 여래의 힘과 두려움 없는 데 편안히 머무는 까닭이니라.

불자여, 보살이 십불(十佛) 설함이 있으니, 이른바 성정각불(成正覺佛)과 원불(願佛)과 업보불(業報佛)과 주지불(住持佛)과 열반불(涅槃佛)과 법계불(法界佛)과 심불(心佛)과 삼매불(三昧佛)과 본성불(本性佛)과 수락불(隨樂佛)이니라.

불자여, 보살이 열 가지 보현행을 하는 법이 있으니, 이른바 미래의 모든 겁에 머물기를 원하는 보현행법이며, 미래의 모든 부처님께 공양하고 공경하기를 원하는 보현행법이며, 일체 중생을 보현보살의 행에 두기를 원하는 보현행법이며, 온갖 선근 모으기를 원하는 보현행법이며, 모든 바라밀에 들어가기를 원하는 보현행법이며, 모든 보살의 행을 만족하기를 원하는 보현행법이며, 일체 세계를 장엄하기를 원하는 보현행법이며, 모든 부처님 세계에 나기를 원하는 보현행법이며, 모든 법을 잘 관찰하기를 원하는 보현행법이며, 모든 부처님 국토에서 위 없는 보리 이루기를 원하는 보현행법이니라.

　불자여, 보살이 열 가지 보리심을 내는 인연이 있으니, 이른바 일체 중생을 교화하고 조복하며, 일체 중생의 고통무더기를 없애며, 일체 중생에게 구족한 안락을 주며, 일체 중생의 어리석음을 끊으며, 일체 중생에게 부처 지혜를 주며, 여래의 가르침을 따라서 부처님께서 환희하시게 하며, 모든 부처님의 색신 상호를 보며, 모든 부처님의 광대한 지혜에 들어가며, 여러 부처님의 힘과 두려움 없음을 나타내기 위하여 보리심을 내느니라.

　불자여, 만일 보살이 위 없는 보리심을 내고 온갖 지혜의 지혜에 들어가기 위하여 선지식을 친근하고 공양할 때에 마땅히 열 가지 마음을 일으킬지니, 이른바 시중들 마음·환희한 마음·어기지 않는 마음·순종하는 마음·따로 구함이 없는 마음·한결같은 마음·선근이 같은 마음·소원이 같은 마음·여래의 마음·원만한 행이 같은 마음이니라.

　불자여, 보살이 열 가지 바라밀이 있으니, 이른바 시(施)바라밀이니 모든 가진 것을 다 버리는 까닭이며, 계(戒)바라밀이니 부처님 계율을 깨끗이 하는 까닭이며, 참는 바라밀이니 부처님 인욕에 머무는 까닭이며, 정진바라밀이니 모든 짓는 일에 물러나지 않는 까닭이며, 선(禪)바라밀이니 한 경지를 생각하는 까닭이며, 반야바라밀이니 여실히 일체 법을 관찰하는 까닭이며, 지(地)바라밀이니 부처님 힘에 들어가는 까닭이며, 원(願)바라밀이니 보현의 여러 가지 큰 서원을 만족하는 까닭이며, 신통바라밀이니 온갖 자유자재한 작용을 나타내는 까닭이며, 법바라밀이니 널리 일체 부처님 법에 두루 들어가는 까닭이니라.

불자여, 보살이 열 가지 집착 없음이 있으니, 이른바 모든 세계·중생·법·짓는 일·선근·태어나는 곳·원·행·보살·부처님께 집착이 없느니라.

불자여, 보살이 열 가지 해탈이 있으니, 이른바 번뇌의 해탈과, 삿된 소견의 해탈과, 모든 집착의 해탈과, 오온·십이처·십팔계의 해탈과, 이승을 초월하는 해탈과, 생사 없는 법의 지혜 해탈과, 모든 세간·모든 세계·모든 중생·모든 법에서 집착을 여의는 해탈과, 그지없이 머무는 해탈과, 모든 보살의 행을 발기하여 여래의 분별없는 지위에 들어가는 해탈과, 잠깐 동안에 삼세를 능히 아는 해탈이니라.

불자여, 보살이 열 가지 몸의 업이 있으니, 이른바 한 몸이 모든 세계에 가득하는 몸의 업과, 일체 중생의 앞에 모두 나타내는 몸의 업과, 모든 길에 다 태어나는 몸의 업과, 모든 세계에 노니는 몸의 업과, 모든 부처님의 대중 모임에 나아가는 몸의 업과, 한 손으로 모든 세계를 두루 덮는 몸의 업과, 한 손으로 모든 세계의 금강 둘레 산을 비벼서 티끌처럼 부수는 몸의 업과, 제 몸 속에 모든 세계가 이루어지고 무너짐을 나투어 중생에게 보이는 몸의 업과, 한 몸에 일체 중생의 세계를 받아들이는 몸의 업과, 제 몸 속에 모든 청정한 세계의 온갖 중생을 나타내어 그 가운데서 부처를 이루는 몸의 업이니라.

불자여, 보살이 열 가지 말이 있으니, 이른바 부드러운 말이니 일체 중생을 편안하게 하며, 단 이슬 같은 말이니 일체 중생을 서늘하게 하며, 속이지 않는 말이니 말하는 것이 모두 실제와 같으며, 진실한 말이니 꿈에서까지 거짓말이 없으며, 넓고 큰 말이니 모든 제석과 범천과 사천왕들이 존경하며, 매우 깊은 말이니 법의 성품을 보며, 견고한 말이니 법을 말함이 다함없으며, 정직한 말이니 말하는 것이 알기 쉬우며, 가지가지 말이니 때를 맞추어 나타내며, 일체 중생을 깨우치는 말이니 그들의 욕망을 따라 알기 쉽게 하는 까닭이니라.

　불자여, 보살이 열 가지 깨끗이 닦는 말의 업이 있으니, 이른바 여래의 음성을 듣기 좋아하며, 보살의 공덕 말함을 듣기 좋아하며, 일체 중생이 듣기 싫어하는 말을 하지 않으며, 말에 네 가지 허물을 진실하게 여의어 깨끗이 닦으며, 여래를 환희하게 찬탄하여 깨끗이 닦으며, 여래의 탑있는 데서 부처님의 참된 공덕을 크게 찬탄하며, 매우 청정한 마음으로 중생에게 법을 보시하여 깨끗이 닦으며, 풍류와 노래로 여래를 찬탄하여 깨끗이 닦으며, 부처님 계신 데서 바른 법을 듣고 몸과 목숨을 아끼지 않아서 깨끗이 닦으며, 모든 보살과 법사들을 섬기면서 묘한 법을 받아 깨끗이 닦는 말의 업이니라.

　불자여, 보살이 열 가지 마음이 있으니, 이른바 땅과 같은 마음이니 일체 중생의 모든 선근을 유지하여 증장케 하는 까닭이며, 큰 바다 같은 마음이니 모든 부처님의 한량없고 가없는 큰 지혜의 법물이 다 흘러들어 오는 까닭이며, 수미산과 같은 마음이니 일체 중생을 출세간에서 가장 높은 선근에 두는 까닭이며, 마니 보배와 같은 마음이니 욕망이 청정하여 물들지 않은 까닭이며, 금강과 같은 마음이니 결정코 모든 법에 깊이 들어가는 까닭이며, 금강둘레산과 같은 마음이니 마와 외도들이 흔들지 못하는 까닭이며, 연꽃과 같은 마음이니 모든 세간법이 물들이지 못하는 까닭이며, 밝은 해와 같은 마음이니 어둠을 깨뜨리는 까닭이며, 허공과 같은 마음이니 측량할 수 없는 까닭이니라.

불자여, 보살이 열 가지 마음을 냄이 있으니, 이른바 내가 마땅히 일체 중생을 제도하리라, 내가 일체 중생들로 하여금 번뇌를 끊게 하리라, 내가 일체 중생으로 하여금 습기를 없애게 하리라, 내가 마땅히 모든 의혹을 끊으리라, 내가 마땅히 일체 중생의 괴로움을 없애리라, 내가 마땅히 모든 나쁜 길과 어려움을 없애리라, 내가 마땅히 모든 여래를 공경하고 따르리라, 내가 마땅히 모든 보살이 배우는 것을 잘 배우리라, 내가 마땅히 모든 세간의 티끌만한 곳마다 모든 부처님의 바른 깨달음 이루는 일을 나타내리라, 내가 마땅히 모든 세계에서 위 없는 법북을 쳐서 중생들로 하여금 제각기 근성을 따라서 다 깨닫게 하리라는 마음을 냄이니라.

불자여, 보살이 열 가지 손이 있으니, 이른바 깊이 믿는 손이니 부처님의 말씀을 한결같이 알고 끝까지 받들어 지니며, 보시하는 손이니 와서 달라는 이에게는 구하는 대로 만족케 하며, 문안하는 손이니 바른 손을 펴서 맞아 영접하며, 부처님께 공양하는 손이니 모든 복덕을 모음에 고달픔을 모르며, 많이 들어 교묘한 손이니 일체 중생의 의혹을 끊으며, 세 세계에서 뛰어나게 하는 손이니 중생들을 욕심수렁에서 빼어내며, 저 언덕에 보내는 손이니 네 가지 폭포 속에 빠진 중생을 구해내며 바른 법을 아끼지 않는 손이니 가지고 있는 묘한 법을 다 열어보이며, 여러 언론을 잘 쓰는 손이니 지혜의 약으로 몸과 마음의 병을 치료하며, 지혜 보배를 항상 가지는 손이니 법의 광명을 놓아 번뇌의 어둠을 깨뜨리는 까닭이니라.

불자여, 보살이 열 가지 입는 갑옷이 있으니 이른바 크게 인자한 갑옷을 입음이니 일체 중생을 구호하며, 크게 가엾이 여기는 갑옷을 입음이니 모든 괴로움을 참고 견디며, 큰 서원의 갑옷을 입음이니 모든 하는 일이 끝나며, 회향하는 갑옷을 입음이니 모든 부처님의 장엄을 세우며, 복덕의 갑옷을 입음이니 일체 중생들을 이익케 하며, 바라밀 갑옷을 입음이니 모든 중생들을 제도하며, 지혜 갑옷을 입음이니 일체 중생의 번뇌를 없애며, 교묘한 방편 갑옷을 입음이니 넓은 문의 선근을 내며, 온갖 지혜의 마음인 견고하여 산란하지 않는 갑옷을 입음이니 다른 승을 좋아하지 않으며, 한 마음의 결정한 갑옷을 입음이니 모든 법에 의혹을 여의는 까닭이니라.

불자여, 보살이 열 가지 눈이 있으니 이른바 육안이니 모든 빛을 보며, 천안이니 일체 중생의 마음을 보며, 혜안이니 일체 중생의 여러 근의 경계를 보며, 법안이니 모든 법의 실다운 모양을 보며, 불안이니 여래의 열 가지 힘을 보며, 지안이니 모든 법을 알고 보며, 광명안이니 부처님 광명을 보며, 출생사안(出生死眼)이니 열반을 보며, 무애안이니 보는 바가 걸림이 없으며, 일체지안이니 넓은 문의 법계를 보는 까닭이니라.

불자여, 보살이 열 가지 귀가 있으니 이른바 칭찬하는 소리를 듣고는 탐욕과 애정을 끊으며, 훼방하는 소리를 듣고는 성내는 것을 끊으며, 이승을 말함을 듣고는 집착하거나 구하지 않으며 보살의 도를 듣고는 환희하여 뛰놀며, 지옥 등 괴로운 곳을 듣고는 자비한 마음을 일으켜 큰 서원을 내며, 인간과 천상의 훌륭한 일을 듣고는 그것들이 다 무상한 법임을 알며, 부처님의 공덕을 찬탄함을 듣고는 부지런히 노력하여 빨리 원만케 하며, 여섯 가지 바라밀과 네 가지로 거두어 주는 법을 듣고는 마음을 내어 수행하여 저 언덕에 이르고자 하며, 시방 세계의 모든 음성을 듣고는 모두 메아리와 같음을 알아 말할 수 없이 미묘한 이치에 들어가며, 보살 마하살이 처음 발심함으로부터 도량에 이르기까지 항상 바른 법을 듣고 잠시 잠깐 쉬지 않으면서도 중생 교화하는 일을 버리지 않느니라.

불자여, 이 법문은 이름이 보살의 광대하고 청정한 행〔菩薩廣大淸淨行〕이니, 한량없는 부처님께서 함께 말씀하시는 것이니라. 지혜있는 이로 하여금 한량없는 이치를 알고 환희케 함이며, 모든 보살의 큰 서원과 큰 행이 서로 계속하게 함이니라. 만일 중생들이 이 법문을 들으면 믿고 이해하고, 수행하여 빨리 아뇩다라삼먁삼보리를 얻나니, 왜냐면 말한 대로 수행하는 까닭이니라. 만일 보살들이 말한 대로 행하지 않으면 이 사람은 부처님의 보리를 영원히 여의게 되리니, 그러므로 보살은 마땅히 말한 대로 행할지니라.

불자여, 이것은 모든 보살의 공덕행을 내는 곳이며, 결정한 뜻의 꽃이며, 모든 법에 두루 들어감이며, 온갖 지혜를 널리 냄이며, 모든 세간을 초월함이며, 이승의 도를 여읨이며, 중생과 함께 하지 아니함이며, 모든 법문을 다 비추어 앎이며, 중생의 세간을 벗어나는 선근을 늘게 함이며, 세간을 여의는 법문품〔離世間法門品〕이니 마땅히 존중하고, 듣고, 외워 지니고, 생각하고, 좋아하고, 수행할지니, 만일 이렇게 하면 이 사람은 빨리 아뇩다라삼먁삼보리를 얻느니라.

이 품을 말할 때에 부처님의 위신력과 이 법문의 그러한 이치로 시방의 한량없고 그지없는 아승지 세계가 크게 진동하고 큰 광명이 널리 비치었다. 그때에 시방 모든 부처님께서 보현보살의 법 설함을 칭찬하셨다.

39. 입법계품(入法界品)

(1) 근본법회

세존께서 사위국〔實羅伐國〕 기수〔逝多林〕 급고독원(給孤獨園) 대장엄 중각에서 보현의 행과 원을 성취한 보살마하살 오백 인과 오백 성문들과 한량없는 세간 임금들과 함께 계시니, 보현보살과 문수사리보살이 우두머리가 되었다. 대중들은 여래의 경계 등 갖가지 법을 말씀해주시기를 마음으로 간청하였다. 그때 세존께서 그 마음을 아시고 대자비로 사자빈신삼매에 드시었다.

이 삼매에 드시니 모든 세간이 깨끗하게 장엄하여지고 장엄한 누각이 별안간 넓어져서 끝닿은 데가 없었다. 또 부처님 신통으로 서다림이 홀연히 커져서 부처님세계의 티끌수 국토들과 면적이 같았고 온갖 보배로 장엄되었다. 이 기수급고독원에서 부처님국토가 청정하게 장엄한 것을 보듯이, 시방법계에서도 그러하였다.

그때 시방 부처님세계로부터 모든 보살과 권속들이 부처님 계신 데 이르러 부처님발에 절하고 결가부하고 앉았다. 이들은 모두 보현보살의 행과 서원 가운데서 났으며, 여래의 위엄과 신통한 힘으로 서다림에 가득찬 것이다.

그때에 시방세계 보살들이 부처님의 위신력을 받들어 게송으로 찬탄하였고, 보현보살마하살이 법계와 같은 방편으로 사자빈신삼매를 열어보이며 연설하였다.

하나하나 털구멍 속에
        모든 세계 티끌수 부처님을
        보살대중이 둘러 모셨는데
        보현의 행을 말씀하시도다.

  이때 세존께서 모든 보살들을 여래의 사자빈신삼매에 들게 하려고 미간백호상으로 시방세계해에 광명을 놓으셨다. 그리하여 보살대중들이 모두 큰 지혜와 신통을 구족하였고, 여래의 공덕바다에 들어가서 불가사의한 바른 법의 광명을 얻고, 가지각색 장엄구름을 나투어 시방법계에 충만하였다.
  이때 문수사리보살이 부처님의 위신력을 힘입어 이 서다림 숲속의 신통변화를 게송으로 말씀하였다.

        수많은 보현보살 모든 불자들
        백천만겁 동안에 장엄한 세계
        그 수효 한량없어 중생 같은데
        이 서다림에서 모두 보리라.

  그때 보살들이 부처님의 삼매광명을 받아 삼매에 들어갔으며, 시방세계 일체 중생의 앞에 나타나서 갖가지 방편으로 교화 조복하였다. 중생들의 마음에 좋아함을 따라서 그들의 처소에 나아가서 이익을 얻게 하였다. 이같이 보살들이 갖가지로 한량없는 몸을 나투어 일체 중생을 교화하여 성취하면서도 이 서다림 여래의 처소를 떠나지 아니하였다.

(2) 지말법회

그때 문수사리동자가 선주(善住) 누각으로부터 나와서 모든 공양거리로 부처님께 공양올리고는 남쪽 인간세계로 향하였다. 사리불존자도 육천비구와 함께 문수보살을 따라 나섰다. 그리고 문수보살이 가진 그러한 몸과 음성과 모습과 자유자재함을 모두 얻게 하여주기를 간청하였다. 그러자 문수보살은 비구들에게 다음과 같이 대답하였다.

선남자 선여인이 열 가지 대승으로 나아가는 법을 성취하면 여래의 지위에 빨리 들어갈 것이니 하물며 보살의 지위이겠는가. 무엇이 열인가. 이른바 모든 선근을 모으고, 모든 부처님을 섬기며 공양하고, 모든 부처님 법을 구하고, 온갖 바라밀다를 행하고, 모든 보살의 삼매를 성취하고, 세 세상에 차례로 들어가고, 시방 부처님 세계를 두루 장엄하고, 일체 중생을 교화 조복하고, 모든 세계의 모든 겁에서 보살행을 성취하고, 한 중생 내지 모든 중생을 위하여 여래의 한 힘 내지 모든 힘을 성취하는데 마음이 고달프지 않음이다.

선남자 선여인이 깊은 믿음을 성취하여 이 열 가지 고달프지 않은 마음을 내면, 능히 모든 선근을 기르며 생사의 길을 여의고 보살 지위에 들어가서 여래의 자리에 가까워질 것이니라.

그때 비구들이 이 법문을 듣고 곧 삼매를 얻으니 이름이 '걸림없는 눈으로 모든 부처님의 경계를 봄'이다. 그리하여 보현행에 머물고 모든 부처님 법을 구족하게 성취하였다.

① 문수보살(文殊菩薩)

문수사리보살이 비구들로 하여금 아뇩다라삼먁삼보리심을 내게 하고는, 점점 남방으로 가면서 인간 세상을 지나다가 복성의 동쪽에 이르러 장엄당 사라숲에 머물렀다. 이곳은 옛적에 부처님들이 계시면서 중생들을 교화하시던 큰 탑이 있는 곳이며, 세존께서도 과거에 보살행을 닦으시던 곳이다.

문수보살이 권속들과 함께 이곳에 이르러서 '법계를 두루 비추는 수다라'를 말씀하니 백만 나유타 수다라가 권속이 되었다. 이때 복성 사람들이 문수동자가 장엄당 사라 숲속 큰 탑 있는 곳에 왔다는 말을 듣고 그곳으로 모여 왔다. 대지(大智)우바새와 대혜(大慧)우바이, 선재(善財)동자와 선현(善賢)동녀를 위시한 각각 오백 명의 권속 등 이천대중이었다.

그때 문수동자는 복성 사람들이 좋아하는 마음을 따라 자유자재한 몸을 나투었으며, 자재한 지혜로 그 마음을 알고 광대한 변재로 법을 말하려 하였다. 또 선재를 살펴서 무슨 인연으로 그런 이름을 지었는가 보았다. 이 동자가 처음 태 가운데 들 때, 그 집안에 저절로 칠보로 된 누각이 생기고 저절로 보배그릇에 물건이 가득하였으며 재물이 창고에 충만하였다. 그래서 부모와 친척이 그 아이의 이름을 선재라고 부른 줄을 알았다. 또 이 동자가 과거의 여러 부처님께 공양하며 선근을 많이 심었고, 선지식을 항상 친근하였으며, 삼업에 허물이 없고, 지혜로 불법의 그릇을 이룬 줄 알았다.

문수보살이 이렇게 선재동자를 관찰하고는 선재와 대중들을 위하여 모든 부처님 법을 연설하였다. 즉, 모든 부처님의 모으는 법·상속법·차제법·모임 청정법·법륜으로 교화하는 법·색신 상호법・법신 성취법・언설 변재법・광명으로 비추는 법・평등 무이법을 말씀하였다. 그리하여 아뇩다라삼먁삼보리심을 내게 하고, 과거에 심은 선근을 기억하게 하였다.

이때 선재동자가 문수사리에게서 부처님의 그러한 여러 공덕을 듣고는 아뇩다라삼먁삼보리를 구하며 게송을 말하였다.

삼계의 생사는 성곽되고
교만한 마음은 담장이다.

어리석은 어둠에 덮이어
탐욕과 성냄의 불이 치성하다.

여러 나쁜 길 여의시고
모든 착한 일 깨끗하게
세간을 초월하신 이시여
해탈의 문을 보여주소서

과거 미래 현재의 부처님
곳곳마다 두루하시어
해가 세간에 뜬 듯하시니
그 길을 말씀하소서

그때 문수보살이 선재에게 말씀하였다.
착하다, 선남자여. 그대는 이미 아뇩다라삼먁삼보리심을 내었고 선지식을 가까이하며 보살행을 묻고 보살도를 닦으려 하는구나. 선지식들을 친근하고 공양함은 온갖 지혜를 구족하는 첫째 인연이니 그 일에 고달픈 생각을 내지 말지니라.

선재동자가 여쭈었다.

보살은 어떻게 보살행을 배우며, 어떻게 보살행을 닦으며, 어떻게 보살행에 나아가며, 어떻게 보살행을 행하며, 어떻게 보살행을 깨끗이 하며, 어떻게 보살행에 들어가며, 어떻게 보살행을 성취하며, 어떻게 보살행을 따라가며, 어떻게 보살행을 생각하며, 어떻게 보살행을 더 넓히며, 어떻게 보현의 행을 빨리 원만케 합니까.

그때 문수보살이 선재동자를 위하여 게송을 말씀하였다.

　　그대 시방세계에서
　　한량없는 부처님 뵈옵고
　　모든 원력 바다를 성취하면
　　보살의 행을 구족하리라

　　그대 모든 세계에 두루하여
　　티끌수 같은 모든 겁 동안
　　보현행을 닦아 행하면
　　보리도를 성취하리라

그리고 다음과 같이 말씀하였다.

착하다, 선남자여. 그대가 이미 보리심을 내고 보살행을 구하는구나. 보리심을 내는 것도 어려운 일인데 보살행을 구하는 것은 더 더욱 어려운 일이다. 선남자여, 온갖 지혜의 지혜〔一切智智〕를 성취하려면 결정코 선지식을 찾아야 한다. 선지식을 찾는 일에 고달픈 마음이나 게으른 생각을 내지 말며, 선지식을 보고 만족한 마음을 내지 말며, 선지식의 가르침에 그대로 순종하고, 선지식의 교묘한 방편에 허물을 보지 말지니라.

선남자여, 여기서 남쪽으로 가면 승락(勝樂)이라는 나라가 있고 그 나라의 묘봉산에 덕운(德雲)비구가 있다. 그대는 그에게 가서 '보살이 어떻게 보살행을 배우고 닦으며 내지 보현행을 빨리 원만히 하는가' 묻도록 하라. 덕운비구가 자세히 말하여줄 것이니라.

선재동자는 이 말을 듣고 기뻐 어쩔 줄 몰랐다. 문수보살의 발에 엎드려 절하고 무수히 돌고는 눈물로 하직하고 남쪽으로 떠났다.

② 덕운비구(德雲比丘)

선재동자는 남쪽 승락국으로 향하여 가서 묘봉산에 올랐다. 그 산상에서 덕운비구를 찾았으나, 칠일이 지난 뒤에야 다른 산 위에서 거니는 것을 보았다. 그 앞에 나아가 엎드려 발에 절하고 오른쪽으로 세 번 돌고 말하였다.

거룩하신 이여, 저는 이미 아뇩다라삼먁삼보리심을 내었으나 보살이 어떻게 보살행을 배우고 닦으며, 내지 보살행을 빨리 원만히 하는지 알지 못합니다. 바라옵건대 자비하신 마음으로 말씀하여 주소서. 어떻게 하면 보살이 아뇩다라삼먁삼보리를 성취할 수 있습니까.

덕운비구가 선재동자에게 말씀하였다.

착하다, 선남자여. 그대가 이미 아뇩다라삼먁삼보리심을 내었고,

또 보살행을 물으니 이것은 어려운 중에서도 어려운 일이다. 선남자여, 나는 자유자재하고 결정적인 이해력을 얻어서 믿는 눈이 청정하고 지혜의 빛이 밝게 비치므로 경계를 두루 관찰하여 모든 장애를 여의었다. 교묘하게 관찰하여 넓은 눈이 밝아서 청정한 행을 갖추었으며, 시방의 모든 국토에 가서 여러 부처님을 공경하고 공양하며 모든 부처님을 항상 생각하며 모든 부처님의 바른 법을 모두 지니고 시방의 모든 부처님을 항상 뵙는다.

선남자여, 나는 이 '모든 부처님의 경계를 생각하여 지혜의 광명으로 두루 보는 법문〔憶念一切諸佛境界 智慧光明普見法門〕'을 얻었다. 이른바 지혜의 빛으로 두루 비추는 염불문, 여러 겁에 머무는 염불문, 모든 세계에 머무는 염불문, 모든 세상에 머무는 염불문, 모든 경계에 머무는 염불문, 고요한 데 머무는 염불문, 멀리 떠난 데 머무는 염불문, 광대한 데 머무는 염불문, 미세한 데 머무는 염불문, 장엄한 데 머무는 염불문, 능히 하는 일에 머무는 염불문, 자유자재한 마음에 머무는 염불문, 신통변화에 머무는 염불문, 허공에 머무는 염불문들이다. 그러나 대보살들의 그지없는 지혜로 청정하게 수행하는 문이야 어떻게 알겠는가.

선남자여, 남쪽에 한 나라가 있으니 이름이 해문(海門)이며 거기에 해운(海雲)비구가 있다. 그대는 그에게 가서 보살행을 묻도록 하라. 해운비구는 광대한 선근을 발기하는 인연을 분별하여 말해줄 것이니라.

③ 해운비구(海雲比丘)
선재동자가 일심(一心)으로 선지식의 가르침을 사유하며 바른 생각으로 지혜광명문을 관찰하고 보살의 해탈문과 대해문(大海門) 등을 관찰하면서 해문국에 이르러 해운비구에게 엎드려 절하고 물었다.

거룩하신 이여, 나는 이미 아뇩다라삼먁삼보리심을 내어 일체 위 없는 지혜 바다[無上智海]에 들고자 합니다. 보살이 어떻게 세속가(世俗家)를 버리고 여래가(如來家)에 태어나며 내지 일체중생을 이익케 할 수 있습니까.

해운비구가 말씀하였다.

선남자여, 만일 중생들이 선근을 심지 않으면 보리심을 내지 못하니, 보문선근(普門善根) 광명을 얻어야 한다. 보리심을 낸다는 것은 대비심(大悲心)을 냄이니 널리 일체 중생을 구하며, 대자심(大慈心)을 냄이니 평등히 일체 세간을 도우며, 안락심(安樂心)을 냄이니 일체 중생의 고통을 멸하게 하며, 요익심(饒益心)을 냄이니 중생으로 하여금 악법(惡法)을 여의게 하며, 애민심(哀愍心)을 냄이니 두려움이 있는 자를 다 수호하며, 무애심(無碍心)을 냄이니 일체 장애를 여의며, 광대심(廣大心)을 냄이니 법계에 변만하며, 무변심(無邊心)을 냄이니 허공계에 이르지 않음이 없으며, 관박심(寬博心)을 냄이니 일체 여래를 보며, 청정심(淸淨心)을 냄이니 삼세법에 지(智)가 어김이 없으며, 지혜심(智慧心)을 냄이니 널리 일체 지혜 바다에 드는 까닭이니라.

선남자여, 내가 이 해문국에 머물기 십이 년 동안 늘 대해로써 그 경계를 삼고 항상 바다를 생각하였다. 세상에 이 바다보다 더 넓은 것이 있는가. 이 바다보다 더 한량없는 것이 있는가. 이 바다보다 더 깊은 것이 있는가. 이 바다보다 더 특수한 것이 있는가.

선남자여, 내가 이렇게 생각할 때 이 바다 밑에서 큰 연꽃이 홀연히 솟아났으며 연꽃 위에 여래가 가부좌해 계심을 보았다. 그 여래께서 오른손을 펴서 내 정수리를 만지시고 나에게 보안법문(普眼法門)을 연설하시니, 모든 여래의 경계를 열어보이시며, 모든 보살의 행을 드러내시며, 모든 부처의 묘한 법을 열어 밝히시니, 모든 법륜이 다 그 가운데에 들었다. 어떤 중생에게든지 나는 '모든 부처님의 보살행 광명인 이 보안법문〔諸佛菩薩行光明普眼法門〕'에 들어가 편안히 머물게 한다.

선남자여, 나는 다만 이 '보안법문'만 알거니와 모든 보살 마하살의 무변 공덕해야 어떻게 알겠는가. 여기서 남쪽으로 육십 유순쯤 가면 능가(楞伽)로 가는 길옆에 한 마을이 있으니 이름을 해안(海岸)이라 하며 거기에 선주(善住)비구가 있다. 그대는 그에게 가서 보살이 어떻게 보살행을 깨끗이 하는지 묻도록 하라.

선재동자는 해운비구의 발에 절하고 물러갔다.

④ 선주비구(善住比丘)

선재동자는 보안(普眼)법문을 오로지 사유하며 점점 남쪽으로 가다가 해안 마을에 이르러 시방을 살피면서 선주비구를 찾았다. 선주비구가 허공에서 거니는데 수없는 하늘들이 공경히 둘러싸 풍류를 지으며 공양올리고 있었다.

선재는 마음이 환희하여 합장 예경하고 말하였다.

거룩하신 이여, 저는 이미 아뇩다라삼먁삼보리심을 내었으나 어떻게 불법을 통달하는지 알지 못합니다. 보살이 어떻게 부처님 세계를 버리지 않고 모든 세계를 깨끗이 장엄합니까.

선주비구가 선재에게 말씀하였다.

선남자여, 나는 이미 보살의 무애해탈문(無㝵解脫門)을 성취하였다. 오고 가고 다니고 그칠 때에 수순 사유하며 수습 관찰하여서 곧 지혜광명을 얻었으니 구경 무애이다. 이 지혜광명을 얻었으므로, 일체 중생의 마음과 행을 아는 데 걸림이 없고, 일체 중생의 생몰·숙명·미래겁사·현재세사·언어음성의 종종차별·소유 의문 등을 아는 데 걸림이 없다.

선남자여, 나는 다만 '빨리 부처님께 공양하고 중생들을 성취시키는 데 걸림없는 해탈문〔普速疾供養諸佛成就衆生無㝵解脫門〕'만 알 뿐, 보살들의 계행 공덕이야 어떻게 다 말하겠는가.

여기서 남방으로 달리비다국(達里鼻茶國)이 있으니 그 나라 자재성(自在城)의 미가(彌伽)에게 가서, 보살이 어떻게 보살행을 배우며 보살도를 닦는지 묻도록 하라.

선재는 그의 발에 절하고 물러갔다.

⑤ 미가장자(彌伽長者)

선재동자는 점점 남쪽으로 가다가 자재성에 이르러 미가장자를 찾았다. 미가장자는 시장 가운데서 법을 말하는 사자좌에 앉았는데 많은 사람들에게 둘러싸여 바퀴 륜(輪)자 장엄법문을 설하고 있었다.

미가는 선재의 청법에 이렇게 말씀하였다.

선남자여, 나는 이미 묘한 음성다라니를 얻었으므로 삼천대천세계에 있는 모든 하늘들의 말과 용·야차·건달바·아수라·가루라·긴나라·마후라가·사람·사람 아닌 이와 범천들의 말을 모두 분별하여 안다. 이 삼천대천세계와 같이 시방의 수없는 세계도 역시 그러하다.

선남자여, 나는 다만 이 '보살의 묘한 음성다라니광명 법문〔菩薩妙音陀羅尼光明法門〕'만 알 뿐, 저 여러 보살의 갖가지 법구바다〔法句海〕에 들어가는 공덕이야 어떻게 알고 말하겠는가.

선남자여, 여기서 남방으로 가면 한 마을이 있으니 이름이 주림(住林)이요, 거기에 해탈(解脫)장자가 있다. 그대는 그에게 가서 보살행을 물을지니라.

⑥ 해탈장자(解脫長者)

선재동자는 점점 걸어서 십이 년 동안 가다가 주림성에 이르러 해탈장자를 찾았다. 해탈장자는 선재동자의 청을 듣고 삼매에 들었다가 일어나서 말씀하였다.

선남자여, 나는 이미 여래의 걸림없는 장엄해탈문에 들어갔다가 나왔다. 나는 시방세계의 티끌수 여래를 보지만 저 여래들이 여기 오시지도 아니하고 가시지도 아니한다.

내가 안락세계의 아미타여래를 뵈려 하면 마음대로 뵙고, 전단세계의 금광명경여래 내지 보사자장엄세계의 비로자나여래를 뵈려 하면 다 뵙게 된다. 그러나 저 여래께서 여기 오시지도 않고 내 몸이 거기 가지도 않나니, 모든 부처님이나 내 마음이 모두 꿈 같은 줄을 알며, 모든 부처님은 그림자 같고 내 마음은 물 같은 줄 알며, 모든 부처님의 모습과 내 마음이 환과 같고 메아리 같음을 아나니, 나는 이렇게 알고 이렇게 뵙는 부처님이 제 마음으로 말미암음인 줄 생각한다.

선남자여, 보살들이 부처의 법을 닦아 부처의 세계를 청정케 하며, 묘한 행을 쌓아 중생을 조복하며, 큰 서원을 내고 온갖 지혜에 들어가 자재하게 유희하며, 불가사의한 해탈문으로 부처의 보리를 얻으며, 큰 신통을 나타내고 시방세계에 두루가며, 미세한 지혜로 여러 겁에 널리 들어가는 이런 것들이 모두 자기의 마음으로 말미암음인 줄 알지니라.

그러기에 선남자여, 마땅히 착한 법으로 제 마음을 붙들며, 법의 물로 제 마음을 윤택케 하며, 모든 경계에서 제 마음을 깨끗이 다스리며, 꾸준히 노력함으로 제 마음을 굳게 하며, 참음으로 제 마음을 평탄케 하며, 지혜로 증득하여 제 마음을 결백케 하며, 지혜로써 제 마음을 명랑케 하며, 부처의 자재함으로 제 마음을 개발하며, 부처의 평등으로 제 마음을 너그럽게 하며, 부처의 열 가지 힘으로 제 마음을 비추어 살필지니라.

선남자여, 나는 다만 이 '여래의 걸림없는 장엄해탈문〔如來無礙莊嚴解脫門〕'에 드나들거니와, 여러 보살들의 미묘한 행이야 어떻게 알겠는가. 선남자여, 여기서 남방으로 마리가라(摩利伽羅) 나라에 해당(海幢)비구가 있으니, 그대는 그에게 가서 보살도를 물을지니라.

⑦ 해당비구(海幢比丘)

선재동자는 마리가라 마을에 이르러 해당비구가 길가에서 가부좌를 하고 삼매에 들어 있는 것을 보았다. 선재동자는 일심으로 해당비구를 관찰하면서 간절한 마음으로 그 삼매 해탈을 생각하였다. 그렇게 관찰하기를 일일일야 칠일칠야 보름 한달 여섯달을 지내고 엿새를 더 지낸 뒤에야 해당비구는 삼매에서 일어났다.

선재동자는 해당비구에게 그 삼매공덕을 찬탄하고 삼매의 이름을 물었다. 이에 해당비구가 말씀하였다.

선남자여, 이 삼매의 이름은 '넓은 눈으로 얼음을 버림'이라 하고, 또는 '반야바라밀 경계의 청정한 광명'이라고도 하고, '두루 장엄한 청정문'이라고도 한다. 나는 반야바라밀을 닦았으므로 이와 같은 두루 장엄한 청정삼매 등 백만 아승지 삼매를 얻은 것이다.

이 삼매에 들 때는 모든 세계를 아는 데 장애가 없고, 모든 부처님의 광대한 힘을 증득하는 데 장애가 없고, 모든 부처님의 공덕바다에 들어가는 데 장애가 없고, 대비로 중생들을 섭수하는 데 장애가 없고, 항상 대자를 일으켜 시방세계에 충만하는 데 장애가 없다.

선남자여, 나는 오로지 이 한 가지 '반야바라밀 삼매의 광명〔般若波羅蜜三昧光明法門〕'만을 알 뿐이다. 여기서 남쪽으로 가면 해조(海潮)라는 곳의 보장엄 동산에 휴사(休捨) 우바이가 있으니, 그를 찾아가 보살행을 묻도록 하라.

선재동자는 해당비구에게서 얻은 삼매를 생각하고 스승의 발에 엎드려 절하고 다시 길을 떠났다.

⑧ 휴사우바이(休捨優婆夷)

선재동자가 조수라는 곳의 보장엄 동산에 이르러 보니, 동산 안에 광대한 장엄당 궁전이 있었다. 휴사우바이는 진주그물관을 쓰고, 진금팔찌를 끼고, 큰 마니그물로 검푸른 머리카락을 장엄하고, 사자구 마니보배로 귀고리를 하고, 온갖 보배영락그물을 몸에 드리우고 황금자리에 앉아 있는데, 시방에서 온 백천억 나유타 중생이 허리를 굽혀 공경하였다. 이 우바이를 보는 이는 모든 병이 다 없어지고 번뇌를 여의고 모든 장애가 없어지는 것이었다.

휴사우바이가 선재에게 말씀하였다.

선남자여, 나는 오직 보살의 한 해탈문을 얻었으니, 나를 보거나 듣거나 생각하는 이나 나와 함께 있는 이나 나를 이바지하는 이는 모두 헛되지 아니하리라. 선남자여, 만일 중생으로서 선근을 심지 못하고 선지식의 거두어줌을 받지 못하고 부처님의 보호함이 되지 않은 이는 나를 보지 못하며, 어떤 중생이나 나를 보기만 하면 다 아뇩다라삼먁삼보리에서 물러가지 아니한다. 선남자여, 나는 항상 시방세계에서 오신 부처님을 보고 법을 들으며 여러 보살과 함께 있느니라.

선재동자가 여쭈었다.

거룩하신 이는 아뇩다라삼먁삼보리심을 낸 지 얼마나 오래되었으며, 얼마나 오래면 아뇩다라삼먁삼보리를 얻게 됩니까.

휴사우바이가 대답하였다.

나는 과거 연등 부처님에게서 범행을 닦고 공경 공양하면서 법문을 들었고 그전부터도 그러하였음을 기억한다. 선남자여, 보살의 행은 모든 법에 두루 들어가 다 증득하고, 모든 세계를 다 깨끗이 하고저 함이므로 온갖 세계를 다 깨끗이 하여 마치면 나의 서원도 마칠 것이고, 모든 중생의 번뇌 습기를 다 없애면 나의 서원도 만족할 것이니라.

선재동자가 여쭈었다.

거룩하신 이여, 이 해탈의 이름은 무엇이라 합니까.

선남자여, 이 해탈은 '근심없고 편안한 당기〔離憂安穩幢〕'라 한다. 선남자여, 나는 다만 이 한 해탈문만 알 뿐이다. 여기서 남쪽 나라소(那羅素) 나라에 비목구사(毘目瞿沙)선인이 있으니, 그대는 그에게 가서 보살도를 물을지니라.

⑨ 비목구사선인(毘目瞿沙仙人)

선재동자는 나라소국에 이르러 비목구사선인을 두루 찾았다. 그 선인은 큰 숲의 전단나무 아래서 풀을 깔고 앉았는데 일만 무리를 거느리고 있었다. 비목구사선인은 아뇩다라삼먁삼보리심을 내어 보살도를 묻는 선재동자를 칭찬하고는 자신은 '보살의 이길 이 없는 당기해탈〔菩薩無勝幢解脫門〕'을 얻었음을 일러주었다.

선재동자가 다시 그 해탈의 경계가 어떠한 것인지 묻자, 비목구사선인은 오른손을 펴서 선재동자의 정수리를 만지며 선재동자의 손을 잡았다. 그때 선재동자는 자기의 몸이 시방의 열 세계 티끌수 부처님 처소에 이르렀음을 보았고 저 세계와 모인 대중과 부처님의 잘 생긴 모습이 여러 가지로 장엄하였음을 보았으며, 또 그 부처님이 중생들의 마음을 따라서 법을 연설함을 듣고 한 글자 한 구절을 모두 통달하여 따로따로 받아지니어 섞이지 아니하였다. 그때 선재동자는 보살의 이길 이 없는 당기해탈의 지혜광명이 비춤으로 해서 비로자나장 삼매의 광명을 얻고, 다라니 광명을 얻고, 가없는 삼매광명을 얻었다.

이때 비목구사선인이 선재동자의 손을 놓으니, 선재동자는 자기의 몸이 도로 본래 자리에 있음을 보았다. 비목구사선인이 자신은 다만 이 '보살의 이길 이 없는 당기해탈〔菩薩無勝幢解脫門〕'만을 알 뿐이니, 거기서 남쪽에 있는 이사나(伊沙那) 마을의 승열(勝熱) 바라문을 찾아가도록 일러주었다. 선재동자는 비목구사선인을 우러러 사모하면서 하직하고 남쪽으로 떠났다.

⑩ 승열바라문(勝熱婆羅門)

선재동자는 선지식을 생각하면서 이사나 마을에 이르러 승열바라문이 모든 고행을 닦으며 온갖 지혜를 구하는 것을 보니, 사면에 이는 불무더기가 큰 산과 같은데 그 속에 칼산이 있어 높고 가파르기 그지없었다. 승열바라문이 그 산 위에 올라가서 몸을 날려 불구덩이에 들어가는 것이었다.

선재동자가 그의 발에 절하고 합장하고 서서 보살도를 묻자, 승열바라문이 말씀하였다.

선남자여, 그대가 만일 이 칼산 위에 올라가서 몸을 불무더기에 던지면 모든 보살행이 다 청정하여질 것이다.

선재동자는 이렇게 생각하였다.

사람의 몸을 얻기 어렵고, 모든 난을 여의기 어렵고, 청정한 법을 얻기 어렵고, 부처를 만나기 어렵고, 불법을 얻기 어렵고, 선지식을 만나기 어렵고 이치대로 가르침을 받기 어렵고, 법을 따라 행하기 어렵다더니, 이것은 마(魔)가 아닌가. 마가 시키는 것이 아닌가. 마의 험악한 무리가 보살인 듯이 선지식의 모양을 꾸며서 나에게 선근난(善根難)을 짓고 수명난(壽命難)을 지어서 나의 온갖 지혜의 길을 닦는 것을 장애하고 나를 끌어서 나쁜 길에 들어가게 하고, 나의 법문을 막고 나의 불법을 막고자 하는 것이 아닌가.

이렇게 생각할 때에 십천 범천과 마의 무리와 자재천왕과 화락천왕과 도솔천왕·천자·천녀와 삼십삼천과 야차왕과 건달바왕과 아수라왕과 가루라왕과 긴나라왕과 욕계제천이 허공 중에서 바라문의 덕을 찬탄하며 의심을 사라지게 하는 법문을 하였다.

선재동자는 법문을 듣고 바라문에 대하여 진실한 선지식이란 마음을 일으켜 엎드려 절하고 말하였다.

제가 대성인인 선지식에게 착하지 못한 마음을 내었습니다. 저의 참회를 받아주소서.

승열바라문이 선재동자에게 게송으로 말씀하였다.

  보살이 누구든지
  선지식의 가르침을 따르면
  모든 의심과 두려움이 없어지고
  편안하여 마음이 흔들리지 않으리라

  마땅히 알라 이런 사람들은
  광대한 이익 얻으리니
  보리수 아래 앉아서
  위없는 깨달음을 이루리라

선재동자는 즉시 칼산에 올라가서 몸을 불구덩이에 던졌다. 내려가는 중간에 보살의 잘 머무는 삼매〔善住三昧〕를 얻었고, 몸이 불꽃에 닿자 또 보살의 고요하고 즐거운 신통삼매〔寂靜樂神通三昧〕를 얻었다.

그리하여 선재동자가 말하였다.

매우 신기합니다. 거룩하신 이여, 이러한 칼산과 불무더기에 나의 몸이 닿을 적에 안온하고 쾌락하였습니다.

이때 바라문이 선재동자에게 말씀하였다.

선남자여, 나는 다만 이 '다함이 없는 바퀴 해탈문〔菩薩無盡輪解脫門〕'을 얻었을 뿐이다. 여기서 남쪽으로 가면 사자분신(師子奮迅)성이 있고 그 성안에 자행(慈行)동녀가 있으니, 그대는 그에게 가서 보살도를 묻도록 하라.

선재동자는 그의 발에 엎드려 절하고 하직하였다.

⑪ 자행동녀(慈行童女)

선재동자는 점점 남쪽으로 가다가 사자분신성에 이르러 여러 곳으로 다니면서 자행동녀를 찾았다.

이 동녀는 사자당왕의 딸로서 오백동녀가 시종이 되고 비로자나 궁전에 있으며, 묘한 법을 연설한다고 들었다. 선재동자는 비로자나 궁전에 들어가 자행동녀에게 보살이 어떻게 보살행을 배우며 어떻게 보살도를 닦는지를 물었다.

그때 자행동녀가 선재동자에게 자신의 궁전에 장엄한 것을 보라고 하였다.

선재동자가 엎드려 절하고 두루 살펴보았다. 낱낱 벽과 기둥과 거울과 장엄구 등에 다 법계의 일체 여래가 초발심(初發心)으로 좇아 보살행을 닦고 큰 서원을 만족하고 공덕을 구족하여 등정각을 이루고 묘법륜을 굴리다가 열반에 드시는 일이 영상처럼 나타나니, 마치 깨끗한 물 속에 허공 일월(日月) 성수(星宿) 등 모든 물상이 비치는 듯하였다. 이런 것이 모두 자행동녀가 과거세에 심은 선근(善根)의 힘이었다.

이때 선재동자는 궁전의 장엄에서 친견한 부처님들의 여러 가지 모습을 생각하면서 합장하고 자행동녀를 쳐다보았다.

자행동녀가 선재동자에게 말하였다.

선남자여, 이것은 반야바라밀로 두루 장엄하는 문〔般若波羅蜜普莊嚴門〕이다. 내가 삼십육 항하사의 부처님 계신 데서 이 법을 얻었는데 여래들께서 각각 다른 문으로써 나로 하여금 이 반야바라밀로 두루 장엄하는 문에 들어가게 하셨다.

선재동자가 물었다.

거룩하신 이여, 이 '반야바라밀로 두루 장엄하는 문의 경계'는 어떠합니까.

자행동녀가 대답하였다.

선남자여, 내가 이 반야바라밀로 두루 장엄하는 문에 들어가서 수순하여 사유 관찰하고 기억 분별할 때에 보문(普門)다라니를 얻으니 백만 아승지 다라니문이 앞에 나타났다. 이른바 불찰(佛刹)다라니문·불(佛)다라니문·법다라니문·중생다라니문·자심청정다라니문 등이다.

선남자여, 나는 다만 이 '반야바라밀로 두루 장엄하는 해탈문〔般若波羅蜜普莊嚴門〕'만 알 뿐, 보살의 온갖 공덕행이야 어떻게 알겠는가. 선남자여, 남방에 한 나라가 있으니 이름이 삼안(三眼)이고 거기에 선견(善見)비구가 있다. 그대는 그에게 가서 보살이 어떻게 보살행을 배우고 보살도를 닦는지 묻도록 하라.

그때 선재동자는 그의 발에 절하고 우러러 보면서 하직하였다.

⑫ 선견비구(善見比丘)

선재동자는 삼안국에 이르러 선견비구를 두루 찾아 다니다가 선견비구가 숲속에서 왔다갔다 거닐고 있음을 보았다.

젊은 나이에 용모가 아름답고 단정하여 보기에 반가웠다. 검푸른 머리카락이 오른쪽으로 돌아 어지럽지 아니하고, 정수리에는 살상투가 있고, 피부가 금빛이고, 목에는 세줄 무늬가 있고, 이마는 넓고 반듯하며, 눈은 길고도 넓어 청련화 같고, 입술은 붉고 깨끗하여 빈바 나무 열매 같으며, 가슴에는 卍자가 있는 등, 거룩한 모습과 잘 생긴 모양이 모두 원만하고 둥근 광명이 한 길이었다.

지혜는 넓어 큰 바다와 같아 경계에 마음이 흔들리지 않으며, 부처님께서 행하시던 평등한 경계를 얻었으며, 크게 가엾이 여김으로 중생들을 교화하여 잠깐도 버리지 않으며, 일체 중생을 이익케 하기 위하며, 여래의 법안을 열어 보이기 위하며, 여래의 행하던 길을 밟기 위하여 느리지도 빠르지도 않게 자세히 살피며 지나가는 것이었다.

합장 예배하고 보살도를 묻는 선재동자에게 선견비구가 대답하였다.

선남자여, 나는 나이도 젊고 출가한 지도 오래지 않으나 부처님 처소에서 범행을 깨끗이 닦아 육바라밀을 만족하였다. 또 그 부처님의 본원과 삼매의 원력으로 모든 부처님 국토를 깨끗이 장엄하며, 일체행 삼매에 들어간 힘으로 모든 보살행을 깨끗이 닦으며, 보현승의 뛰어난 힘으로써 일체 부처님의 바라밀을 청정히 하였다.

또 선남자여, 내가 거닐 때 잠깐 동안에 모든 세계가 앞에 나타났으니 지혜가 청정한 까닭이다.

선남자여, 나는 다만 이 '보살의 수순등해탈문〔菩薩隨順燈解脫門〕'만 알거니와 보살의 무량공덕행이야 어찌 알겠는가. 여기서 남쪽으로 명문국(名聞國)의 물가에 자재주(自在主)동자가 있으니, 그대는 그에게 가서 보살도를 물을지니라.

⑬ 자재주동자(自在主童子)

선재동자는 명문국 물가에서 자재주동자가 십천동자에게 둘러싸여 모래를 모아 장난하고 있음을 보았다.

보살도를 묻는 선재동자에게 자재주동자가 말씀하였다.

선남자여, 나는 옛적에 문수사리동자에게서 서(書)·수(數)·산(算)·인(印) 등 법을 배워서 '온갖 공교한 신통과 지혜의 법문〔一切工巧神通智法門〕'에 오입(悟入)하였다.

선남자여, 나는 이 법문을 인하여 세간의 글씨·수학·산수·결인·십팔계·십이처 등의 법을 알았다. 또 풍병·간질·조갈·헛것 들리는 모든 병을 치료하며, 성읍·마을·동산·누각·궁전·가옥들을 세우기도 하고, 갖가지 약을 만들기도 하고, 농사하고 장사하는 직업을 경영하기도 하여 취사 진퇴에 모두 적절히 하였다.

또 중생의 모습을 잘 분별하여 선을 짓고 악을 지어 착한 길 나쁜 길에 태어날 것을 알며, 이 사람은 성문의 법을 얻고 이 사람은 연각의 법을 얻고 이 사람은 온갖 지혜에 들어가는 일을 잘 알고, 중생에게 그 법을 배우도록 하며 증장하고 결정하여 구경에 청정케 하였다.

선남자여, 나는 또 보살의 계산하는 법을 알았으니, 나는 이 보살의 산수하는 법으로 한량없는 유순의 광대한 모랫더미를 계산하여 그 안에 있는 알맹이 수효를 다 알고, 또 시방세계의 갖가지 차별과 머물러 있음을 계산하여 알며, 모든 세계의 넓고 좁음, 크고 작음과 이름을 계산해 알아서 그 가운데 있는 모든 겁의 이름·부처님 명호·법·중생·업·보살·진리의 이름을 다 분명히 안다.

선남자여, 나는 다만 이 '온갖 공교한 큰 신통과 지혜의 광명법문〔一切工巧大神通智光明法門〕'만 알 뿐이니, 보살의 광대한 공덕행은 여기서 남쪽에 있는 해주성(海住城)의 구족(具足)우바이에게 가서 묻도록 하라.

⑭ 구족우바이(具足優婆夷)

선재동자는 선지식의 가르침을 생각하며 해주성에 이르러 구족우바이 집을 찾았다. 그 집은 매우 넓고 보배담 사면에 보배로 장엄한 문이 있었다.

선재동자가 들어가보니 우바이가 보배자리에 앉았는데 젊은 나이에 살결이 아름답고 단정하며 소복단장에 머리카락을 드리우고 있었다. 몸에 영락은 없으나 그 몸모습과 위덕과 광명이 불보살을 제하고는 미칠 자가 없었다. 집안에 의복이나 음식 살림도구는 없고, 다만 그 앞에 조그만 그릇 하나를 놓았다. 또 일만 동녀가 둘러 모시고 시중들고 있었다. 그 동녀들의 몸에서 풍기는 묘한 향기를 맡기만 하면 누구든지 물러가지 아니하고, 모든 번뇌심을 여의고, 그 소리를 들은 이는 다 기뻐하고, 그 모습을 보는 이는 탐욕이 없어졌다.

보살도를 묻는 선재동자에게 구족우바이는 말씀하였다.

선남자여, 나는 '보살의 다함 없는 복덕장해탈문〔無盡福德藏解脫

門]'을 얻었으므로 이렇게 작은 그릇에서도 중생들의 갖가지 욕망을 채워주고 갖가지 맛좋은 음식으로 모두 배부르게 한다. 가령 시방세계 중생들에게 그들의 욕망을 따라 모두 배부르게 하여도 그 음식은 다하지도 적어지지도 않는다. 음식이 그러한 것처럼 갖가지 좋은 맛·자리·의복·와구·수레·꽃·화만·향·바르는 향·사르는 향·가루향·보배·영락·당기·번기·일산·살림가구들도 좋아하는 대로 모두 만족케 한다.

또 선남자여, 시방세계에 있는 일생보처보살이 나의 음식을 먹으면 모두 보리수 아래 도량에 앉아서 마음을 항복받고 아뇩다라삼먁삼보리를 이룬다.

선남자여, 나는 다만 이 '다함 없는 복덕장해탈문[無盡福德藏解脫門]'만 알 뿐이니, 보살의 무량 공덕행은 남쪽 대흥성(大興城)의 명지(明智)거사를 찾아가서 묻도록 하라.

⑮ 명지거사(明智居士)

선재동자는 대흥성에 이르러 성내 네거리 칠보대 위에 앉은 명지거사를 보았다. 명지거사는 보살도를 배우고자 하는 선재에게 말씀하였다.

선남자여, 나는 마음대로 복덕을 내는 광 해탈문[隨意出生福德藏解脫門]을 얻었으므로 무릇 필요한 것은 다 소원대로 된다. 이른바 의복·영락·음식·탕약·집·평상 등 필요한 물건이 찾는대로 만족하며 내지 진실한 법문까지 연설한다.

선남자여, 나는 다만 이 '뜻대로 복덕을 내는 광 해탈문[隨意出生福德藏解脫門]'만 알 뿐이다. 여기서 남쪽에 큰 성이 있으니 이름은 사자궁(師子宮)이요, 거기에 법보계(法寶髻)장자가 있으니 그대는 그에게 가서 보살이 어떻게 보살도를 닦는지 묻도록 하라.

⑯ 법보계장자(法寶髻長者)

선재동자는 남쪽으로 가서 사자궁성을 향해 법보계장자를 찾았다. 그 장자가 마침 저자에 있음을 보고 그 앞에 나아가 절하고 보살도를 물었다.

이때 장자는 선재동자의 손을 잡고 거처하는 집으로 가서 우선 그 집을 보라고 하였다. 선재동자가 그 집을 살펴보니 맑고 눈부신 진금으로 이루어지고 갖가지 보배로 장식되었으며 십 층 팔문(十層八門)으로 굉장히 넓었다. 선재동자가 들어가 차례로 살펴보았다.

맨아래층에서는 음식을 보시하고, 제이층에서는 의복을 보시하고, 제삼층에서는 모든 장엄거리를 보시하고, 제사층에서는 여러 채녀와 온갖 진귀한 보물을 보시하고, 제오층에서는 제오지보살이 운집하여 법을 설해 세간을 이롭게 하고, 모든 다라니문과 삼매의 결인과 삼매의 행과 지혜의 광명을 성취하였다.

제육층에서는 보살들이 매우 깊은 지혜를 이루어 법의 성품을 분명하게 통달하였다. 광대한 다라니와 삼매의 걸림없는 문을 성취하여 다니는 데에 걸림이 없고 두 가지 법에 머무르지 않으며 한량없는 반야바라밀문을 나타내보였다.

제칠층에서는 보살들이 메아리 같은 지혜를 얻고 방편 지혜로 분별 관찰하여 벗어남을 얻었다. 제팔층에는 한량없는 보살들이 그 안에 모였는데 모두 신통을 얻고 한 음성으로 시방에 두루하고 몸이 모든 도량에 나타나 온 법계에 두루하였다. 그리고 부처님 경지에 들어가 부처님 몸을 보고 부처님 대중 가운데 상수가 되어 법을 연설하였다. 제구층에서는 일생보처보살들이 모여 있었다. 제십층에서는 일체 여래께서 가득 계시는데 처음 발심한 때로부터 내지 법륜 굴리어 중생을 조복하는 등 여러 가지를 분명히 보게 하였다.

이러한 과보는 과거세 원만장엄세계의 무변광명법계보장엄왕 부처님께 음악을 연주하고 향공양을 올린 공덕으로 늘 부처님과 선지식을 친견하고 법을 들었기 때문이라 하였다.

이어서 법보계장자는 다만 '보살의 한량없는 복덕보배광해탈문〔菩薩無量福德寶藏解脫門〕'만 알 뿐이므로, 남쪽 등근(藤根)나라 보문성(普門城)의 보안(普眼)보살을 찾아가 보살도를 묻도록 권하였다. 선재동자는 엎드려 절하고 하직하였다.

⑰ 보안장자(普眼長者)

선재동자가 보문성으로 보안장자를 찾아가 보살도를 묻자, 장자가 말씀하였다.

착하다, 선남자여. 나는 모든 중생의 여러 가지 병을 안다. 풍병·황달·해소·열병·귀신과 독충·수재·화재로 인해 생기는 온갖 병을 모두 방편으로 치료한다. 누구든지 병이 있는 이가 내게 오면 다 치료하여 낫게 하며 음식과 재물을 보시하여 조금도 모자람이 없게 한다. 그런 뒤에 그들에게 알맞는 법을 말해준다. 탐욕이 많은 이에게는 부정관을 가르치고, 미워하고 성 잘 내는 이에게는 자비관을 가르치고, 어리석음이 많은 이에게는 여러 가지 법의 모양을 분별하도록 가르친다.

그들로 하여금 보리심을 내게 하려고 모든 부처님의 공덕을 찬탄하며, 대비의 생각을 일으키게 하려고 생사의 무량 고통을 나타내며, 공덕을 증장케 하려고 한량없는 복과 지혜 모으는 것을 찬탄하고, 큰 서원을 세우게 하려고 모든 중생 조복하는 것을 칭찬하며, 보현행을 닦게 하려고 보살들이 모든 세계에서 온갖 겁 동안에 여러 가지 행 닦는 것을 설한다.

그들로 하여금 부처의 거룩한 모습을 갖추게 하려고 단바라밀(檀波羅蜜)을 칭찬하며, 부처의 깨끗한 몸을 얻어 온갖 곳에 이르게 하려고 시바라밀(尸波羅蜜)을 칭찬하며, 부처님의 청정하고 불가사의한 몸을 얻게 하려고 인바라밀(忍波羅蜜)을 칭찬하며, 여래의 이길 이 없는 몸을 얻게 하려고 정진바라밀(精進波羅蜜)을 칭찬하며, 청정하고 같을 이 없는 몸을 얻게 하려고 선바라밀(禪波羅蜜)을 칭찬하며, 여래의 청정한 법신을 드러내게 하려고 반야바라밀(般若波羅蜜)을 칭찬한다.

그들에게 세존의 청정한 색신을 나타내게 하려고 방편바라밀(方便波羅蜜)을 칭찬하며, 중생들을 위하여 모든 겁에 머물게 하려고 원바라밀(願波羅蜜)을 칭찬하며, 청정한 몸을 나타내어 모든 부처님 세계를 지나가게 하려고 역바라밀(力波羅蜜)을 칭찬하며, 청정한 몸을 나타내어 중생들의 마음을 따라 기쁘게 하려고 지바라밀(智波羅蜜)을 칭찬하며, 끝까지 깨끗하고 묘한 몸을 얻게 하려고 모든 착하지 않은 법을 아주 떠날 것을 칭찬한다. 이와 같이 보시하여 각각 돌아가게 한다.

선남자여, 나는 또 여러 가지 향을 만드는 중요한 법을 안다. 그 향으로 부처님께 공양하고 소원이 만족하였다.

선남자여, 나는 다만 '모든 중생으로 하여금 널리 부처님을 뵙고 환희케 하는 법문〔令一切衆生普見諸佛歡喜法門〕'만 알 뿐이다. 보살 마하살의 무량공덕행은 남쪽 다라당성(多羅幢城)의 무염족왕(無厭足王)에게 가서 물을지니라.

⑱ 무염족왕(無厭足王)

선재동자는 점점 남쪽으로 가서 다라당성에 다다랐다. 무염족왕은 나라연 금강좌에 앉았으며 그 앞에는 십만 군졸이 있었다. 많은 중생들이 남의 물건을 훔치거나 목숨을 살해하거나 유부녀를 간통하거나 삿된 소견을 내었거나 원한 탐욕 질투를 품었거나 하여 그러한 나쁜 짓을 저질렀으면, 몸에 오랏줄을 지고 왕의 앞에 끌려오며 저지른 죄에 따라서 형벌이 가해지는 것이었다.

손과 발을 끊기도 하고 귀와 코를 베기도 하고 눈을 뽑고 머리도 쪼으며 가죽을 벗기고 타는 불에 지지기도 하여 고통이 한량없으니 부르짖고 통곡하는 형상이 중합대지옥(衆合大地獄)과 같았다.

선재동자는 이것을 보고 '나는 모든 중생을 이익케 하려고 보살행을 구하고 보살도를 닦는데, 이 왕이 선한 법은 하나도 없고 큰 죄업을 지으며 중생을 핍박하여 생명을 빼앗으면서도 장래의 나쁜 길을 두려워하지 않으니 어떻게 여기서 법을 구하며 대비심을 내어 중생을 구호하겠는가'라고 생각하였다.

그때에 공중에서 '마땅히 보안장자의 가르침을 생각하라'는 말이 들려왔다. 선재동자는 그 말을 듣고 왕의 앞에 엎드려 보살도를 물었다. 그러자 왕은 일을 마치고 선재동자의 손을 잡고 궁중으로 들어가서 함께 앉았다. 왕은 선재에게 궁전을 보라고 하면서 말씀하였다.

　선남자여, 어떻게 생각하는가. 내가 만일 참으로 악한 업을 짓는다면 이런 과보와 이런 육신과 이런 권속과 이런 부귀와 이런 자유자재함을 얻었겠는가. 선남자여, 나는 '보살의 환과 같은 해탈〔菩薩如幻解脫〕'을 얻었다. 선남자여, 나의 국토에 있는 중생들은 살생하고 훔치고 내지 삿된 소견을 가진 이가 많아서 다른 방편으로는 그들의 나쁜 업을 버리게 할 수 없다. 나는 저런 중생을 조복하기 위하여 나쁜 사람으로 화하여 여러 가지 죄악을 짓고 갖가지 고통을 받는 것이다. 그리하여 중생들이 보고서 무서운 마음을 내고 싫어하는 마음을 내고 겁나는 마음을 내어 그들이 짓던 모든 나쁜 업을 끊고 아뇩다라삼먁삼보리심을 내게 하려는 것이다.

　선남자여, 나는 이렇게 교묘한 방편으로써 중생으로 하여금 열 가지 나쁜 업을 버리고 열 가지 착한 도를 행하여 구경에 쾌락하고 편안하며, 필경에 온갖 지혜의 지위에 머물게 하려는 것이다. 나의 몸이나 말이나 뜻은 지금까지 한 중생도 해친 일이 없다. 내 마음에는 차라리 미래에 무간고를 받을지언정 잠깐만이라도 모기 한마리 개미 한마리도 괴롭게 하려는 생각을 내지 아니하는데, 하물며 사람이겠는가. 사람은 복전(福田)이니 모든 선법(善法)을 능히 내는 까닭이다.

　선남자여, 나는 다만 이 여환(如幻) 해탈만 얻었다. 여기서 남쪽으로 묘광성(妙光城)에 대광왕(大光王)이 있으니, 그대는 그에게 가서 보살이 어떻게 보살행을 배우며 보살도를 닦는지 묻도록 하라.

⑲ 대광왕(大光王)

선재동자는 한결같은 마음으로 선지식 법문을 생각하며 남쪽으로 가서 묘광성의 대광왕을 찾아 보살도를 물었다.

왕이 말씀하였다.

선남자여, 나는 보살의 크게 인자한 당기의 행을 닦으며, 그것을 만족하였다. 나는 한량없는 부처님 처소에서 이 법을 묻고 생각하고 관찰하고 닦아서 장엄하였다. 나는 이 법으로 왕이 되고 이 법으로 가르쳐, 내 나라에 있는 모든 중생들은 모두 나에게 두려워함이 없다.

선남자여, 이 묘광성에 있는 중생들은 모두 보살들로서 대승의 뜻을 내었으며, 마음의 욕망을 따라서 보는 것이 같지 않다. 어떤 이는 이 성이 좁다고 보고 어떤 이는 이 성이 넓다고 보며, 흙과 자갈로 땅이 된 것이라 보기도 하고 여러 보배로 장엄한 줄로 보기도 하며, 흙을 모아 담을 쌓은 줄로 보기도 하고 보배로 쌓은 담이 둘리었다고 보기도 한다.

선남자여, 만일 어떤 중생이 그 마음이 청정하고 일찍이 선근을 심어서 부처님께 공양하고 발심하여, 온갖 지혜의 길로 나아갈 마음을 내어서 온갖 지혜로써 구경처를 삼거나, 또는 내가 과거에 보살행을 닦을 때에 거두어 주었던 사람이면 곧 이 성이 여러 가지 보배로 장엄하였다고 보지만, 다른 이들은 더러운 줄로 본다.

선남자여, 이 국토에 있는 모든 중생들이 오탁악세에서 나쁜 짓을 하기 좋아하므로 내가 가엾이 여기는 마음으로 구호코자 하여 '보살의 크게 인자함이 으뜸이 되어 세간을 따라주는 삼매문〔菩薩大慈爲首隨順世間三昧門〕'에 들어가게 한다. 이 삼매에 들어가는 때에는 중생이 가졌던 무서워하는 마음, 해롭게 하는 마음, 원수로 생각하는 마음, 다투는 마음들이 모두 소멸된다. 왜냐면, 보살들의 인자한 마음이 으뜸이 되어 세간을 따라주는 삼매에 들어가면 으레 그렇게 되기 때문이다. 선남자여, 잠깐만 기다리면 스스로 마땅히 보게 되리라.

그때에 대광왕이 이 삼매에 들어가니, 그 성의 안팎이 여섯 가지로 진동하며 일체 중생이 왕에게 예배하고 공경 공양하였다. 다시 대광왕이 삼매에서 일어나 선재동자에게 말씀하였다.

선남자여, 나는 다만 이 '보살의 크게 인자함이 으뜸이 되어 세간을 따라주는 삼매문〔菩薩大慈爲首隨順世間三昧門〕'만 알 뿐이다. 여기서 남쪽 안주(安住)성에 부동(不動)우바이가 있으니, 그대는 그에게 가서 보살도를 묻도록 하라.

⑳ 부동우바이(不動優婆夷)

선재동자는 남쪽으로 안주성에 이르러 부동우바이를 찾았다. 부동우바이는 처녀로 집에서 부모의 보호를 받으며 많은 친족들에게 묘한 법을 말하고 있다는 것이었다. 부동우바이의 집에는 금빛 광명이 두루 비치는데, 이 광명을 받는 이는 몸과 뜻이 청량하였다. 선재동자도 광명이 몸에 비침에 곧 오백 가지 삼매의 문을 얻었다.

그때 선재동자가 허리를 굽혀 합장하고 바른 생각으로 관찰하였다. 이 여인의 몸은 자유자재하여 헤아릴 수 없으며, 빛깔과 용모는 그와 같을 이가 이 세상에 없고, 광명은 사무치게 비추어 그를 장애할 것이 없어서 중생들을 위하여 많은 이익을 지으며, 털구멍에서는 묘한 향기가 항상 나오고, 권속이 그지없고, 궁전이 제일이며, 공덕이 깊고 넓어서 끝닿은 데를 알 수 없었다. 선재동자는 환희한 마음을 내어 게송으로 찬탄하였다.

보살도를 묻는 선재동자에게 부동우바이가 말씀하였다.

착하다, 선남자여. 그대는 능히 아뇩다라삼먁삼보리심을 내었도다. 선남자여, 나는 보살의 꺾을 수 없는 지혜장 해탈문을 얻었으며, 보살의 견고하게 받아지니는 수행문을 얻었으며, 보살의 모든 법에 평등한 모두 지니는 문을 얻었으며, 보살의 모든 법을 밝히는 변재의 문을 얻었으며, 보살의 '모든 법을 구하여 싫어함이 없는 삼매의 광명문〔求一切法無厭足三昧光明門〕'을 얻었노라.

선재동자가 다시 보살의 꺾을 수 없는 지혜장해탈문과 내지 모든 법을 구하여 고달픔이 없는 삼매문의 경계가 어떠한지를 물었다. 그것은 알기 어렵다고 함에도 불구하고 계속 간청하는 선재동자에게 부동우바이는 지난 세상 인연을 일러주었다. 지난 이구겁 수비 부처님 때 전수라는 국왕의 딸로서 부처님을 뵙고 법을 들은 이후, 항상 부처님을 뵙고 보살의 온갖 법을 구하여 싫음이 없는 장엄문을 얻었다는 것이다. 그리고 선재동자로 하여금 모든 법을 구하여 싫음이 없는 장엄삼매문과 내지 만가지 삼매문에 들게 하였다.

부동우바이가 삼매에서 일어나 선재에게 말씀하였다.

선남자여, 나는 다만 이 '모든 법을 구하여 싫어함이 없는 삼매의 광명문〔求一切法無厭足三昧光明門〕'을 얻어 모든 중생에게 미묘한 법을 말하여 기쁘게 할 뿐이다. 여기서 남쪽으로 큰 성 도살라〔無量都薩羅〕에 출가외도인 변행(遍行)이 있으니, 그대는 그에게 가서 보살도를 묻도록 하라.

선재동자가 그의 발에 예배하고 떠났다.

㉑ 변행외도(遍行外道)

선재동자는 여러 나라를 지나서 도살라성에 이르렀다. 해가 질 무렵 성중에 들어가서 상점과 골목과 네거리로 다니면서 변행외도를 찾았다. 성 동쪽에 있는 산꼭대기에 광명이 환하게 비치므로 산으로 올라가보니 변행외도가 산 위의 평탄한 곳에서 천천히 거닐고 있었다.

선재동자가 그 앞에 나아가 엎드려 절하고 보살도를 묻자, 변행외도가 대답하였다.

착하다, 선남자여. 나는 모든 곳에 이르는 보살의 행에 편안히 머물렀고, 세간을 두루 관찰하는 삼매의 문을 성취하였고, 의지한 데 없고 지음이 없는 신통력을 성취하였고, 넓은 문 반야바라밀을 성취하였노라.

선남자여, 나는 넓은 세간에서 가지가지 방소와 형상과 행과 이해로 온갖 길에 나고 죽어서 여러 가지 소견에 빠진 중생들을 갖가지 방편과 지혜의 문으로 이익케 하노라.

변행외도는 다만 이 '모든 곳에 이르는 보살의 행〔至一切處菩薩行門〕'만을 알 뿐, 저 보살마하살들의 공덕행은 남쪽 광대국(廣大國)에서 향파는 장자〔鬻香長者〕인 우발라화(優鉢羅華)를 찾아가 묻도록 선재에게 일러주었다. 선재는 그의 발에 엎드려 절하고 물러갔다.

㉒ 육향장자(鬻香長者)

선재동자는 광대국에 이르러 육향장자를 찾아가 보살도를 물었다. 장자가 대답하였다.

착하다, 선남자여. 그대가 능히 아뇩다라삼먁삼보리심을 내었도다. 선남자여, 나는 모든 향을 잘 분별하여 알며, 모든 향을 조화하여 만드는 법을 안다. 이른바 모든 향·사르는 향·바르는 향·가루향이며, 이런 향이 나는 곳도 아노라.

그 모든 향과 향이 나는 곳에 대하여 말한 장자는 다만 '향을 화합하는 법〔調和香法門〕'만 알 뿐이며, 보살 마하살들의 청정한 행은 남쪽 누각성(樓閣城)의 바시라(婆施羅) 뱃사공에게 가서 묻도록 하였다.

㉓ 바시라선사(婆施羅船師)

선재동자는 누각성에 이르렀다. 성문 밖 바닷가에 있으면서 장사하는 이들과 많은 대중에게 둘러 싸여서 바다의 일을 말하며 부처님의 공덕 바다를 방편으로 일러주고 있는 그 뱃사공을 만나 보살도를 물었다.

뱃사공이 말씀하였다.

선남자여, 나는 이 성의 바닷가에 있으면서 '보살의 크게 가엾이 여기는 당기의 행〔菩薩大悲幢行〕'을 깨끗하게 닦았노라. 나는 염부제에 있는 빈궁한 중생들을 보고 그들을 이익케 하려고 보살의 행을 닦으며, 그들의 소원을 모두 만족케 한다. 먼저 세상 물건을 주어 마음을 채우고 다시 법의 재물을 보시하여 환희케 하며, 복덕의 행을 닦게 하고, 지혜를 내게 하고, 선근의 힘을 늘게 하고, 보리심을 일으키게 하고, 보리의 원을 깨끗하게 하고, 크게 가엾이 여기는 힘을 견고하게 하고, 생사를 없애는 도를 닦게 하고, 생사를 싫어하지 않는 행을 내게 하고, 모든 중생바다를 거둬주게 하고, 모든 공덕바다를 닦게 하고, 모든 법바다를 비추게 하고, 모든 부처바다를 보게 하고, 온갖 지혜의 지혜바다에 들어가게 한다. 나는 여기서 이렇게 생각하고 이렇게 모든 중생을 이익케 하노라.

선남자여, 나는 바다에 있는 모든 것을 알아 중생들을 이익케 하며, 큰 배를 가지고 다니지만 한번도 실수한 일이 없다. 어떤 중생이 내 몸을 보거나 내 법을 들은 이는 영원히 생사의 바다를 무서워하지 않고, 온갖 지혜바다에 들어가서 모든 애욕의 바다를 말리고, 지혜의 광명으로 세 세상 바다를 비추며, 모든 중생의 마음 바다를 깨끗이 하고, 모든 세계바다를 빨리 청정케 하며, 시방의 큰 바다에 들어가서 모든 중생의 근성바다를 알고, 모든 중생의 수행바다를 순종하노라.

선남자여, 나는 다만 이 '크게 가엾이 여기는 당기의 행〔大悲幢行法門〕'을 얻었으므로, 만일 나를 보거나 내 음성을 듣거나 나와 함께 있거나 나를 생각하는 이는 하나도 헛되지 않게 하거니와, 저 보살 마하살들의 공덕행이야 어떻게 말하겠는가.

선남자여, 여기서 남쪽 가락성(可樂成)에 무상승(無上勝)장자가 있으니, 그대는 그에게 가서 보살이 어떻게 보살행을 배우며 보살도를 닦는지 묻도록 하라

선재동자는 그의 발에 엎드려 절하고 울면서 하직하고 떠났다.

㉔ 무상승장자(無上勝長者)

선재동자가 가락성에 이르렀다. 무상승장자가 그 성의 동쪽 크게 장엄한 당기 근심없는 숲속에서 한량없는 장사하는 이들과 거사들에게 둘러 싸여 법을 설하고 있었다.

선재동자가 그의 발에 절하고 보살도를 설해 주기를 청하였다.

그때 장자가 선재동자에게 말씀하였다.

착하다, 선남자여. 그대는 아뇩다라삼먁삼보리심을 이미 내었도다. 나는 모든 곳에 이르는 보살의 행하는 문과 의지함이 없고 지음이 없는 신통한 힘을 성취하였노라.

선남자여, 어떤 것을 보살의 모든 곳에 이르는 문이라 하는가. 나는 이 삼천대천세계의 욕심세계에 사는 모든 중생들 가운데서 법을 말한다. 그리하여 그른 법을 버리고, 다툼을 쉬고, 싸움을 제하고, 성냄을 그치고, 원수를 풀고, 속박을 벗고, 옥에서 나오고, 두려움을 없애고, 살생을 끊으며, 내지 삿된 소견과 모든 악업을 모두 금하게 하며, 모든 착한 법을 순종하여 행하고, 모든 기술을 닦아 익히어 모든 세간에서 이익을 짓게 하며, 그들에게 갖가지 언론을 분별하여 환희심을 내고, 점점 성숙하게 하며, 외도를 따라서 훌륭한 지혜를 말하여 모든 소견을 끊고, 불법에 들어오게 하며, 내지 형상세계의 모든 범천에서 그들에게 훌륭한 법을 말한다. 이 삼천대천세계에서와 같이 내지 시방세계에서도 나는 중생들에게 이런 법을 말하노라.

선남자여, 나는 다만 '모든 곳에 이르는 보살이 수행하는 청정한 법문〔至一切處修菩薩行淸淨法門〕'과 의지함이 없고 지음이 없는 신통한 힘만 알뿐, 저 보살 마하살들의 한량없는 공덕행이야 어떻게 말하겠는가.

 선남자여, 여기서 남쪽으로 수나(輸那)라는 나라 가릉가숲〔迦陵迦林〕성에 사자빈신(師子頻申)비구니가 있다. 그대는 거기 가서 보살도를 묻도록 하라.

 선재동자는 그의 발에 절하고 물러갔다.

㉕ 사자빈신비구니(師子頻申比丘尼)

 선재동자가 그 나라에 이르러 사자빈신비구니를 두루 찾았다. 그 비구니는 승광왕(勝光王)이 보시한 햇빛동산에서 법을 설하여 한량없는 중생을 이익케 한다고들 말하였다.

 선재동자는 그 동산에 가서 두루 살펴보았다.

 그리고 사자빈신비구니가 모든 보배나무 아래 놓인 사자좌에 두루 앉아 있음을 보았다. 몸매가 단엄하고, 위의가 고요하며, 여러 감관이 조화하여 큰 코끼리 같고, 마음에 때가 없음이 깨끗한 못과 같으며, 널리 구하는 대로 베풀어줌이 여의보와 같고, 세상 법에 물들지 않음은 연꽃과 같으며, 마음에 두려움이 없기는 사자왕과 같고, 깨끗한 계율을 보호하여 흔들리지 않음은 수미산과 같으며, 보는 이마다 서늘케 함은 묘한 향과 같고, 여러 중생의 번뇌를 덜어 줌은 설산에 있는 전단향과 같으며, 보는 중생의 괴로움이 소멸함은 선견약과 같고, 보는 이마다 헛되지 않음은 바루나 하늘과 같으며, 모든 선근을 길러 줌은 기름진 밭과 같았다.

 낱낱 사자좌에 모인 대중도 같지 아니하고 말하는 법문도 각각 달랐다. 어떤 자리에는 정거천 무리가 둘러 앉았는데 대자재천자가 우두머리가 되고, 이 비구니가 말하는 법문은 다함이 없는 해탈이다. 어떤 자리에는 범천무리가 둘러 앉았는데, 애락범천왕(愛樂梵天王)이 우두머리가 되고, 이 비구니가 말하는 법문은 넓은 문이 차별하고 청정한 음성바퀴〔普門差別淸淨言音輪〕이다. 내지 어떤 자리에는 십지 보살들이 둘러 앉았는데, 이 비구니가 말하는 법문은 걸림없는 바퀴며, 어떤 자리에는 금강저를 든 신장들이 둘러 앉았는데, 이 비구니가 말하는 법문은 금강지혜의 나라연 장엄이다.

선재동자가 보니, 이러한 여러 길에 있는 중생들로서 이미 성숙한 이와 이미 조복한 이와 법그릇 될 만한 이들은 이 동산에 들어와서, 제각기 자리 아래 둘러 앉았는데 사자빈신비구니가 그들의 욕망과 이해함이 수승하고 못한 차별을 따라서 법을 말하며 아뇩다라삼먁삼보리에서 물러나지 않게 하였다.

왜냐하면 이 비구니는 넓은 눈으로 모두 버리는 반야바라밀문과, 모든 불법을 말하는 반야바라밀문과, 법계가 차별한 반야바라밀문과, 모든 장애를 없애는 바퀴 반야바라밀문과, 모든 중생의 착한 마음을 내는 반야바라밀문과, 훌륭하게 장엄한 반야바라밀문과, 걸림없는 진실한 광 반야바라밀문과, 법계에 원만한 반야바라밀문과, 마음 갈무리 반야바라밀문과, 모든 것을 내는 광 반야바라밀문에 들어갔으며, 이 열 가지 반야바라밀문을 으뜸으로 삼아 수없는 백만 반야바라밀에 들어갔기 때문이다. 이 햇빛동산에 있는 보살과 중생들은 다 사자빈신비구니가 처음으로 권하여 마음을 내게 하였고 바른 법을 받고 지니고 생각하고 닦아서 아뇩다라삼먁삼보리에서 물러나지 않게 한 이들이다.

이때 선재동자는 사자빈신비구니의 그러한 모습을 보고 한량없는 백천만 바퀴를 돌고는 합장하고 서서 보살도를 여쭈었다.

비구니는 말씀하였다.

선남자여, 나는 온갖 지혜를 성취하는 해탈〔成就一切智解脫〕을 얻었노라.

선재가 말하였다.

무슨 까닭으로 온갖 지혜를 성취한다고 합니까.

선남자여, 이 지혜의 광명은 잠깐 동안에 세 세상 모든 법을 두루 비추느니라.

거룩하신 이여, 이 지혜의 광명은 경계가 어떠하나이까.

비구니가 말씀하였다.

선남자여, 나는 이 지혜의 광명문에 들어가서 모든 법을 내는 삼매왕을 얻었으며, 이 삼매를 인하여 뜻대로 태어나는 몸을 얻게 되었다.

선남자여, 나는 모든 중생을 보아도 중생이라는 분별을 내지 않으니, 지혜눈으로 보는 까닭이다. 모든 말을 들어도 말이라는 분별을 내지 않으니 마음에 집착이 없는 까닭이다. 모든 여래를 뵈어도 여래라는 분별을 내지 않으니 법의 몸을 통달한 까닭이다. 모든 법륜을 머물러 가지면서도 법륜이라는 분별을 내지 않으니 법의 성품을 깨달은 까닭이다. 한 생각에 모든 법을 두루 알면서도 모든 법이라는 분별을 내지 않으니 법이 환과 같음을 아는 까닭이니라.

선남자여, 나는 다만 '온갖 지혜를 성취하는 해탈〔成就一切智解脫〕'만 알 뿐, 저 보살 마하살들의 공덕행이야 어떻게 다 말하겠는가.

선남자여, 여기서 남쪽 험난(險難)국의 보장엄(寶莊嚴)성에 바수밀다(婆須蜜多)여인이 있으니, 그대는 그에게 가서 보살이 어떻게 보살행을 배우며, 보살도를 닦는지 묻도록 하라.

㉖ 바수밀다여인(婆須蜜多女)

선재동자는 험난국의 보장엄성에 이르러 간 데마다 바수밀다 여인을 찾았다.

성중의 어떤 사람은 그 여인의 공덕과 지혜를 알지 못하고 이렇게 생각하였다.

이 동자는 여러 근이 고요하고 지혜가 명료하며, 미혹하지도 산란하지도 않으니, 그 바수밀다 여인에게 사랑하는 마음이나 뒤바뀐 마음이 없을 것이며, 깨끗하다는 생각을 내거나 욕심을 내어서 이 여인에게 반하지도 아니 할 것이다. 이 동자는 마의 행을 행하지도 않고 마의 경계에 들어 가지도 않고 탐욕의 수렁에 빠지지도 않고 마의 속박을 받지도 아니하여, 하지 아니 할 것은 능히 하지 아니 할 것이어늘, 무슨 뜻으로 그 여인을 구하는가.

그 사람들 중에는 그 여인이 지혜가 있는 줄을 아는 이가 있어서 선재에게 바수밀다의 집이 성중의 저자 북쪽에 있음을 가르쳐 주었다.

선재동자가 집을 찾아 살펴보니, 크고 훌륭하여 보배 등 갖가지로 장엄되어 있었다. 이때 선재동자가 그 여인을 보았다. 용모는 단정하고 모습이 원만하며, 살갗은 금빛이요, 눈매와 머리카락이 검푸르러 길지도 짧지도 않고 크지도 작지도 않아서 욕심세계의 사람이나 하늘로는 비길 수 없었다. 음성이 미묘하여 범천보다도 뛰어나며, 모든 중생의 갖가지 말을 모두 구족하여 알지 못함이 없었으며, 글자와 문장을 잘 알고 언론이 능란하며, 환과 같은 지혜를 얻어 방편의 문에 들어갔고, 보배 영락과 장엄거리로 몸을 단장하고 여의주 관을 머리에 썼다. 또 한량없는 권속들이 둘러 모셨으니, 선근이 같고 행과 소원이 같고 복덕의 큰 갈무리가 구비하여 다하지 아니하였다.

그때 바수밀다 여인의 몸에서 광대한 광명을 놓아 그 집의 모든 궁전을 비추니, 이 광명을 받는 이는 모두 몸이 서늘하고 상쾌하였다. 선재동자가 보살도를 묻자, 바수밀다녀는 말씀하였다.

선남자여, 나는 해탈을 얻었으니 이름은 탐욕의 즈음을 여읨〔菩薩離貪欲際〕이니라. 그 욕락을 따라 몸을 나타내노니, 하늘이 나를 볼 때에는 나는 천녀의 형상이 되어 광명이 훌륭하여 비길 데 없으며, 그와 같이 내지 사람이나 사람 아닌 이가 볼 때에는 나도 사람과 사람 아닌 이의 여인이 되어 그들의 욕락대로 나를 보게 하노라.

어떤 중생이 애욕에 얽매여 나에게 오면 내가 법을 말함에, 그가 법을 듣고는 탐욕을 여의고 보살의 집착 없는 경계의 삼매를 얻는다. 어떤 중생이 잠깐만 나를 보아도 탐욕을 여의고 보살의 환희한 삼매를 얻는다. 어떤 중생이 잠깐만 나와 말하여도 탐욕을 여의고 보살의 걸림없는 음성 삼매를 얻는다. 어떤 중생이 잠깐만 내 손을 잡으면 탐욕을 여의고 보살의 모든 부처 세계에 두루 가는 삼매를 얻는다. 어떤 중생이 내 자리에 잠깐만 올라와도 탐욕을 여의고 보살의 해탈한 광명의 삼매를 얻는다.

어떤 중생이 잠깐만 나를 살펴보아도 탐욕을 여의고 보살의 적정하고 장엄한 삼매를 얻는다. 어떤 중생이 잠깐만 나의 활개 뻗는 것을 보아도 탐욕을 여의고 보살이 외도를 굴복시키는 삼매를 얻는다. 어떤 중생이 나의 눈 깜짝이는 것을 보아도 탐욕을 여의고 보살의 부처 경계 광명 삼매를 얻는다. 어떤 중생이 나를 끌어 안아도 탐욕을 여의고 보살이 모든 중생을 거두어 주고 떠나지 않는 삼매를 얻는다. 어떤 중생이 나의 입술을 빨아도 탐욕을 여의고 보살이 모든 중생의 복덕을 늘게 하는 삼매를 얻는다.

무릇 중생들이 나에게 가까이 하면 모두 탐욕을 여의는 데 머물러 보살의 온갖 지혜 앞에 나타나는 걸림없는 해탈에 들어가느니라.

선남자여, 나는 다만 이 '보살의 탐욕의 즈음을 여읜 해탈〔菩薩離貪際解脫〕'을 얻었거니와, 저 보살 마하살들의 공덕행이야 어떻게 말하겠는가.

선남자여, 여기서 남쪽 선도(善度)성에 비슬지라(鞞瑟胝羅) 거사가 있으니, 그대는 그에게 가서 보살이 어떻게 보살의 행을 배우며 보살도를 닦는지 묻도록 하라.

㉗ 비슬지라거사(鞞瑟胝羅居士)

그때 선재동자는 점점 가다가 선도성에 이르러 거사의 집에 나아가 발에 엎드려 절하고 합장하고 서서 보살도를 여쭈었다.

거사가 말씀하였다.

선남자여, 나는 보살의 해탈을 얻었으니 이름이 열반의 즈음에 들지 않음〔菩薩所得不般涅槃際〕이라. 선남자여, 나는 이렇게 여래가 이미 열반에 드셨다거나, 여래가 지금 열반에 드신다거나, 여래가 장차 열반에 드실 것이라는 생각을 내지 아니한다. 나는 시방 모든 세계의 부처님 여래들이 필경에 열반에 드시는 분이 없는 줄 아노니, 중생을 조복하기 위하여 일부러 보이시는 것은 제외하느니라.

선남자여, 내가 전단좌여래의 탑 문을 열 때에 삼매를 얻었으니 이름이 부처의 종자가 다함이 없음이라. 나는 생각마다 이 삼매에 들고, 생각마다 모든 한량없이 훌륭한 일을 아느니라.

선재동자가 여쭈었다.

그 삼매는 경계가 어떠하나이까.

거사가 대답하였다.

선남자여, 내가 이 삼매에 들고는 차례차례 이 세계의 부처님들을 다 뵈었느니라.

선남자여, 나는 다만 이 '보살들이 얻는 열반의 즈음에 들지 않는 해탈〔菩薩所得不般涅槃際解脫〕'만 얻었을 뿐, 저 보살 마하살들의 공덕행이야 다 어떻게 말하겠는가.

선남자여, 여기서 남으로 보달락가산(補怛洛迦山)에 관자재(觀自在) 보살이 있으니, 그대는 그에게 가서 보살이 어떻게 보살행을 배우며 보살도를 닦는지 묻도록 하라.

그리고 게송을 말씀하였다.

  바다 위에 산이 있고 성현들 많으며
  보배로 이루어져 매우 깨끗하다
  꽃과 과일나무들이 우거져 섰고
  샘과 못과 시냇물이 갖춰 있도다

  용맹한 장부이신 관자재보살
  중생을 이익하려 이 산에 머무시니
  그대는 가서 모든 공덕 묻도록 하라
  그대에게 큰 방편을 보여주시리라

㉘ 관자재보살(觀自在菩薩)

선재동자는 일심으로 선지식의 가르침을 생각하며 그 산에 이르러 관자재보살을 찾았다.

문득 바라보니, 서쪽 골짜기에 시냇물이 굽이져 흐르고 수목이 우거져 있으며 부드러운 향풀이 오른 쪽으로 쏠려서 땅에 깔렸는데, 관자재보살이 금강보석 위에 결가부좌하고 있었다. 한량없는 보살들도 보석 위에 앉아서 공경하여 둘러 모셨으며, 관자재보살이 대자대비한 법을 설하여 그들로 하여금 모든 중생을 거두어 주게 하였다.

선재동자가 보고는 환희 용약하면서 합장하고 곧 대보살이 계신 데로 나아갔다.

그때 관자재보살은 멀리서 선재동자를 보고 말씀하였다.

잘 왔도다. 그대는 대승의 마음을 내어 중생들을 널리 거두어 주고 여래의 지혜 광명에 편안히 머물러 있도다.

선재동자가 관자재보살의 발에 엎드려 절하고 수없이 돌고 합장하고 서서 어떻게 보살도를 닦는지 여쭈었다.

보살이 말씀하였다.

그대는 이미 아뇩다라삼먁삼보리심을 내었도다. 선남자여, 나는 보살의 크게 가엾게 여기는 행의 해탈문〔菩薩大悲行門〕을 성취하였노라. 나는 보살의 크게 가엾게 여기는 행의 문으로 모든 중생을 평등하게 교화하여 끊이지 아니하노라.

선남자여, 나는 이 대비행문에 머물렀으므로 모든 여래의 처소에 항상 있으며 모든 중생들 앞에 항상 나타나서, 보시로써 중생을 거두어 주기도 하고〔布施攝〕, 사랑하는 말로써 하기도 하고〔愛語攝〕,

이롭게 하는 행으로써 하기도 하고[利行攝], 같이 일함으로써 중생을 거두어 주기도 하며[同事攝], 색신을 나투어 중생을 거두어 주기도 하고, 가지가지 불가사의한 빛과 깨끗한 광명을 나타내어 중생을 거둬 주기도 하며, 음성으로써 하기도 하고, 위의로써 하기도 하며, 법을 말하기도 하고, 신통변화를 나타내기도 하여, 그 마음을 깨닫게 하여 성숙케 하기도 하고, 같은 형상으로 변화하여 함께 있으면서 성숙케 하기도 하노라.

선남자여, 나는 이 대비행문을 수행하여 모든 중생을 구호하려 한다. 모든 중생이 험난한 길에서 공포를 여의며, 번뇌의 공포·미혹한 공포·속박될 공포·살해될 공포·빈궁한 공포·생활하지 못할 공포·나쁜 이름 얻을 공포·죽을 공포·여러 사람 앞에서의 공포·나쁜 곳에 태어날 공포·캄캄한 속에서의 공포·옮겨 다닐 공포·사랑하는 이와 이별할 공포·원수를 만날 공포·몸을 핍박하는 공포·마음을 핍박하는 공포·근심 걱정의 공포를 여의어지이다 하노라.

또 원하기를, 여러 중생이 나를 생각하거나 나의 이름을 일컫거나 나의 몸을 보거나 하면, 다 모든 공포를 면하여지이다 하노라.

선남자여, 나는 이런 방편으로써 중생들의 공포를 여의게 하고, 다시 가르쳐서 아뇩다라삼먁삼보리심을 내고 영원히 물러가지 않게 하노라.

선남자여, 나는 다만 이 '보살의 대비행문[菩薩大悲行門]'을 얻었을 뿐, 저 보살 마하살들의 공덕행이야 다 어떻게 말하겠는가.

그때 동방에 한 보살이 있었으니 이름이 정취(正趣)라, 관자재보살 처소로 오니, 관자재보살이 선재동자에게 말씀하였다.

선남자여, 그대는 정취보살이 여기 오는 것을 보는가.

선남자여, 그대는 그에게 가서 보살이 어떻게 보살행을 배우며 보살도를 닦는지 묻도록 하라.

㉙ 정취보살(正趣菩薩)

이때 선재동자는 가르침을 받들고 곧 그 보살이 계신 데 나아가 그의 발에 엎드려 절하고 합장하고 서서 보살도를 여쭈었다.

정취보살이 말하였다.

선남자여, 나는 보살의 해탈을 얻었으니 이름이 넓은 문 빠른 행〔普門速疾行〕이니라.

선재동자가 말하였다.

거룩하신 이여, 어느 부처님에게서 이 법문을 얻었으며, 떠나 오신 세계는 여기서 얼마나 멀며, 떠나오신 지는 얼마나 오래되었나이까.

정취보살이 말씀하였다.

선남자여, 이 일은 알기 어려우니라.

선남자여, 나는 동방 묘장(妙藏)세계의 보승생(普勝生)부처님 계신 데로부터 이 세계에 왔으며, 그 부처님 처소에서 이 법문을 얻었고, 거기서 떠난 지는 말할 수 없이 말할 수 없는 부처세계의 티끌수 겁을 지냈느니라. 낱낱 찰나마다 말할 수 없이 말할 수 없는 세계의 티끌수 걸음을 걸었고, 낱낱 걸음마다 말할 수 없이 말할 수 없는 세계의 티끌수 부처의 세계를 지나 왔는데, 낱낱 부처님 세계마다 모두 들어 가서 그 부처님께 아름다운 공양거리로 공양하였으니, 그 공양 거리는 모두 위없는 마음으로 이룬 것이며, 지음이 없는 법으로 인정한 것이며, 여러 여래께서 인가한 것이며, 모든 보살이 찬탄하는 것이니라.

선남자여, 나는 또 저 세계의 모든 중생을 보고 그 마음을 다 알며 그 근성을 다 알고, 그들의 욕망과 이해를 따라서 몸을 나타내어 법을 말하는데, 광명을 놓기도 하고 재물을 보시하기도 하여 가지가지 방편으로 교화하고 조복하여 조금도 쉬지 아니하였노라. 동방에서와 같이 남·서·북방과 네 간방과 상방·하방에서도 그와 같이 하였느니라.

선남자여, 나는 다만 이 '보살의 넓은 문 빠른 행의 해탈〔菩薩普疾行解脫〕' 얻었으므로 빨리 걸어 모든 곳에 이르거니와, 저 보살마하살들의 공덕행이야 다 어떻게 말하겠는가.

선남자여, 여기서 남쪽 타라발저(墮羅鉢底)성에 대천(大天)신이 있으니, 그대는 그에게 가서 보살이 어떻게 보살행을 배우며 보살도를 닦는지 묻도록 하라.

㉚ 대천신(大天神)

선재동자는 그 성에 이르러 대천신에게 가서 보살도를 물었다.

대천신이 말씀하였다.

선남자여, 모든 보살은 보기 어렵고 듣기 어렵고 세간에 나오는 일이 드물어서 만나기 어려우니, 오직 몸과 말과 뜻에 허물이 없는 이라야 그 형상을 보고 그 변재를 들으며 항상 앞에 나타나시느니라.

선남자여, 나는 이미 보살의 해탈을 성취하였으니 이름이 구름그물〔雲網解脫〕이니라.

선재가 말하였다.

거룩하신 이여, 구름 그물 해탈의 경계가 어떠하나이까.

이때 대천은 선재동자 앞에 금더미와 은더미 등을 수없이 나타내고 말씀하였다.

선남자여, 이 물건을 가져다가 여래에게 공양하여 복덕을 닦고, 또 모든 중생에게 보시하여 그들로 하여금 보시바라밀을 배우고 버리기 어려운 것들을 버리게 하라.

선남자여, 내가 그대에게 이런 물건을 보여 주고 그대로 하여금 보시를 행하게 하듯이, 모든 중생을 위하여서도 그렇게 하며, 이 선근으로써 삼보와 선지식에게 공양하고 공경하여 착한 법을 증장케 하고 위없는 보리심을 내게 하느니라.

선남자여, 어떤 중생이 다섯 가지 욕락을 탐하여 방일하는 이에게는 부정한 경계를 보여 주고, 성 잘내고 교만하여 언쟁을 좋아하는 이에게는 매우 무서운 형상을 보여 주고, 혼미하고 게으른 이에게는 국왕의 법과 도적과 수재·화재와 중대한 질병을 보여서 두려운 마음을 내고 근심과 고통을 알아서 스스로 힘쓰게 하노라.

이러한 가지가지 방편으로써 모든 착하지 못한 행동을 버리고 착한 법을 닦게 하며, 바라밀을 구족케 하며, 모든 험하고 어려운 길을 벗어나서 장애가 없는 곳에 이르게 하느니라.

선남자여, 나는 다만 이 '구름 그물 해탈〔雲網解脫〕'만 알 뿐, 저 보살 마하살들의 공덕행이야 다 어떻게 말하겠는가.

선남자여, 이 염부제(閻浮提) 마가다국(摩竭提國)의 보리도량〔菩提場〕에 안주(安住)라는 땅 맡은 신〔主地神〕이 있으니, 그대는 그에게 가서 보살이 어떻게 보살행을 배우고 보살도를 닦느냐고 물을지니라.

선재동자는 대천신의 발에 절하고 하직하였다.

㉛ 안주신(安住神)

선재동자가 점점 걸어서 마가다국의 보리도량에 있는 안주신의 처소에 갔다. 백만의 땅 맡은 신들이 함께 있었다.

안주신이 선재에게 말씀하였다.

잘 왔도다. 동자여, 그대가 이 땅에서 일찍이 선근을 심었으므로 내가 나타내려 하니, 그대는 보려는가.

선재동자가 땅 맡은 신의 발에 절하고 말하였다.

거룩하신 이여, 보려 하나이다.

이때 안주신이 발로 땅을 눌러서 백천 아승지 보배 광이 저절로 솟아 오르게 하고 말씀하였다.

선남자여, 이 보배 광은 그대를 따라다니는 것이다. 이것은 그대가 옛적에 심은 선근의 과보며, 그대의 복력으로 유지하는 것이니, 그대는 뜻대로 수용할지니라.

선남자여, 나는 보살의 해탈을 얻었으니 이름은 깨뜨릴 수 없는 지혜 광〔不可壞智慧藏〕이라. 항상 이 법으로 중생들을 성취하느니라.

선남자여, 내가 생각하니 연등부처님 때로부터 항상 보살을 따라서 공경하고 호위하였으며, 지나간 옛적 달당기겁의 묘안(妙眼) 부처님에게서 이 법문을 얻었노라.

선남자여, 이 법문을 처음 얻고부터 현겁에 이르기까지 그 동안 말할 수 없이 말할 수 없는 세계의 티끌수 여래·응공·정등각을 만나서 받들어 섬기고 공경하고 공양하였으며, 또 저 부처님들이 보리좌에 나아가 큰 신통을 나타내심을 보았으며, 또 그 부처님들이 가지신 모든 공덕과 선근을 보았느니라.

　선남자여, 나는 다만 이 '깨뜨릴 수없는 지혜 광 법문〔不可壞智慧藏法門〕'만 알 뿐, 저 보살 마하살들의 공덕행이야 어떻게 다 말하겠는가.

　선남자여, 이 염부제 마가다국의 가비라성(迦毘羅城)에 밤 맡은 신〔主夜神〕이 있으니, 이름이 바산바연지(婆珊婆演底)니라. 그대는 그에게 가서 보살이 어떻게 보살행을 배우며 보살도를 닦느냐고 물을지니라.

　㉜ 바산바연지주야신(婆珊婆演底主夜神)
　선재동자가 그 가비라성에 이르렀다.

　동문으로 들어가서 잠깐 섰는 동안에 해는 문득 넘어가고, 마음에 보살의 가르침을 순종하면서 저 밤 맡은 신을 보려 하며 선지식은 여래와 같다는 생각을 하였다.

　이렇게 생각하다가 그 밤 맡은 신이 허공에 있는 보배 누각의 향연화장(香蓮華藏) 사자좌에 앉은 것을 보았다.

　선재동자는 매우 기뻐서 땅에 엎드려 밤 맡은 신의 발에 절하고 수없이 돌고 합장하고 보살도를 여쭈었다.

　그때 그 밤 맡은 신이 선재동자에게 말씀하였다.

　선남자여, 그대는 깊은 마음으로 선지식을 공경하여 그 말을 듣고 가르치는 대로 수행하니, 결정코 아뇩다라삼먁삼보리를 얻으리라.

　선남자여, 나는 보살의 모든 중생의 어둠을 깨뜨리는 법 광명의 해탈〔菩薩破一切衆生暗法光明解脫〕을 얻었노라.

　나는 나쁜 꾀를 가진 중생에게는 크게 인자한 마음을 일으키고,

착하지 못한 업을 짓는 중생에게는 크게 가엾이 여기는 마음을 일으키고, 착한 업을 짓는 중생에게는 기뻐하는 마음을 일으키고, 착하고 나쁜 두 가지 행을 하는 중생에게는 둘이 아닌 마음을 일으키고, 잡되고 물든 중생에게는 깨끗함을 내게 하는 마음을 일으키고, 삿된 길로 가는 중생에게는 바른 행을 내게 하는 마음을 일으키고, 용렬한 이해를 가진 중생에게는 큰 이해를 내게 하는 마음을 일으키고, 생사를 좋아하는 중생에게는 윤전(輪轉)을 버리게 하는 마음을 일으키고, 이승의 길에 머문 중생에게는 온갖 지혜에 머물게 하는 마음을 일으키노라. 나는 이 해탈문을 얻었으므로 항상 이런 마음과 서로 응하느니라.

선남자여, 나는 밤이 깊고 사람이 고요하여 귀신과 도둑과 나쁜 중생들이 쏘다닐 때에나, 구름이 끼고 안개가 자욱하고 태풍이 불고 악수가 퍼붓고 해와 달과 별빛이 어두워 지척을 분별 못할 때에, 중생들이 바다에 들어가거나, 육지에 다니거나, 삼림 속에나, 거친 벌판에나, 험난한 곳에서 도둑을 만나거나, 양식이 떨어졌거나, 방향을 모르거나, 길을 잃었거나 해서, 놀라고 황겁하여 벗어나지 못하는 이를 보고는 가지가지 방편으로 구제하여 주노라.

선남자여, 모든 중생이 나쁜 길에 떨어지게 되는 것을 여러 가지 방편으로 구호하여 바른 소견에 들어서 인간이나 천상에 나게 하노라.

그리고 다시 생각하기를 '내가 이 나쁜 길에 떨어질 중생을 구원하는 것처럼, 모든 중생을 널리 구원하여 온갖 괴로움에서 해탈하고 바라밀인, 세상에서 벗어나는 성인의 도에 머물러서 온갖 지혜에서 물러가지 않게 하며, 보현의 서원을 갖추어 온갖 지혜에 가까워지며, 보살의 행을 버리지 않고 부지런히 모든 중생을 교화하게 하여지이다'하노라.

　선남자여, 나는 다만 이 '보살이 모든 중생의 어둠을 깨뜨리는 법 광명의 해탈〔菩薩破一切衆生暗法光明解脫〕'만 알 뿐이다.

　선남자여, 이 염부제 마가다국 보리도량에 밤 맡은 신이 있으니 이름이 보덕정광(普德淨光)이다. 나는 본래 그에게서 아뇩다라삼먁삼보리심을 내었고, 그가 항상 묘한 법으로 나를 깨우쳐 주었느니라. 그대는 그에게 가서 보살이 어떻게 보살의 행을 배우며 보살도를 닦는지 묻도록 하라.

㉝ 보덕정광주야신 普德淨光主夜神)
　선재동자가 보덕정광(普德淨光) 밤 맡은 신에게 이르러 보살도를 여쭈었다.

　밤 맡은 신이 대답하였다.

　선남자여, 보살이 열 가지 법을 성취하면, 능히 보살의 행을 원만히 하느니라. 무엇이 열인가. 하나는 청정한 삼매를 얻어 모든 부처님을 항상 봄이요, 둘은 청정한 눈을 얻어 모든 부처님의 잘생긴 모습으로 장엄함을 관찰함이요, 셋은 모든 여래의 한량없고 가없는 공덕의 큰 바다를 앎이요, 넷은 법계와 평등한 한량없는 부처님 법의 광명 바다를 앎이요, 다섯은 모든 여래의 털구멍마다의 중생 수효와 같은 큰 광명 바다를 놓아 한량없는 중생을 이익함이요, 여섯은 모든 여래의 털구멍마다 모든 보배빛 광명 불꽃 내는 것을 봄이요, 일곱은 생각마다 모든 부처님의 변화하는 바다를 나타내어 법계에 가득하고 모든 부처의 경계에 끝까지 이르러 중생을 조복함이요, 여덟은 부처님의 음성을 얻고 모든 중생의 말과 같아서 세상 온갖 부처님의 법륜을 굴림이요, 아홉은 모든 부처님의 그지없는 명호 바다를 앎이요, 열은 모든 부처님께서 중생을 조복하시는 불가사의하고 자재한 힘을 앎이니라.

선남자여, 나는 보살의 해탈을 얻었으니 이름이 고요한 선정의 낙으로 두루 다님〔菩薩寂靜禪定樂普遊步〕이다. 삼세 모든 부처님을 두루 뵙고 또한 그 부처님들의 청정한 국토와 도량에 모인 대중과, 신통과 명호와 법을 말함과 수명과 말씀과 모습이 각각 같지 아니함을 모두 보고 집착함이 없느니라.

왜냐면 모든 여래가 가신 것이 아니니 세간의 길이 아주 없어진 까닭이며, 오신 것이 아니니 체성이 남이 없는 까닭이며, 나신 것이 아니니 법신이 평등한 까닭이며, 멸하신 것이 아니니 나는 모양이 없는 까닭이며, 진실한 것이 아니니 환과 같은 법에 머무는 까닭이며, 허망한 것이 아니니 중생을 이익케 하는 까닭이며, 변천하는 것이 아니니 생사를 초월한 까닭이며, 무너지는 것이 아니니 성품이 변하지 않는 까닭이며, 한 모양〔一相〕이니 말을 여읜 까닭이며, 모양이 없으니 성품과 모양이 본래 공한 까닭이니라.

선남자여, 내가 이와 같이 모든 여래를 아는 때에, 보살의 고요한 선정의 낙으로 두루 다니는 해탈문도 분명하게 알고 성취하고 자라게 하였노라.

모든 망상 분별을 일으키지 않고 대비로 모든 중생을 구호하고 한결같은 마음이 흔들리지 않고 초선(初禪)을 닦았으며, 뜻으로 짓는 모든 업을 쉬고 모든 중생을 거두어 주며 지혜의 힘이 용맹하고 기쁜 마음이 매우 즐거워 제이선(第二禪)을 닦았으며, 모든 중생의 자성을 생각하고 생사를 여의어 제삼선(第三禪)을 닦았으며, 모든 중생의 온갖 고통과 번뇌를 모두 멸하여 제사선(第四禪)을 닦았노라.

그래서 모든 지혜와 서원을 증장하고 원만하며, 모든 삼매 바다를 내고, 보살들의 해탈 바다의 문에 들어가며 모든 신통에 유희하고 모든 변화를 성취하여, 청정한 지혜로 법계에 두루 들어갔느니라. 나는 이 해탈을 닦을 때 갖가지 방편으로 중생을 성취하였노라.

선남자여, 나는 다만 이 '보살의 고요한 선정의 낙으로 두루 다니는 해탈문〔菩薩寂靜禪定樂普遊步解脫門〕'을 얻었거니와, 저 보살마하살들의 행이야 다 어떻게 말하겠는가.

선남자여, 여기서 멀지 않은 보리 도량의 오른쪽에 밤 맡은 신이 있으니 이름이 희목관찰중생(喜目觀察衆生)이라. 그대는 그에게 가서 어떻게 보살행을 배우며, 보살도를 닦는지 묻도록 하라.

그때 보덕정광 밤 맡은 신이 이 해탈의 뜻을 다시 펴려고 선재동자에게 게송을 말씀하였다. 선재동자는 그 게송을 듣고 그의 발에 엎드려 절하고 물러갔다.

㉞ 희목관찰중생주야신(喜目觀察衆生主夜神)

이때 선재동자는 선지식의 가르침을 공경하고 선지식의 말을 실행하면서 희목관찰중생 밤 맡은 신에게 나아갔다. 그 신은 여래의 대중이 모인 도량에서 연화장 사자좌에 앉아 큰 세력으로 널리 기쁘게 하는 당기 해탈〔大勢力普喜幢解脫〕에 들어갔다. 그 몸에 있는 털구멍마다 한량없는 화신(化身) 구름을 내어 그들에게 알맞은 묘한 음성으로 법을 말하여 한량없는 중생들을 두루 거두어 주어 환희하며 이익을 얻게 하였다.

　이때 선재동자는 위에 나타낸 모든 희유한 일을 보고 듣고는, 생각생각에 관찰하고 생각하고 이해하여 깊이 들어가 편안하게 머물렀으며, 부처님의 위신력과 해탈의 힘을 입고 보살의 불가사의한 큰 세력으로 널리 기쁘게 하는 당기의 자재한 힘을 내는 해탈을 얻었다.

　그때 선재동자는 이 해탈을 얻고 마음이 환희하여 합장하고 희목관찰중생 밤 맡은 신을 향하여 게송으로 찬탄하였다. 그리고 밤 맡은 신에게 아뇩다라삼먁삼보리심을 내신 것은 어느 때이며, 이 해탈을 얻은 지는 얼마나 오래 되었는지 물었다.

　밤 맡은 신이 게송으로 대답하였다.

　지난 세월 수많은 겁 전에 왕의 딸로서 밤 맡은 신의 깨우침을 받고 부처님을 뵈옵고 아뇩다라삼먁삼보리심을 내었으며, 그때부터 세계의 티끌수 겁을 지내오면서 나쁜 길에는 떨어지지 않고, 항상 인간이나 천상에 태어나서 모든 곳에서 부처님을 만났으며, 묘등공덕당(妙燈功德幢) 부처님 때에 이르러서 이 큰 세력으로 널리 기쁘게 하는 당기 해탈을 얻었고, 이 해탈로써 이렇게 모든 중생을 이익케 하였다고 한다.

　이어서 희목관찰중생 밤 맡은 신은 다만 이 '큰 세력으로 널리 기쁘게 하는 당기 해탈문〔大勢力普喜幢解脫門〕'만 얻었을 뿐, 보살마하살의 한량없는 공덕행은 거기 모인 대중 가운데 있는 보구중생묘덕 밤 맡은 신에게 묻도록 하였다.

㉟ 보구중생묘덕주야신(普救衆生妙德主夜神)

선재동자가 보구중생묘덕 밤 맡은 신이 있는 데 나아가니, 그 밤 맡은 신은 선재동자를 위하여 보살이 중생을 조복하는 해탈의 신통한 힘을 보이고, 여러 가지 거룩한 몸매로 몸을 장엄하며, 양미간으로 큰 광명을 놓으니 이름이 지혜 등불 두루 비추는 청정한 당기이다. 한량없는 광명으로 권속을 삼았으며, 그 광명이 모든 세간을 비추고는 선재동자의 정수리로 들어가서 온 몸에 가득하였다.

선재동자는 그때에 곧 끝까지 청정한 바퀴 삼매를 얻었으며, 이 삼매를 얻고는 모든 세계가 차별함을 보았다. 그 모든 세계의 여러 길에서 밤 맡은 신을 보았는데, 온갖 때와 곳에서 여러 중생의 형상과 말과 행동과 이해를 따라서 방편으로 그들의 앞에 나타나 그들에게 알맞게 교화하였다. 그 밤 맡은 신이 보살의 장엄한 모습을 버리고 본래의 형상을 회복하면서도 그 자유자재한 신통의 힘은 버리지 아니하였다.

그때 선재동자는 공경 합장하고 한 곁에 물러가서 게송으로 찬탄하고 밤 맡은 신에게 여쭈었다.

이 해탈은 깊고 깊어 희유합니다. 이름은 무엇이며, 이 해탈을 얻으신 지는 얼마나 오래되었으며, 어떠한 행을 닦아서 청정하게 되었나이까.

밤 맡은 신이 대답하고는 다시 게송으로 말씀하였다.

　　수미산 티끌수 겁 동안
　　계신 여러 부처님
　　세간의 등불이시니

내가 모두 공양하였고

　　부처님 세계 티끌수 겁에
　　출현하신 부처님들을
　　내가 다 공양하고서
　　이 해탈문에 들어갔노라.

　나는 다만 '보살이 온갖 세간에 나타나서 중생을 조복하는 해탈〔菩薩普現一切世間調伏衆生解脫〕'만 얻었을 뿐이다.
　여기서 멀지 않은 곳에 밤 맡은 신이 있으니 이름이 적정음해(寂靜音海)라, 마니 광명 당기 장엄 연꽃 자리에 앉았으니, 백만 아승지 밤 맡은 신들이 앞뒤로 둘러 쌌느니라. 그대는 그에게 가서 보살이 어떻게 보살행을 배우며 보살도를 닦느냐고 물을지니라.

㊱ 적정음해주야신(寂靜音海主夜神)
　선재동자가 적정음해 밤 맡은 신에게로 가서, 보살도를 물었다.
　밤 맡은 신이 선재동자에게 말씀하였다.
　선남자여, 그대가 능히 선지식을 의지하여 보살의 행을 구하려 하는구나. 나는 보살의 생각생각마다 광대한 기쁨을 내는 장엄 해탈문〔菩薩念念出生廣大喜莊嚴解脫門〕을 얻었노라.
　선재동자가 여쭈었다.
　매우 거룩하신 이여, 그 해탈문은 무슨 사업을 지으며 무슨 경계를 행하며 무슨 방편을 일으키며 무슨 관찰을 하나이까.
　선남자여, 나는 청정하고 평등한 좋아하는 마음을 내며 내지 모든 중생이 다 기쁨을 받게 하려는 마음을 내었다. 이런 마음을 내고는 다시 법을 말하여 그들로 하여금 차츰차츰 온갖 지혜의 지위로 이르게 하노라.

선남자여, 나는 이러한 한량없는 법보시로 중생들을 거두어 주되, 가지가지 방편으로 교화하고 조복하여 나쁜 길을 여의고 인간이나 천상의 낙을 받게 하며 세 세계의 속박을 벗어나 온갖 지혜에 머물게 한다. 그때에 나는 크나큰 즐거움과 법의 광명 바다를 얻고 마음이 화창하며 편안하고 희열하였노라.

선남자여, 나는 모든 도량에 모인 보살 대중을 항상 관찰하여 그들이 갖가지 원과 행을 닦으며 내지 갖가지 장엄한 자리에 앉았음을 알며, 이 도량에 모인 대중을 관찰하여 부처님의 신통한 힘이 한량없고 가 없음을 알며, 비로자나 여래께서 생각생각마다 불가사의한 청정한 색신을 나타내심을 관찰하여 보고는 매우 환희함을 내노라.

그때 선재동자가 밤 맡은 신에게 여쭈었다.

큰 성인이시여, 어떻게 수행하여서 이 해탈을 얻었나이까.

밤 맡은 신이 대답하였다.

선남자여, 보살의 열 가지 큰 법장을 닦아 행하면 이 해탈을 얻느니라. 첫째는 보시하는 광대한 법장을 닦아서 중생의 마음을 따라서 모두 만족케 한다. 둘째는 계행을 깨끗이 지니는 광대한 법장을 닦아서 모든 부처님의 공덕 바다에 들어간다. 셋째는 참는 광대한 법장을 닦아서 모든 법의 성품을 두루 생각한다. 넷째는 꾸준히 노력하는 광대한 법장을 닦아서 온갖 지혜에 나아가 물러가지 않는다. 다섯째는 선정의 광대한 법장을 닦아서 모든 중생의 시끄러움을 없앤다. 여섯째는 반야의 광대한 법장을 닦아서 모든 법 바다를 두루 안다. 일곱째는 방편의 광대한 법장을 닦아서 모든 중생들을 성숙케 한다. 여덟째는 서원의 광대한 법장을 닦아서 모든 세계와 모든 중생 바다에 두루하여 오는 세월이 끝나도록 보살의 행을 수행한다. 아홉째는 힘의 광대한 법장을 닦아서 잠깐 동안에 모든 법계 바다에 나타나서 모든 국토에서 등정각을 이루어 쉬지 아니한다. 열째는 깨끗한 지혜의 광대한 법장을 닦아서 여래의 지혜를 얻고, 세 세상의 모든 법을 두루 알아 막힘이 없는 것이다. 만일 모든 보살들이 이러한 열 가지 큰 법장에 편안히 머무르면, 곧 해탈을 얻어 청정하고 원만하게 되리라.

선재동자가 여쭈었다.

거룩하신 이께서 아뇩다라삼먁삼보리심을 내신 지는 얼마나 오래되었나이까.

밤 맡은 신이 말씀하였다.

선남자여, 나는 지나간 옛적 두 세계의 티끌수 겁 전에 청정하고 빛난 금 장엄 세계에서 보리수신이 되어 불퇴전법계음(不退轉法界音)여래의 법문을 듣고 아뇩다라삼먁삼보리심을 내었고, 보살의 행을 닦았으며, 그런 뒤에 이 사바세계의 현겁에 태어나서 가라구손타(迦羅鳩孫馱) 부처님으로부터 석가모니 부처님까지 그렇게 친근하고 공양하였으며, 오는 세상의 부처님께도 그렇게 친근하고 공양할 것이다.

선남자여, 나는 다만 '생각생각마다 광대한 기쁨으로 장엄한 해탈〔念念出生廣大喜莊嚴解脫〕'만 알 뿐, 저 보살 마하살들의 공덕행이야 어떻게 다 말하겠는가.

이 보리장의 여래회 가운데 한 밤 맡은 신이 있으니, 이름은 수호일체성증장위력(守護一切城增長威力)이니라. 그대는 그에게 가서 보살도를 묻도록 하라.

이때 선재동자는 한결같은 마음으로 적정음해 밤 맡은 신의 몸을 관찰하면서 게송을 말하고 그의 발에 엎드려 절하고 떠났다.

㊲ 수호일체성주야신(守護一切城主夜神)

선재동자가 수호일체성 밤 맡은 신이 있는 데로 나아갔다. 그 밤 맡은 신은 모든 보배 광명 마니왕으로 된 사자좌에 앉았고 수없는 밤 맡은 신들이 둘러 모셨는데, 중생의 빛깔인 몸을 나타내며, 중생을 널리 대하는 몸을 나타내며, 세간에 물들지 않는 몸을 나타내며, 중생의 몸 수효와 같은 몸을 나타내며, 세간을 초과한 몸을 나타내며, 중생을 성숙시키는 몸을 나타내며, 시방에 빨리 가는 몸을 나타내며, 시방을 두루 포섭하는 몸을 나타내며, 끝까지 여래의 성품에 이른 몸을 나타내며, 끝까지 중생을 조복하는 몸을 나타내는 것을 보았다.

선재동자는 그것을 보고 환희하며 합장하고 보살도를 물었다.

밤 맡은 신이 선재동자에게 말씀하였다.

선남자여, 나는 보살의 매우 깊고 자유자재한 묘한 음성의 해탈〔菩薩甚深自在妙音解脫〕을 얻었다. 큰 법사가 되어 거리낌 없으니 모든 부처님의 법장을 잘 열어 보이며, 큰 서원과 큰 자비의 힘을 갖추었으니 모든 중생으로 하여금 보리심에 머물게 하며, 중생을 이익케 하는 모든 일을 지으니 선근을 쌓아 쉬지 아니하며, 모든 중생을 지도하는 스승이 되었으니 모든 중생으로 하여금 살바야

(薩婆若)의 도에 머물게 하며, 모든 세간의 청정한 법의 해〔法日〕가 되니 세간에 두루 비치어 선근을 내게 하며, 모든 세간에 마음이 평등하니 여러 중생들의 착한 법을 증장케 하며, 모든 경계에 마음이 청정하니 모든 착하지 못한 업을 없애며, 모든 중생을 이익케 하려고 서원하니 몸이 항상 모든 국토에 나타나며, 온갖 본사(本事)의 인연을 나타내니 여러 중생들을 착한 행에 머물게 하며, 모든 선지식을 섬기니 중생들을 불교에 머물게 하려는 까닭이니라.

　선남자여, 나는 이러한 깨끗한 법의 광명으로 모든 중생을 이익케 하여 선근과 도를 돕는 법을 모으게 할 때에 열 가지로 법계를 관찰하였느니라. 이른바 법계가 한량없음을 아나니, 광대한 지혜의 광명을 얻는 까닭이다. 법계가 그지없음을 아나니, 모든 부처님의 알고 보시는 것을 아는 까닭이다. 법계가 한정이 없음을 아나니, 모든 부처님의 국토에 들어가서 여래께 공경하고 공양하는 까닭이다. 법계가 가 없음을 아나니, 모든 법계 바다 속에서 보살행 닦음을 보이는 까닭이다. 법계가 끊임이 없음을 아나니, 여래의 끊이지 않는 지혜에 들어가는 까닭이다.

　법계가 한 성품임을 아나니, 여래의 한결같은 음성을 모든 중생이 다 아는 까닭이다. 법계의 성품이 깨끗함을 아나니, 여래의 서원이 모든 중생을 두루 제도함인 줄을 통달하는 까닭이다. 법계가 중생에게 두루함을 아나니, 보현의 묘한 행이 다 두루하는 까닭이다. 법계가 한 가지로 장엄함을 아나니, 보현의 묘한 행이 잘 장엄하는 까닭이다. 법계가 파괴할 수 없음을 아나니, 온갖 지혜의 선근이 법계에 가득하여 파괴할 수 없는 까닭이니라.

　선남자여, 나는 여래의 차별없는 법계문 바다에 들어가서 위없는 법을 말하여 중생들을 두루 거두어서 오는 세월이 끝나도록 보현행에 머물게 하노라.

선남자여, 나는 이 매우 깊고 자유자재한 묘한 음성 해탈을 성취하였으므로 생각생각마다 모든 법계에 가득하노라.

이때 선재동자가 밤 맡은 신에게 그 해탈문을 얻은 지 얼마나 오래되었는지 물었다.

밤 맡은 신이 대답하였다.

선남자여, 세계의 티끌수 겁 동안에 부처님들이 세상에 나시는 이들을 내가 다 공양하고 그 법을 수행하였다. 나는 그때부터 나고 죽는 밤중 어두운 무명 속에 있는 중생들 가운데 홀로 깨서, 중생들로 하여금 마음성〔心城〕을 수호하고 세 세계의 성을 버리게 하며, 온갖 지혜의 위없는 법의 성에 머물게 하였느니라.

선남자여, 나는 다만 이 '매우 깊고 자유자재한 묘한 음성의 해탈〔甚深自在妙音解脫〕'을 알아서, 세간사람들로 하여금 희롱거리 말을 여의고 두 가지 말을 하지 않으며, 진실한 말과 청정한 말을 하게 할 뿐이니, 저 보살 마하살들의 무량공덕행이야 다 어떻게 말하겠는가.

선남자여, 이 부처님 회중에 개부일체수화(開敷一切樹華) 밤 맡은 신이 있으니, 그대는 그에게 가서 보살도를 묻도록 하라.

㊳ 개부일체수화주야신(開敷一切樹華主夜神)

선재동자가 개부일체수화 밤 맡은 신〔開敷一切樹華主夜神〕에게 나아가 보니, 보배 향나무로 지은 누각 안에 묘한 보배로 만든 사자좌에 앉았는데, 백만의 밤 맡은 신이 함께 모시고 있었다.

선재동자는 그의 발에 예배하고 보살행을 여쭈었다.

밤 맡은 신이 말씀하였다.

선남자여, 나는 이 사바세계에서 해가 지고 연꽃이 오무리어 사람들이 구경하던 일을 파할 때, 여러 가지 산이나 물이나 성지나 벌판 등지에 있던 여러 중생들이 모두 그들의 있던 데로 돌아가려는 이들을 보면 내가 가만히 보호하여 바른 길을 찾게 하며 가려는 곳에 가서 밤을 편안히 지내게 하노라.

선남자여, 어떤 중생이 한창 나이에 혈기가 왕성하며 교만하고 방탕하여 오욕락을 마음껏 즐기면, 나는 그에게 늙고 병들어 죽는 일을 보이어 두려운 생각을 내고 나쁜 짓을 버리게 한다. 다시 가지가지 선근을 칭찬하여 닦아 익히게 하는데, 인색한 이에게는 보시를 찬탄하고, 파계하는 이에게는 청정한 계율을 칭찬하고, 성 잘 내는 이에게는 인자한 데 머물게 하고, 해칠 마음을 가진 이에게는 참는 일을 하게 하고, 게으른 이에게는 정진하게 하고, 산란한 이에게는 선정을 닦게 하고, 나쁜 꾀를 가진 이에게는 반야를 배우게 하고, 소승을 좋아하는 이는 대승에 머물게 하고, 세 세계의 여러 길을 좋아하는 이는 보살의 서원 바라밀에 머물게 하며, 만일 중생이 복과 지혜가 미약하여 번뇌와 업의 핍박으로 걸림이 많은 이는 보살의 힘 바라밀에 머물게 하며, 만일 중생이 마음이 어두워 지혜가 없으면 보살의 지혜 바라밀에 머물게 하노라.

선남자여, 나는 이미 보살의 큰 기쁨을 내는 광명의 해탈문〔菩薩出生廣大喜光明門〕을 성취하였노라.

선재동자가 그 해탈문의 경계를 묻자, 밤 맡은 신이 말씀하였다.

선남자여, 이 해탈에 들어가면 여래께서 중생들을 두루 거두어 주시는 교묘한 방편 지혜를 아느니라.

어떤 것이 두루 거두어 주는 것인가. 선남자여, 모든 중생이 받는 여러 가지 즐거움은 모두 여래의 위덕의 힘이니, 여래의 가르침을 순종하며, 여래의 말씀을 실행하며, 여래의 힘을 배우며, 여래의 두호하는 힘을 얻으며, 여래의 인가하는 도를 닦으며, 여래의 행하던 착한 일을 심으며, 여래의 말씀한 법을 의지하며, 여래의 지혜의 햇빛으로 비추며, 여래의 성품이 깨끗한 업의 힘으로 거두어 주시는 까닭이니라.

선남자여, 나는 다만 이 '보살의 광대한 기쁜 광명을 내는 해탈문〔菩薩出生廣大喜光明門解脫門〕'만 알 뿐, 저 보살 마하살들의 공덕행이야 어떻게 다 말하겠는가. 그대는 이 도량 안에 있는 대원정진력구호일체중생(大願精進力救護一切衆生) 밤 맡은 신에게 가서 보살행을 묻도록 하라.

㊴ 대원정진력구호일체중생주야신(大願精進力救護一切衆生主夜神)
선재동자는 대원정진력구호일체중생 밤 맡은 신에게 나아갔다.

선재동자는 큰 서원 정진하는 힘으로 모든 중생을 구호하는 밤 맡은 신을 살펴보고 열 가지 청정한 마음을 일으키며, 세계의 티끌 수같이 많은 보살과 같은 행을 얻었다. 그리하여 마음이 더욱 청정해져서 게송을 말하고 다시 여쭈었다.

크게 거룩하신 이여. 바라옵건대 말씀하소서. 이 해탈문의 이름은 무엇이며, 발심하신 지는 얼마나 오래 되었으며, 어느 때에 아뇩다라삼먁삼보리를 얻었나이까.

밤 맡은 신이 말씀하였다.

선남자여, 이 해탈문의 이름은 중생을 교화하여 선근을 내게 함〔敎化衆生令生善根〕이니, 나는 이 해탈을 성취하였으므로 모든 법의 성품이 평등함을 깨달았고, 법의 진실한 성품에 들어가 의지함이 없는 법을 증득하였으며, 세간을 여의었으면서도 모든 법의 모양이 차별함을 알고, 또 푸르고 누르고 붉고 흰 것의 성품이 실답지 아니하여 차별이 없는 것도 분명히 통달하였노라. 나는 이 해탈에 들어서 법의 성품이 차별이 없음을 알면서도 한량없는 모양의 육신을 능히 나타내어, 한량없는 중생으로 하여 아뇩다라삼먁삼보리에서 물러가지 않게 하노라.

선남자여, 나는 옛적 법륜음허공등왕 부처님 때에 대비심을 내어 몸과 목숨과 재물을 버리어서 고통받는 중생들을 구제하였고, 크게 보시하는 문을 열어 부처님께 공양하였으므로 이 해탈을 얻었노라. 이 겁에서처럼, 모든 곳 온갖 겁에 모든 부처님께서 세상에 나실 때마다 친근하고 공양하며, 법문을 듣고 모든 부처님 처소에서 이 해탈문을 닦아 익혔으며, 다시 한량없는 해탈의 방편을 얻었노라.

선남자여, 나는 다만 이 '중생을 교화하여 선근을 내게 하는 해탈문〔敎化衆生令生善根解脫門〕'만 알 뿐, 저 보살 마하살들의 공덕행이야 어떻게 다 말하겠는가.

선남자여, 이 염부제에 룸비니 숲 동산이 있고, 그 숲에 묘덕 원만(妙德圓滿) 밤 맡은 신이 있으니, 그대는 그에게 가서 보살이 어떻게 보살행을 닦아 여래의 가문에 태어나며, 세상의 빛이 되어 오는 세월이 다하도록 고달픔이 없는지 묻도록 하라.

선재동자가 그의 발에 엎드려 절하고 물러갔다.

㊵ 묘덕원만주야신(妙德圓滿主夜神)

선재동자는 점점 나아가다가 룸비니 숲에 이르러 묘덕원만 밤 맡은 신을 찾아가 보살이 어떻게 보살행을 닦으며 여래의 가문에 나서 세상의 큰 광명이 되는지를 물었다.

밤 맡은 신이 대답하였다.

선남자여, 보살이 태어나는 장이 열 가지 있나니, 만일 보살이 이 법을 성취하면 여래의 가문에 태어나서, 생각생각에 보살의 선근을 증장하며 내지 온갖 지혜의 진실한 이치를 따르게 되느니라.

무엇이 열인가. 하나는 모든 부처님께 항상 공양하기를 원하여 태어나는 장이요, 둘은 보리심을 내어 태어나는 장이요, 셋은 여러 법문을 관찰하고 부지런히 행을 닦아 태어나는 장이요, 넷은 깊고 청정한 마음으로 세 세상을 두루 비추어 태어나는 장이요, 다섯은 평등한 광명으로 태어나는 장이요, 여섯은 여래의 가문에 나게 되는 태어나는 장이요, 일곱은 부처님 힘의 광명으로 태어나는 장이요, 여덟은 넓은 지혜의 문을 관찰하여 태어나는 장이요, 아홉은 장엄을 널리 나투어 태어나는 장이요, 열은 여래의 지위에 들어가 태어나는 장이니라.

불자여, 만일 보살이 이 열 가지 법을 닦고 성취하면, 능히 한 가지 장엄 중에 갖가지 장엄을 나타내며, 이와 같이 모든 국토를 장엄하며, 모든 중생을 인도하고 깨우쳐서 오는 세월이 끝나도록 쉬지 아니하며, 모든 부처님 법바다를 연설하며, 여러 가지 경계를 여러 가지로 성숙하여 한량없는 법을 차츰차츰 전하여 오며, 헤아릴 수 없는 부처님의 자재한 힘을 나타내어 모든 허공과 법계에 가득하며, 중생의 마음으로 행하는 바다에서 법륜을 굴리며, 모든 세계에서 성불함을 나타내되 항상 끊어짐이 없으며 말할 수 없이 청정한 음성으로 모든 법을 말하여 한량없는 곳에 머무르되 통달하여 걸림이 없으며, 온갖 법으로 도량을 장엄하고, 중생의 욕망과 이해의 차별을 따라 성불함을 나타내고, 한량없는 깊은 법장을 열어 보여 모든 세간을 교화하고 성취하느니라.

선남자여, 보살이 이 열 가지 법을 갖추고 여래의 집에 태어나면 모든 세간의 청정한 광명이 되느니라. 선남자여, 나는 한량없는 오랜 겁으로부터 이 자재하게 태어나는 해탈문을 얻었노라.

선재동자가 말하였다.

거룩하신 이여, 이 해탈문의 경계는 어떠합니까.

밤 맡은 신이 대답하였다.

선남자여, 나는 먼저 발원하기를 '모든 보살이 태어날 때마다 다 친근하게 하여지이다. 비로자나 여래의 한량없는 태어나는 바다에 들어가지이다'라고 하였고, 이런 서원의 힘으로 이 세계의 염부제 가운데 룸비니 숲 동산에 나서 오로지 보살이 어느 때 하생하시는지 생각하였노라.

선남자여, 나는 다만 이 '보살의 한량없는 겁, 모든 곳에 두루 시현하여 태어나는 자재한 해탈〔菩薩於無量劫遍一切處示現受生自在解脫〕'만 알 뿐, 저 보살 마하살들의 공덕행이야 어떻게 다 말하겠는가.

선남자여, 이 가비라(迦毘羅)성 중에 석가아씨〔釋種女〕가 있으니 이름이 구바(瞿波)라. 그대는 그에게 가서 보살이 나고 죽는 속에서 어떻게 중생을 교화하는지 묻도록 하라.

㊶ 구바녀(瞿波女)

　선재동자가 가비라성을 향하여 점점 유행하여 보살들이 모여 있는 법계를 널리 나타내는 광범한 강당에 이르렀다.

　그 가운데 신이 있으니 이름이 근심없는 덕이라, 궁전을 맡은 일만 신들과 함께 와서 선재동자를 맞으면서 선재동자를 칭찬하였다. 선재동자는 법계를 널리 나타내는 광명한 강당에 들어가 보배 연꽃 사자좌에 앉은 구바녀를 보았다. 팔만사천의 시녀들이 둘러 모시었는데, 그 시녀들도 모두 왕의 가문에서 났으며, 지난 세상에 보살의 행을 닦으며 선근을 함께 심은 이들이었다.

　그때 선재동자는 석가아씨 구바녀에게 나아가 합장하고 서서 보살도를 물었다.

　구바녀가 말씀하였다.

　선남자여, 만일 보살들이 열 가지 법을 성취하면 인드라 그물 같은 넓은 지혜 광명인 보살의 행을 능히 원만히 하리라. 이른바 선지식을 의지하며, 광대하고 훌륭한 이해를 얻으며, 청정한 욕망을 얻으며, 온갖 복과 지혜를 모으며, 여러 부처님에게서 법을 들으며, 마음에 항상 삼세 부처님을 버리지 않으며, 모든 보살의 행과 같으며, 모든 여래가 보호하고 염려하며, 큰 자비와 묘한 서원이 다 청정하며, 지혜의 힘으로 생사를 모두 끊는 까닭이니라.

　불자여, 만일 보살이 선지식을 친근하면 정진하고 물러가지 아니하여 다함 없는 부처의 법을 닦아내나니, 보살은 열 가지 법으로 선지식을 친근하나니, 이른바 자기의 몸과 목숨을 아끼지 않으며, 세상의 즐거워하는 도구를 탐내어 구하지 않으며, 모든 법의 성품이 평등한 줄을 알며, 모든 지혜와 서원을 영원히 버리지 않으며,

모든 법계의 진실한 모양을 관찰하며, 마음에 모든 존재의 바다를 항상 떠나며, 법이 공함을 알고 마음에 의지함이 없으며, 모든 보살의 큰 원을 성취하며, 모든 세계 바다를 항상 나타내며, 보살의 걸림없는 지혜 바퀴를 깨끗이 닦는 것이니라. 불자여, 마땅히 이 법으로 모든 선지식을 섬기고 어기지 말지니라.

그때 구바녀는 이 뜻을 거듭 펴려고 게송을 읊고서 선재동자에게 말씀하였다.

선남자여, 나는 이미 모든 보살의 삼매 바다를 관찰하는 해탈문〔觀察一切菩薩三昧海解脫門〕을 성취하였노라.

내가 이 해탈문에 들고는, 이 사바세계에서 세계의 티끌수 겁 동안에 있는 모든 중생들이 여러 길에서 헤매는 일을 내가 다 알고 보노라.

또 저 겁 동안에 계시던 부처님 명호와 차례를 내가 다 알고, 그 부처님 세존께서 처음 발심하시던 일과 내지 중생들을 제도하시던 것을 내가 다 아노라.

또 부처님 도량에 모인 대중과, 그 대중 가운데 중생들이 옛적부터 심은 선근과 내지 해탈을 얻은 등의 모든 일을 내가 분명히 아노라.

왜냐면 나의 이 해탈은 모든 중생의 마음과 행동과 물들고 청정함과 갖가지 차별을 능히 알며, 모든 성문의 여러 삼매문과 연각의 고요한 삼매·신통·해탈과 모든 보살·모든 여래의 해탈과 광명을 모두 분명히 아는 까닭이니라.

선재동자가 구바녀에게 여쭈었다.

거룩하신 이여, 이 해탈을 얻은 지는 얼마나 오래 되었나이까.

선남자여, 지난 옛적 세계의 티끌수 겁 전에 한 겁이 있었으니 이름은 승행(勝行)이요, 세계의 이름은 무외(無畏)이며, 그 세계에 안은(安隱)이란 사천하가 있고, 그 사천하의 염부제 가운데 서울이 있으니 이름이 고승수(高勝樹)로서, 팔십 서울 중에 가장 첫째이며, 그 나라의 임금은 재주〔財主〕이니라. 그 왕에게 육만 시녀와 오백 대신과 오백 왕자가 있었는데, 태자는 이름이 위덕주(威德主)이니, 단정하고 특출하여 사람들이 보기를 좋아하였느니라.

그때 태자는 부왕의 명령을 받고 여러 가지 장엄을 갖춘 보배 수레를 타고 십천 시녀와 함께 향아원(香牙園)에 가서 구경하며 즐기었느니라. 그때 선현(善現)이라는 여인에게 구족묘덕(具足妙德)이라는 딸이 있었다. 얼굴이 단정하고, 모습이 깨끗하고, 몸과 키가 알맞고, 눈과 머리카락이 검푸르며, 소리는 범천의 음성 같고, 모든 기술을 통달하고, 변론에 정통하며, 공손하고, 부지런하여 게으르지 않고, 인자하여 남을 해롭히지 않고, 온화하며, 질직하고, 어리석음과 과욕이 없고, 아첨하거나 속이는 일이 없었다. 태자의 음성과 노래를 듣고 사랑하는 생각이 나서 어머니에게 말하였다.

나는 저 사람을 섬기고자 합니다. 만일 뜻대로 되지 않으면 자살이라도 하겠습니다.

어머니가 말하였다.

너는 그런 생각을 하지 말라. 될 수 없는 일이다. 저 태자는 전륜왕의 거룩한 모습을 구족하였으니 후일에 왕의 대를 이어 전륜왕이 되면, 보녀(寶女)가 생겨서 허공으로 자재하게 다니게 될 것이다. 우리는 미천하여 그의 배필이 될 수 없으므로 이 일은 가망이 없으니, 너는 그런 생각을 하지 말라.

그때 향아원 옆의 법구름 광명이라는 도량에 승일신(勝日身) 부처님께서 계셨으니 처녀가 잠깐 졸다가 꿈에 그 부처님을 뵈옵고 깨어나니, 공중에서 천인이 부처님 공덕을 말하였다. 묘한 덕 갖춘 처녀는 꿈에 여래를 뵙기도 하고 부처님의 공덕을 들었던 까닭에 마음이 편안하고 두려움이 없어서 태자를 만나 그 마음을 전했다. 처녀의 어머니도 딸이 태자의 배필로 마땅함을 게송으로 말하였다.

이때 태자는 향아원에 들어가서 그 모녀에게 말하였다.

착한 여인들이여, 나는 아뇩다라삼먁삼보리를 구하는 터이므로, 오는 세월이 끝나도록 한량없는 겁 동안에 온갖 지혜를 돕는 법을 모으며, 가없는 보살행을 닦으며, 모든 바라밀을 깨끗이 하며, 모든 여래에게 공양하며 내지 있는 것을 모두 보시하고 아끼는 것이 없을 것이다. 그러한 때에 그대가 나의 일을 막고, 재물을 보시할 때 아까워하고, 아들·딸을 보시할 때에 가슴 아파하고, 온 몸을 찢을 때에 마음으로 걱정하고, 그대를 버리고 출가할 때에 그대들은 뉘우칠 것이다. 만약 그대 내 마음 따른다면 나도 그대의 뜻 이루어주리다.

그때 처녀는 태자의 말씀대로 받들기로 하고, 바로 승일신 여래에게 함께 가서 공양 올리자고 하였다.

태자는 승일신 여래의 명호를 듣고 십천 시녀와 그 권속들과 함께 향아원에서 나와 법 구름 광명도량으로 향하였다. 도량에 이르러서는 수레에서 내려 부처님 계신 데 나아가 부처님을 뵈었다. 그때 태자와 구족묘덕은 각각 오백의 보배 연꽃을 부처님께 흩어 공양하였다. 태자는 부처님을 위하여 오백 절을 지었으니, 모두 향나무로 하였고 여러 가지 보배로 장엄하였으며, 오백 마니 보배로 사이사이 꾸미었다.

　부처님께서는 그들을 위하여 보안등문(普眼燈門) 수다라를 말씀하셨고, 그 법문을 듣고는 모든 법 가운데서 삼매 바다를 얻었다. 묘덕녀도 이기기 어려운 바다광 삼매를 얻고, 아뇩다라삼먁삼보리에서 영원히 물러가지 아니하였다.

　이때 태자는 묘덕녀와 권속들과 함께 부처님 발에 엎드려 절하고 궁중으로 돌아가서 부왕에게 그 사실을 여쭈었다. 왕이 듣고 마치 가난한 사람이 묻힌 갈무리를 얻은 듯 한량없이 기뻐하면서 생각하였다.

　부처님께서는 위 없는 보배여서 만나기 어려우니, 만일 부처님을 뵈오면 모든 나쁜 길의 공포를 끊을 것이다. 부처님은 의사와 같아서 모든 번뇌의 병을 다스리고 모든 생사의 고통을 구원하실 것이다. 부처님은 길잡이와 같아서 중생들을 끝까지 편안한 곳에 이르게 하실 것이다.

　이렇게 생각하고는 작은 왕과 대신들과 권속들과 크샤트리야와 바라문들 모든 대중을 모아 놓고, 왕의 지위를 태자에게 선위하면서 관정식을 마쳤다. 그리고 일만 사람과 함께 부처님 계신 데 가서 발에 엎드려 절하며 수없이 돌고, 권속들과 함께 물러가지 않았다.

　그때 여래는 그 왕과 대중들을 살펴보고, 미간백호로 큰 광명을 놓으시니 이름이 모든 세간의 마음의 등불이다. 시방 한량없는 세계를 두루 비추며 모든 세간 밤 맡은 이의 앞에 머물러 여래의 불가사의한 큰 신통을 나타내어 교화 받을 여러 중생의 마음을 청정케 하였다.

　이때 여래께서 불가사의하고 자재한 신통의 힘으로 몸을 나타내시어 모든 세간에서 뛰어나고 원만한 음성으로 대중을 위해 다라니를 말씀하시니 이름이 모든 법과 뜻이 어둠을 여읜 등불〔一切法義離闇燈〕이며, 세계의 티끌수 다라니로 권속을 삼았다. 왕은 그것을 듣고 즉시에 큰 지혜 광명을 얻었다.

그때 왕은 이렇게 생각하였다.

내가 만일 집에 있었으면 이렇게 묘한 법을 증득하지 못하려니와, 만일 부처님께 출가하여 도를 배우면 성취하게 되리라.

그리고 부처님께

"부처님을 따라 출가하여 도를 배워지이다."고 여쭈었다.

부처님께서는 왕의 마음대로 하되 시기를 알도록 하셨다. 그때 재주 왕은 십천 사람과 함께 그 부처님께 한꺼번에 출가하였고, 오래지 않아서 모든 법과 뜻이 어둠을 여읜 등불 다라니를 성취하였다.

그때 태자는 보름 동안 궁전에 있었는데, 시녀들이 둘러 호위하고 일곱 가지 보배〔七寶〕가 저절로 이르니, 하나는 바퀴 보배〔輪寶〕니 이름이 걸림 없는 행이요, 둘은 코끼리 보배〔象寶〕니 이름이 금강신이요, 셋은 말 보배〔馬寶〕니 이름이 빠른 바람이요, 넷은 구슬 보배〔珠寶〕니 이름이 햇빛광이요, 다섯은 여자 보배〔女寶〕니 이름이 묘한 덕 갖춤이요, 여섯은 곳간 맡은 대신 보배〔藏臣寶〕니 이름이 큰 재물이요, 일곱은 군대 맡은 대신 보배〔主兵寶〕니 이름이 때 여읜 눈이라. 칠보가 구족하여 전륜왕이 되어 염부제의 왕으로서 바른 법으로 세상을 다스리니 백성들이 쾌락하였다.

불자여, 그때 왕자로서 전륜왕이 되어 부처님께 공양한 이는 지금의 석가모니 부처님이요, 재주왕은 보화불(寶華佛)이시니라.

그 보화불은 지금 동방 원만광명세계의 한 도량에서 아뇩다라삼먁삼보리를 이루었으며, 말할 수 없는 세계의 티끌수 보살들에게 앞뒤로 둘러 싸여 법을 말씀하시느니라.

그때 아씨의 어머니인 잘 나타나는 이는 지금 나의 어머니 선목(善目)이시고, 그 왕의 권속들은 지금 여래 처소에 모인 대중이니, 모두 보현의 행을 닦아 큰 원을 성취하였으며, 구족묘덕녀가 위덕왕 전륜성왕과 더불어 승일신여래께 사사(四事) 공양한 이는 내 몸이었느니라.

그 부처님께서 열반하신 뒤에 그 세계에 육십억 백천 나유타 부처님께서 세상에 나시는 것을 내가 왕과 더불어 섬기고 공양하였노라. 그 마지막 부처님은 이름이 광대해(廣大解)이시니, 그 부처님께서 깨끗한 지혜의 눈을 얻으시고 서울에 들어와서 교화하시는데, 나는 왕비가 되어 왕으로 더불어 절하여 뵈옵고, 여러 가지 묘한 물건으로 공양하였으며, 그 부처님께서 모든 여래의 등불을 내는 법문을 말씀하심을 듣고, 즉시에 모든 보살의 삼매 바다의 경계를 관찰하는 해탈을 얻었노라.

불자여, 나는 다만 이 '보살의 삼매 바다를 관찰하는 해탈〔觀察一切菩薩三昧海解脫〕'만 얻었을 뿐, 보살 마하살들의 그 공덕행이야 어떻게 다 말하겠는가.

선남자여, 이 세계 안에 부처님 어머니이신 마야(摩耶)가 계시니, 그대는 그에게 가서 보살이 어떻게 보살행을 닦는지 묻도록 하라.

그때 석가아씨 구바녀가 이 해탈의 뜻을 거듭 밝히려고 게송으로 말씀하였다.

㊷ 마야부인(摩耶夫人)

그때 선재동자는 한결같은 마음으로 마야 부인 계신 데 나아가서 부처님의 경계를 관찰하는 지혜를 얻으려 하면서 이렇게 생각하였다.

이 선지식은 세간을 멀리 여의고 머무를 곳 없는 데 머물며, 내지 마치 허공과 같아서 간 데마다 걸림이 없고 세간의 눈을 뛰어났으며, 보현의 깨끗한 눈으로야 보리라. 그런데 내가 어떻게 친근하여 섬기고 공양하며, 그와 함께 있으면서 그 형상을 보고 그 음성을 듣고 그 말을 생각하고 그 가르침을 받으리오.

이렇게 생각하였을 때 보배눈〔寶眼〕성 맡은 신이 선재에게 말하였다.

선남자여, 마땅히 마음성〔心城〕을 수호할지니, 모든 나고 죽는 경계를 탐하지 않음이니라. 마음성을 장엄할지니, 여래의 열 가지 힘〔十力〕을 오로지 구함이니라. 마음성을 깨끗이 다스릴지니, 간탐하고 질투하고 아첨하고 속이는 일을 끝까지 끊음이니라. 마음성을 청량하게 할지니, 모든 법의 실제 성품을 생각함이니라. 마음성을 증장케 할지니, 모든 도를 돕는 모든 법을 이룸이니라. 마음성을 잘 꾸밀지니, 선정과 해탈 궁전을 지음이니라. 마음성을 밝게 비출지니, 모든 부처님의 도량에 널리 들어가서 반야바라밀법을 들음이니라. 마음성을 더 쌓을지니, 모든 부처님의 방편인 도를 널리 거두어 가짐이니라. 마음성을 견고하게 할지니, 보현의 행과 원을 부지런히 닦음이니라. 마음성을 방비하여 보호할지니, 나쁜 동무와 마군을 항상 방어함이니라. 마음성을 확철할지니, 모든 부처님의 지혜 광명을 열어들임이니라. 마음성을 잘 보충할지니, 모든 부처님의 말씀하신 법을 들음이니라.

마음성을 붙들어 도울지니, 모든 부처님의 공덕 바다를 깊이 믿음이니라. 마음성을 넓고 크게 할지니, 크게 인자함이 모든 세간에 널리 미침이니라. 마음성을 잘 덮을지니, 여러 가지 착한 법을 모아 그 위에 덮음이니라. 마음성을 너그러이 넓힐지니, 대비로 모든 중생을 불쌍히 여김이니라. 마음성의 문을 열지니 가진 것을 모두 버려서 알맞게 보시함이니라. 마음성을 엄밀하게 보호할지니, 모든 나쁜 욕망을 막아서 들어오지 못하게 함이니라.

마음성을 엄숙하게 할지니, 나쁜 법을 쫓아버리어 머무르지 못하게 함이니라. 마음성을 결정케 할지니, 일체 지혜로 도를 돕는 법을 모으고 항상 물러가지 아니함이니라. 마음성을 안립(安立)할지니, 삼세 모든 부처님의 가지신 경계를 바르게 생각함이니라. 마음성을 밝게 사무칠지니 모든 부처님의 바른 법륜인 수다라에 있는 법문과 갖가지 연기를 밝게 통달함이니라. 마음성을 여러 부분으로 분별할지니, 모든 중생에게 널리 알리어서 다 살바야(薩婆若)의 길을 보게 함이니라.

마음성에 머무를지니〔住持〕, 모든 삼세 여래의 큰 서원 바다를 냄이니라. 마음성을 풍부하게 할지니, 법계에 가득한 큰 복덕더미를 모음이니라. 마음성을 명료히 할지니, 중생의 근성과 욕망 등 법을 널리 앎이니라. 마음성을 자재히 할지니, 모든 시방 법계를 널리 거둠이니라. 마음성을 청정하게 할지니, 모든 부처님 여래를 바르게 생각함이니라. 마음성의 자성을 알지니 모든 법이 다 제 성품이 없는 줄을 앎이니라. 마음성이 환과 같음을 알지니, 온갖 지혜로 모든 법의 성품을 앎이니라.

불자여, 보살 마하살이 이렇게 마음성을 깨끗이 닦으면 모든 착한 법을 능히 모을 것이니, 여러 가지 장애되는 어려움을 없애는 까닭이니라. 이른바 부처님 보는 데 장애되고 법을 듣는 데 장애되고 여래께 공양올리는 데 장애되고 중생들을 거두어 주는 데 장애되고 부처님 국토를 깨끗이 하는 데 장애되는 것이니라.
　선남자여, 보살 마하살이 이러한 장애를 여읜 연고로, 만일 선지식을 구하려는 마음을 내면 공력(功力)을 쓰지 않더라도 만나게 되며, 구경에는 반드시 성불하게 되느니라.
　그때 선재동자는 그 가르침을 받아 행하면서, 큰 보배 연꽃이 땅에서 솟아나는 것을 보았는데, 금강으로 줄기가 되고 묘한 보배로 연밥 송이가 되고 마니로 잎이 되고 빛나는 보배왕으로 꽃판이 되고 여러 가지 보배빛 향으로 꽃술이 되었으며, 무수한 보배 그물이 위에 가득히 덮이었다.
　그 꽃판 위에 누각이 있으니 이름이 시방 법계를 널리 용납하는 광이다. 그 누각 안에는 여의주로 된 연꽃 자리가 있으니, 갖가지 보배로 훌륭하게 꾸며졌다.
　선재동자는 마야부인이 그 자리에 앉아 여러 중생들 앞에서 청정한 육신을 나투는 것을 보았다. 이른바 삼계를 초월한 육신이니 모든 존재의 길에서 뛰어나며, 좋아함을 따르는 육신이니 모든 세간에 집착이 없으며, 널리 두루하는 육신이니 모든 중생의 수효와 같으며, 견줄 데 없는 육신이니 모든 중생의 뒤바뀐 소견을 없애며, 종류가 한량없는 육신이니 중생의 마음을 따라 갖가지로 나타내며, 그지없는 모습의 육신이니 갖가지 형상을 두루 나타내며, 널리 상대하여 나타내는 육신이니 크게 자재하게 나타내보이며, 온갖 것을 교화하는 색신이니 마땅함을 따라 앞에 나타나는 까닭이니라.

그때 선재동자가 또 보니, 마야부인이 중생들의 마음에 즐김을 따라 모든 세간에서 뛰어난 육신을 나타내기도 하였다.

이러하게 한량없는 육신을 나타내어 중생들을 이익케 하고 온갖 지혜와 도를 돕는 법을 모았으며, 내지 모든 보살의 어머니 되기를 원하였다.

마야부인이 나타내는 몸의 수효와 같이, 선재동자도 역시 그러한 몸을 나타내어 모든 곳 마야부인의 앞에 공경하고 예배하며, 보살도를 여쭈었다.

마야부인이 대답하였다.

불자여, 나는 이미 보살의 큰 원과 지혜가 환과 같은 해탈문〔菩薩大願智幻解脫門〕을 성취하였으므로, 항상 여러 보살의 어머니가 되노라.

불자여, 내가 이 염부제 가비라성의 정반왕궁에서 오른 옆구리로 싯다르타 태자를 낳아 불가사의하고 자재한 신통변화를 나타내듯이, 내지 이 세계해에 있는 모든 비로자나 여래가 다 나의 몸에 들어왔다가 탄생하면서 자재한 신통변화를 나타내시느니라.

또 저 묘한 광명이 내 몸에 들어올 적에 내 몸의 형상과 크기는 본래와 다르지 않으나 실제로는 모든 세간을 초월하였다. 왜냐면 내 몸이 그때에 허공과 같아서 시방 보살의 태어나는 장엄과 모든 궁전을 용납할 수 있었던 까닭이니라.

선남자여, 이 사천하의 염부제에서 보살이 태어나실 때 내가 어머니가 되듯이, 삼천대천 세계 백억 사천하의 염부제에서도 모두 그러하나, 나의 이 몸은 본래부터 둘이 아니며 한 곳에 있는 것도 아니고 여러 곳에 있는 것도 아니니, 보살의 큰 원과 지혜가 환과 같이 장엄한 해탈문을 닦은 까닭이니라.

선남자여, 내가 지금 세존에게 어머니가 되듯이, 지난 옛적에 계시던 한량없는 부처님들에게도 그와 같이 어머니가 되었느니라. 이 삼천대천 세계에서와 같이, 이 세계해에 있는 시방의 한량없는 세계와 모든 겁에서 보현의 행과 원을 닦아서 모든 중생을 교화하려는 이에게도 나의 몸이 그들의 어머니가 되는 것을 내가 보노라.

그때 선재동자가 마야부인에게 얼마나 오래 전에 해탈을 얻었는지를 여쭈었다.

마야부인이 대답하였다.

선남자여, 지나간 옛적, 정광(淨光)겁 수미덕(須彌德)세계 사자당기사천하의 자재당기 서울에 대위덕 전륜성왕이 있었다.

그 서울 북쪽에 한 도량이 있으니, 이름이 만월광명(滿月光明)이요, 그 도량을 맡은 신의 이름은 자덕(慈德)이었다. 그때에 때 여윈 당기〔離垢幢〕보살이 도량에 앉아서 장차 정각을 이루려 하는데 금색광(金色光) 악마가 한량없는 권속들을 데리고 보살이 있는 곳으로 왔다. 그 대위덕 전륜왕은 이미 보살의 신통 자재를 얻었으므로 갑절이나 되는 병사들을 변화하여 만들어 도량을 에워싸니, 악마들이 놀래어 물러가고, 그 보살은 아뇩다라삼먁삼보리를 이루었다.

이때 도량 맡은 신이 이런 일을 보고 한량없이 기뻐하면서 문득 전륜왕에게 아들이라는 생각을 내고, 부처님 발에 엎드려 절하고 이렇게 발원하였다.

이 전륜왕이 여러 곳에 태어날 적마다, 내지 부처를 이룰 때에 내가 항상 그의 어머니가 되어지이다.

　이렇게 원을 세우고, 이 도량에서 다시 십 나유타 부처님께 공양하였느니라.

　선남자여, 어떻게 생각하는가. 그때의 도량 맡은 신은 다른 사람이 아니라 곧 내 몸이며, 전륜왕은 지금의 세존이신 비로자나 부처님이시니라.

　나는 그때 원을 세운 이후로, 부처님 세존께서 시방세계 모든 길에서 곳곳마다 태어나시며 선근을 심고 보살의 행을 닦아 모든 중생을 교화하여 성취케 하며, 내지 일부러 맨나중 몸에 있으면서 생각생각마다 모든 세계에서 보살로 태어나는 신통변화를 나타낼 때마다 항상 나의 아들이 되었고, 나는 항상 어머니가 되었느니라.

　선남자여, 과거 현재 시방세계의 한량없는 부처님께서 부처를 이루려 할 때에, 배꼽으로 큰 광명을 놓아 내 몸과 내가 있는 궁전에 비추었으며, 그의 최후생까지 나는 그의 어머니가 되었느니라.

　선남자여, 나는 다만 이 '보살의 큰 원과 지혜가 환과 같은 해탈문〔菩薩大願智幻解脫門〕'만 알 뿐, 저 보살 마하살들의 공덕행이야 어떻게 말하겠는가.

　선남자여, 이 세계의 삼십삼천에 정념(正念)이라는 왕이 있고, 그 왕에게 딸이 있으니 이름이 천주광〔天主光〕이니라. 그대는 그에게 가서 보살이 어떻게 보살행을 배우며, 보살도를 닦는지 묻도록 하라.

㊸ 천주광(天主光)

드디어 천궁에 가서 보살도를 묻는 선재동자에게 하늘아씨 천주광이 대답하였다.

선남자여, 나는 보살의 해탈을 얻었으니, 이름이 걸림없는 생각의 청정한 해탈〔無碍念淸淨〕이다. 나는 이 해탈의 힘으로 지나간 세상을 기억하노라. 과거에 가장 훌륭한 겁이 있었으니 이름이 푸른 연화〔靑蓮華〕라. 나는 그 겁에서 항하의 모래처럼 많은 부처님 여래께 공양하였다. 그 여래께서 처음 출가한 때부터 내가 받들어 수호하고 공양하는데 절을 짓고 모든 도구를 마련하였다. 이렇게 항하의 모래수 겁에 내가 부처님 여래·응공·정등각을 항상 버리지 않았음을 기억하며 저 모든 여래에게서 이 걸림없는 생각의 깨끗한 장엄인 보살의 해탈을 듣고, 받아 지니고 닦아 행하여 항상 잊지 아니하였다. 이렇게 지나간 겁에 나셨던 여래께서 처음 보살로부터 법이 다할 때까지 하시던 모든 일을 내가 깨끗한 장엄 해탈의 힘으로 모두 기억하여 분명히 앞에 나타나며, 지니고 따라 행하여 잠깐도 게으르거나 폐하지 아니하였노라.

선남자여, 나는 다만 '걸림없는 생각의 청정한 해탈〔無碍念淸淨解脫〕'만 알 뿐, 저 보살 마하살들의 공덕행이야 다 어떻게 말하겠는가.

선남자여, 가비라(迦毘羅)성에 한 동자 선생 변우(遍友)가 있으니, 그대는 그에게 가서 보살도를 묻도록 하라.

㊹ 변우동자사(遍友童子師)

천궁에서 내려와 가비라성 변우동자를 찾아가 보살도를 묻는 선재동자에게, 변우동자가 대답하였다.

선남자여, 여기 선지중예(善知衆藝)동자가 있어 보살의 글자 지혜를 배웠으니, 가서 묻도록 하라. 그대에게 말하여주리라.

㊹ 선지중예동자(善知衆藝童子)
그때 선재동자가 곧 그에게 가서 보살도를 물었다.
동자가 말하였다.
선남자여, 나는 보살의 해탈을 얻었으니, 이름이 모든 예술 잘 앎〔善知衆藝〕이다. 나는 항상 이 자모(字母)를 부르노라.
아(阿)자를 부를 때는 반야바라밀문에 들어가나니, 이름이 보살의 위력(威力)으로 차별이 없는 경계에 들어감이다.
다(多)자를 부를 때는 반야바라밀문에 들어가나니, 이름이 가없는 차별문이다.
파(波)자를 부를 때는 반야바라밀문에 들어가나니 이름이 법계에 두루 비침이니라.
이와 같이 중예동자는 자(者) 내지 타(陀)자 등 자모들을 부를 때에 이 사십이(四十二) 반야바라밀문을 으뜸으로 삼아 한량없고 수없는 반야바라밀문에 들어감을 말했다. 그리고 자신은 다만 '모든 예술을 잘 아는 보살의 해탈〔善知衆藝菩薩解脫〕'만 알 뿐이니, 보살도는 이 마가다(摩竭提)국 바다나(婆咀那)성의 현승(賢勝)우바이에게 가서 묻도록 하였다.

㊺ 현승우바이(賢勝優婆夷)
선재동자는 바다나 성을 향하여 가서 현승우바이에게 이르러 보

살도를 여쭈었다.

현승우바이가 대답하였다.

선남자여, 나는 보살의 해탈을 얻었으니, 이름은 의지할 곳 없는 도량〔無依處道場解脫〕이라. 이미 스스로 깨우쳐 알고 또 다른 이에게 말하느니라.

또 다함 없는 삼매를 얻었으니, 저 삼매의 법이 다함이 있고 다함이 없는 것이 아니라, 능히 온갖 지혜의 성품인 눈을 냄이 다함 없으며, 또 능히 온갖 지혜의 성품인 귀·코·혀·몸·뜻·공덕 파도(功德波濤)·지혜 광명·빠른 신통을 냄이 다함 없는 까닭이니라.

선남자여, 나는 다만 이 '의지할 곳 없는 도량 해탈〔無依處道場解脫〕'만 알 뿐이니, 저 보살 마하살들의 모든 것에 집착이 없는 공덕행이야 내가 어떻게 다 알고 말하겠는가.

남쪽에 한 섬이 있으니, 이름이 옥전〔沃田〕이요, 거기에 견고해탈(堅固解脫) 장자가 있다. 그대는 그에게 가서 보살이 어떻게 보살의 행을 배우며, 보살도를 닦는지 묻도록 하라.

선재동자는 다시 남쪽으로 떠났다.

㊼ 견고해탈장자(堅固解脫長者)

그 성에 이르러서 장자에게 나아가 합장하고 한 곁에 서서 보살도를 여쭈었다.

장자가 대답하였다.

선남자여, 나는 보살의 해탈을 얻었으니, 이름이 '집착하는 생각이 없이 청정한 장엄〔無著念淨莊嚴〕'이니라. 나는 이 해탈을 얻고

부터 시방의 부처님 계신 데 와서 바른 법을 부지런히 구하여 쉬지 아니하였노라.

선남자여, 나는 다만 이 집착하는 생각이 없이 청정한 장엄 해탈〔無著念淨莊嚴解脫〕만 알 뿐이니, 저 보살 마하살들의 공덕행이야 어떻게 말하겠는가.

이 성중에 한 장자가 있으니, 이름은 묘월이다. 그 장자의 집에는 항상 광명이 있으니, 그대는 그에게 가서 보살도를 묻도록 하라.

⑱ 묘월장자(妙月長者)

묘월장자에게 가서 보살도를 묻는 선재동자에게 장자가 대답하였다.

선남자여, 나는 보살의 해탈을 얻었으니, 이름은 '깨끗한 지혜 광명〔淨智光明〕'이니라. 선남자여, 나는 다만 이 '지혜 광명 해탈〔智光解脫〕'만 알 뿐이니, 저 보살 마하살들의 한량없는 공덕행이야 어떻게 말하겠는가.

이 남쪽에 성이 있으니, 이름이 출생(出生)이요, 거기에 무승군(無勝軍) 장자가 있으니, 그대는 그에게 가서 보살도를 묻도록 하라.

⑲ 무승군장자(無勝軍長者)

점점 그 성에 나아가 장자가 있는 데 이르러 보살도를 묻는 선재동자에게 장자가 대답하였다.

선남자여, 나는 보살의 해탈을 얻었으니, 이름이 다함 없는 형상〔無盡相〕이니라. 나는 이 보살의 해탈을 증득하였으므로 한량없는 부처님을 뵈옵고 무진장(無盡藏)을 얻었노라.

선남자여, 나는 다만 이 '다함 없는 형상 해탈〔無盡相解脫〕'만 알 뿐, 저 보살 마하살들이 한정없는 지혜와 걸림없는 변재를 얻은 것이야 내가 어떻게 알며, 어떻게 그 공덕행을 말하겠는가.

이 성 남쪽에 한 촌락이 있으니, 이름은 법(法)이요, 그 촌락에 최적정(最寂靜)바라문이 있다. 그대는 그에게 가서 보살이 어떻게 보살행을 배우며, 보살도를 닦는지 묻도록 하라.

㊿ 최적정바라문(最寂靜婆羅門)

점점 남쪽으로 가다가 그 촌락에 이르러 최적정바라문에게 보살도를 여쭈었다.

바라문이 대답하였다.

선남자여, 나는 보살의 해탈을 얻었으니, 이름이 진실하게 원하는 말〔誠願語〕이라. 과거·현재·미래 보살들이 이 말을 인하여, 내지 아뇩다라삼먁삼보리에 물러나지 않나니라. 나는 진실하게 원하는 말에 머물렀으므로 뜻대로 짓는 일이 만족하지 않는 것이 없느니라.

선남자여, 나는 다만 이 '진실하게 원하는 말의 해탈〔誠願語解脫〕'만 알 뿐, 저 보살 마하살들의 공덕행이야 내가 어떻게 알며 말하겠는가.

선남자여, 여기서 남쪽 묘한 뜻 꽃문〔妙意華門〕성에 덕생(德生)동자와 유덕(有德)동녀가 있으니, 그대는 그들에게 가서 보살도를 묻도록 하라.

㉛ 덕생동자(德生童子)·유덕동녀(有德童女)

선재동자가 점점 남으로 가서 묘의화문성에 이르러 덕생동자와 유덕동녀를 보고는, 그 발에 엎드려 절하고 오른쪽으로 돌고 앞에 서서 합장하고 말하였다.

거룩하신 이여, 저는 이미 아뇩다라삼먁삼보리심을 내었으나 보살이 어떻게 보살행을 배우며, 보살도를 닦는지 알지 못하나이다. 바라옵건대, 저를 가엾이 여기시어 말씀하여 주소서.

동자와 동녀가 선재에게 대답하였다.

선남자여, 우리는 보살의 해탈을 증득하였으니 이름이 환과 같이 머무름[幻住]이니라. 이 해탈을 얻었으므로, 모든 세계가 다 환과 같이 머무는 줄을 보나니 인연으로 생겨난 까닭이며, 모든 중생이 다 환과 같이 머무나니 업과 번뇌로 일어난 까닭이며, 모든 세간이 다 환과 같이 머무나니 무명과 존재[有]와 욕망[愛] 등이 서로 인연이 되어 생기는 까닭이며, 내지 모든 중생의 생멸과 생로병사와 우비고뇌(憂悲苦惱)가 다 환과 같이 머무나니 허망한 분별로 생기는 까닭이니라. 이 환과 같은 경계의 자성은 헤아릴 수 없느니라.

선남자여, 우리는 다만 이 '환과 같이 머무는 해탈[幻住解脫]'만 알 뿐, 저 보살 마하살의 공덕행이야 어떻게 알며, 어떻게 말하겠는가.

동자와 동녀는 자기의 해탈을 말하고는 불가사의한 선근의 힘으로써 선재동자의 몸을 부드럽고 빛나고 윤택케 하고 말씀하였다.

선남자여, 이 남쪽 해안(海岸)국의 대장엄(大莊嚴) 동산에 광대한 누각이 있으니, 이름이 비로자나 장엄장(毘盧遮那莊嚴藏)이다.

미륵보살마하살이 그 가운데 계시니, 본래 태어났던 부모와 권속과 백성들을 거두어 주어 성숙케 하며, 또 함께 태어나고 함께 수행하던 중생들을 대승 가운데서 견고하게 하며, 또 그대에게 보살의 해탈문을 보이며, 보살이 여러 곳에서 태어나되 모든 태어남이 모양이 없는 줄 아는 것을 보이려는 까닭이니라.

그대는 그에게 가서, 보살이 어떻게 보살행을 행하며, 보살도를 닦으며, 보살의 계율을 배우며, 보살의 마음을 깨끗이 하며, 보살의 서원을 내며, 보살의 도를 돕는 거리를 모으며, 보살의 머무는 지위에 들어가며, 보살의 바라밀을 만족하며, 보살의 무생인(無生忍)을 얻으며, 보살의 공덕법을 갖추며, 보살 선지식을 섬기는가를 묻도록 하라.

㊷ 미륵보살(彌勒菩薩)

이때 선재동자는 선지식의 가르침으로 마음이 윤택하고 바른 생각으로 보살행을 생각하면서 해안국으로 행하였다. 지난 세상에 예경(禮敬)을 닦지 않은 것을 생각하고 즉시 뜻을 내어 부지런히 행하였다. 또 모든 선지식을 보고 부처님의 법을 모아서, 모든 보살의 원과 지혜의 몸을 위하여 인연을 지으려 하였다.

이렇게 생각할 때 불가사의한 한량없는 선근이 자라서, 모든 보살을 믿고 존중하며 희유한 생각을 내고 스승이란 생각을 내었다.

선재동자는 비로자나 장엄장 대 누각 앞에서 엎드려 절하고, 잠깐 동안 마음을 거두고 사유 관찰하였으며, 깊이 믿고 이해함과 대원력으로 온갖 곳에 두루한 지혜의 몸이 평등한 문에 들어가서 그 몸을 두루 나타내었다.

선재동자가 땅에서 일어나 합장하고 한량없이 돌면서 이렇게 생각하였다.

　이 큰 누각은 공하고 모양 없고 원 없음을 아는 이가 머무는 곳이며, 법계가 차별이 없음을 아는 이가 머무는 곳이며, 모든 세간에 집착하지 않는 이가 머무는 곳이며, 모든 법이 제 성품이 없음을 아는 이가 머무는 곳이며, 모든 차별한 업을 끊은 이가 머무는 곳이며, 모든 깊고 깊은 반야바라밀에 들어간 이가 머무는 곳이며, 방편으로 넓은 문 법계에 머무른 이가 머무는 곳이며, 대자대비에 머무른 이가 머무는 곳이며, 여래의 머무시는 곳에 머무른 이가 머무는 곳이며, 내지 이 큰 누각은 이러한 모든 공덕에 머무르는 이가 머무는 곳이리라.

　이때 선재동자가 게송으로 말하였다.

　　　　이곳은 자비하고 청정한 지혜
　　　　세간을 이익케 하는 미륵보살님
　　　　관정지의 부처님 장자(長子)
　　　　여래 경계 드신 이의 머무시는 곳

　　　　보시·지계·인욕·정진·선정과 지혜
　　　　방편과 원·힘·신통
　　　　이같은 대승의 모든 바라밀을
　　　　다 구족하신 이의 머무시는 곳

　　　　부처님의 장자이시며
　　　　거룩하신 미륵보살님

내 이제 공경히 예배하오니
　　원컨대 저를 돌보아주소서

　선재동자는 비로자나 장엄장 대 누각 안에 계시는 보살들을 찬탄하고는, 일심으로 미륵보살을 뵙고 친근하고 공양하려 하였다.
　이에 문득 보니, 미륵보살마하살이 다른 데로부터 오시는데, 한량없는 대중들에게 둘러싸여 장엄장 누각으로 향하시었다.
　선재동자가 보고는 환희 용약하고 땅에 엎드려 절하였다.
　미륵보살은 선재동자를 살펴보고 대중에게 그의 공덕을 게송으로 칭찬하였다.

　　그대들 선재를 보라
　　지혜 있고 마음이 청정
　　보리행을 구하려고
　　나에게 이른 것이다

　　잘 왔도다, 청정한 뜻
　　잘 왔도다, 광대한 마음
　　잘 왔도다, 물러가지 않은 근기
　　수행함에 게으름 없도다

　　모든 여래들의
　　청정한 경계 구하고자
　　광대한 서원 물으면서

나를 찾아왔도다

과거·미래·현재 부처님들의
이루신 모든 행과 업
그대 닦아 배우고자
나를 찾아왔도다

그대는 선지식에게
미묘한 법 구하고
보살의 행 배우고자
나를 찾아왔도다

착하다, 참 불자여
모든 부처님 공경하니
오래지 않아 모든 행 갖추고
부처님의 공덕 언덕에 이르리라

그대는 큰 지혜 있는
문수사리에게로 가라
그는 그대로 하여금
보현의 깊고 묘한 행 얻게 하리라

미륵보살이 대중 앞에서 선재의 큰 공덕장을 칭찬하자, 선재동자가 이 게송을 듣고 환희 용약하며 한없이 돌았다.

미륵보살은 선재동자의 정수리를 만지면서 게송으로 말하였다.

    착하도다, 참된 불자여
    모든 근(根)을 책려하여 게으름이 없으니
    오래지 않아 모든 공덕 구족하여서
    문수보살이나 나같이 되리라

선재동자는 합장하고 공경하며 미륵보살께 거듭 여쭈었다.
대성(大聖)이시여, 저는 이미 아뇩다라삼먁삼보리심을 내었으나 보살이 어떻게 보살행을 배우며 보살도를 닦는지 알지 못하나이다. 보살이 어떻게 보살행을 배우며 어떻게 보살도를 닦으며 내지 모든 부처님의 법안〔諸佛法眼〕을 가질 수 있나이까.
이때 미륵보살이 도량에 모인 대중을 살펴보고 선재동자를 가리키면서 말씀하였다.
그대들은 이 장자의 아들이 나에게 보살의 행과 공덕을 묻는 것을 보는가. 이 장자의 아들은 일찍이 복성(福城)에서 문수보살의 가르침을 받고 점점 남쪽으로 오면서 선지식을 찾았고 일백열 선지식을 만난 뒤 나에게 왔는데 잠시도 게으른 생각을 내지 않았느니라.
다른 보살들은 한량없는 백천만억 나유타겁을 지내고서야 비로소 보살의 원과 행을 만족하며 능히 부처님의 보리에 친근하지만, 이 장자의 아들은 한 생 동안에 부처님 세계를 깨끗이 하고, 중생을 교화하고, 지혜로써 법계에 깊이 들어가고, 모든 바라밀을 성취하고, 모든 행을 능히 넓히고, 모든 큰 서원을 원만히 하고, 모든 마의 업에서 뛰어나고, 모든 선지식을 섬기고, 모든 보살도를 청정히 하고 보현의 모든 행을 구족하였느니라.

미륵보살은 이렇게 선재동자의 여러 가지 공덕을 칭찬하여 한량 없는 중생에게 보리심을 내게 하고 선재동자에게 말씀하였다.

착하고, 착하다. 선남자여, 그대는 모든 세간을 이익케 하고 모든 중생을 구호하고 모든 부처님 법을 부지런히 구하려고 아뇩다라삼먁삼보리심을 내었도다.

선남자여, 그대는 좋은 이익을 얻었고, 사람의 몸을 얻었고 수명이 길고, 여래가 출현하심을 만났고, 문수사리 큰 선지식을 보았고, 그대의 몸은 좋은 그릇이 되어 선근으로 윤택하였고, 흰 법으로 유지되어 이해와 욕망이 다 청정하였으며, 여러 부처님께서 함께 호념하심이 되었으며 선지식들께서 함께 거두어 주심이 되었느니라.

무슨 까닭인가. 선남자여, 보리심(菩提心)은 종자와 같으니 모든 불법을 내며, 보리심은 좋은 밭과 같으니 중생들의 깨끗한 법을 자라게 하며, 보리심은 땅과 같으니 모든 세간을 유지하며, 보리심은 깨끗한 물과 같으니 모든 번뇌의 때를 씻으며, 보리심은 큰 바람과 같으니 세간에 두루 걸림이 없으며, 보리심은 치성한 불과 같으니 모든 소견의 섶을 태우며, 보리심은 밝은 해와 같으니, 모든 세간을 두루 비추며, 보리심은 보름달과 같으니 여러 가지 깨끗한 법이 다 원만하며, 보리심은 밝은 등불과 같으니 갖가지 법의 광명을 내며, 보리심은 깨끗한 눈과 같으니 여러 가지 편안하고 위태로운 곳을 널리 보는 까닭이니라.

보리심은 큰 길과 같으니 여러 사람을 큰 지혜의 성에 들게 하며, 보리심은 바르게 건네는 것과 같으니 삿된 법을 여의게 하며, 보리심은 큰 수레와 같으니 모든 보살을 널리 실어 옮기며, 보리심은 문과 같으니 모든 보살행을 열어 보이며, 보리심은 궁전과 같으니 삼매법에 안주하여 닦게 하며, 보리심은 동산과 같으니 그 안에서 유희하여 법의 즐거움을 받으며, 보리심은 집과 같으니 모든 중생을 편안케 하며, 보리심은 돌아갈 곳이니 모든 세간을 이익케 하며, 보리심은 의지할 데니, 모든 보살행이 의지하는 곳인 까닭이니라.

보리심은 아버지와 같으니 모든 보살을 훈계하여 지도하며, 보리심은 어머니와 같으니 모든 보살을 낳아 기르며, 보리심은 유모와 같으니 모든 보살을 양육하며, 보리심은 착한 벗과 같으니 모든 보살을 성취하여 이익케 하며, 보리심은 군주와 같으니 이승보다 뛰어나며, 보리심은 제왕과 같으니 모든 원에 자유자재한 까닭이니라.

보리심은 큰 바다와 같으니 모든 공덕이 그 가운데 들어가며, 보리심은 수미산과 같으니 중생들에게 마음이 평등하며, 보리심은 철위산과 같으니 모든 세간을 거두어 가며, 보리심은 설산과 같으니 모든 지혜의 약풀을 자라게 하며, 보리심은 향산(香山)과 같으니 모든 공덕의 향을 내며, 보리심은 허공과 같으니 모든 묘한 공덕이 넓어 가없으며, 보리심은 연꽃과 같으니 모든 세간에 물들지 않는 까닭이니라.

보리심은 잘 길든 코끼리 같으니 마음이 유순하여 영악하지 않으며, 보리심은 양순한 말과 같으니 모든 악한 성질을 여의며, 보리심은 말 모는 이와 같으니 대승의 모든 법을 수호하며, 보리심은 좋은 약과 같으니 모든 번뇌의 병을 치료하며, 보리심은 함정과 같으니 모든 나쁜 법을 빠뜨리며, 보리심은 금강과 같으니 모든 법을 잘 뚫으며, 보리심은 향합과 같으니 모든 공덕의 향을 담으며, 보리심은 고운 꽃과 같으니 모든 세간에서 보기를 좋아하며, 보리심은 백전단과 같으니 욕심의 열을 헤쳐 청량케 하며, 보리심은 검은 침향과 같으니 법계에 두루 풍기는 까닭이니라.

보리심은 선견약(善見藥)과 같으니 모든 번뇌병을 없애며, 보리심은 비급마(毘笈摩)약과 같으니 모든 의혹의 살을 뽑으며, 보리심은 제석과 같으니 여러 임금 중에 가장 높으며, 보리심은 비사문과 같으니 모든 가난한 고통을 끊으며, 보리심은 공덕천과 같으니 온갖 공덕으로 장엄하며, 보리심은 장엄거리와 같으니 모든 보살을 장엄하며, 보리심은 겁말(劫末)에 타는 불과 같으니 모든 함이 있는 것을 태우며, 보리심은 남이 없는 뿌리약〔無生根藥〕과 같으니 모든 불법을 자라게 하며, 보리심은 용의 턱에 있는 구슬과 같으니 모든 번뇌의 독을 소멸하며, 보리심은 물 맑히는 구슬과 같으니 모든 번뇌의 흐림을 맑히는 까닭이니라.

보리심은 여의주와 같으니 여러 가난한 이를 구해주며, 보리심은 공덕병과 같으니 모든 중생의 마음을 만족케 하며, 보리심은 여의수(如意樹)와 같으니 모든 장엄거리를 비 내리며, 보리심은 거위 깃옷〔鵝羽衣〕과 같으니 모든 생사의 때가 묻지 않으며, 보리심은 흰 털실과 같으니 본래부터 성품이 깨끗한 까닭이니라.

보리심은 잘 갈리는 보습과 같으니 모든 중생의 밭을 갈며, 보리심은 나라연과 같으니 나라는 소견 가진 대적을 부수며, 보리심은 뾰족한 살과 같으니 모든 괴로움의 과녁을 꿰며, 보리심은 잘 드는 창과 같으니 모든 번뇌 갑옷을 뚫으며, 보리심은 굳은 갑옷과 같으니 모든 진리의 마음〔如理心〕을 보호하며, 보리심은 잘 드는 칼과 같으니 모든 번뇌 머리를 베며, 보리심은 날카로운 검과 같으니 모든 교만의 투구를 깨며, 보리심은 장수의 당기와 같으니 모든 마를 굴복하며, 보리심은 잘 드는 톱과 같으니 모든 무명의 나무를 끊으며, 보리심은 날이 선 도끼와 같으니 모든 고통의 나무를 찍으며, 보리심은 병장기와 같으니 모든 괴로움의 난을 막는 까닭이니라.

보리심은 좋은 손과 같으니 모든 바라밀의 몸을 방비하며, 보리심은 튼튼한 발과 같으니 모든 공덕을 세우며, 보리심은 안약(眼藥)과 같으니 모든 무명의 가림〔翳〕을 제하며, 보리심은 집게와 같으니 모든 몸이란 소견의 가시를 뽑으며, 보리심은 방석〔臥具〕과 같으니 생사의 피로함을 덜며, 보리심은 선지식과 같으니 모든 생사의 속박을 풀며, 보리심은 보물과 같으니 모든 빈궁을 제하며, 보리심은 좋은 길잡이와 같으니 보살의 벗어날 길을 잘 알며, 보리심은 묻힌 갈무리와 같으니 공덕재물을 다하지 않게 내는 까닭이니라.

보리심은 솟는 샘과 같으니 지혜의 물을 끊이지 않게 내며, 보리심은 거울과 같으니 모든 법문의 영상을 나타내며, 보리심은 연꽃과 같으니 모든 죄의 때에 물들지 않으며, 보리심은 큰 강과 같으니 모든 건네주는 법을 이끌어 흐르며, 보리심은 큰 용왕과 같으니 모든 묘한 법비를 내리는 까닭이니라.

보리심은 목숨과 같으니 보살의 매우 가엾이 여김인 몸을 유지하며, 보리심은 단 이슬과 같으니 죽지 않은 세계에 편안히 머물게 하며, 보리심은 큰 그물과 같으니 모든 중생을 두루 거두며, 보리심은 오랏줄과 같으니 모든 교화받을 중생을 끌어당기며, 보리심은 낚시 미끼와 같으니 존재의 못〔有淵〕속에 사는 이를 끌어내며, 보리심은 아가다약과 같으니 병이 없고 길이 편안케 하며, 보리심은 소독약과 같으니 탐애의 독을 소멸하며, 보리심은 주문을 잘 외는 것 같으니 모든 뒤바뀐 독을 제거하며, 보리심은 빠른 바람과 같으니 모든 장애의 안개를 걷어버리며, 보리심은 보배섬과 같으니 모든 보리 부분〔覺分〕의 보배를 내는 까닭이니라.

보리심은 좋은 종자와 같으니 모든 희고 깨끗한 법을 나게 하며, 보리심은 주택(住宅)과 같으니 모든 공덕이 의지하는 곳이며, 보리심은 시장과 같으니 보살 상인이 무역하는 곳이며, 보리심은 연금약과 같으니 모든 번뇌의 때를 없애며, 보리심은 꿀과 같으니 모든 공덕의 맛을 원만하게 하며, 보리심은 바른 길과 같으니 보살들을 지혜의 성에 들어가게 하며, 보리심은 좋은 그릇과 같으니 모든 희고 깨끗한 법을 담으며, 보리심은 가물 때의 비와 같으니 모든 번뇌의 티끌을 없애며, 보리심은 있을 곳이 되나니 모든 보살의 머무는 곳이며, 보리심은 자석〔壽行〕이 되나니, 성문의 해탈과를 취하지 않은 까닭이니라.

보리심은 깨끗한 유리와 같으니 성질이 맑고 깨끗하여 때가 없으며, 보리심은 제석천왕의 푸른 보배와 같으니 세간과 이승의 지혜보다 뛰어나며, 보리심은 시간 알리는 북과 같으니 중생의 번뇌 졸음을 깨우며, 보리심은 맑은 물과 같으니 성질이 깨끗하여 흐린 때가 없으며, 보리심은 염부금(閻浮金)과 같으니 모든 유위선(有爲善)을 무색케 하는 까닭이니라.

보리심은 큰 산과 같으니 모든 세간에서 우뚝 솟아나며, 보리심은 돌아갈 데니 오는 이들을 거절하지 않으며, 보리심은 옳은 이익이니 모든 쇠퇴하는 일을 제거하며, 보리심은 묘한 보배니 모든 마음을 기쁘게 하며, 보리심은 크게 보시하는 모임과 같으니 중생들의 마음을 만족케 하는 까닭이니라.

보리심은 높고 수승한 것이니, 중생의 마음과 더불어 같음이 없으며, 보리심은 묻힌 갈무리 같으니 모든 부처님 법을 거두어 모으며, 보리심은 인드라 그물과 같으니 번뇌의 아수라를 굴복하며, 보리심은 바루나 바람과 같으니 모든 교화받을 이를 움직이며, 보리심은 인드라 불과 같으니 모든 번뇌의 습기를 태우며, 보리심은 부처님 탑과 같으니 모든 세간에서 공양할 바인 까닭이니라.

선남자여, 보리심은 이와 같은 한량없는 공덕을 성취하나니, 요체를 들어 말하면 모든 불법의 공덕과 평등하느니라. 무슨 까닭인가. 보리심을 인하여 모든 보살행을 내며, 삼세 여래가 보리심으로부터 출생하시는 까닭이니라. 어떤 중생이 아뇩다라삼먁삼보리심을 내면 곧 이렇게 훌륭한 공덕의 법을 얻느니라.

선남자여, 보살이 어떻게 보살행을 배우며 보살도를 닦느냐고 물었으니 비로자나 장엄장 대누각에 들어가서 두루 관찰하라. 곧 보살행을 배워 한량없는 공덕을 성취하리라.

그때 선재동자는 공경하여 미륵보살을 오른쪽으로 돌고 여쭈었다.

바라옵건대 거룩하신 이께서 이 누각 문을 열어 제가 들어가게 하소서.

이때 미륵보살이 누각에 나아가 손가락을 튕겨 소리를 내니 문이 열렸다. 선재동자가 기뻐하며 들어가니 문은 곧 닫혔다.

누각을 보니 크고 넓기가 한량없어 허공과 같고 아승지 보배로 땅이 되고, 궁전과 문과 창문과 섬돌과 난간과 길이 모두 칠보로 되었으며, 아승지 번기와 당기와 일산이 사이사이 벌여 있고, 아승지 영락들이 곳곳에 드리웠으며, 아승지 반달·비단 띠·보배 그물로 장엄하였고, 아승지 보배 풍경이 바람에 흔들려 소리를 내며 하늘꽃을 흩고, 하늘보배로 된 화만띠를 달고 보배 향로를 괴고 금가루를 비 내리고, 보배 거울을 달았고, 보배 등을 켜고 아승지 보배 옷을 펴고, 보배 휘장을 치고, 보배 자리를 깔고, 비단을 자리 위에 펴고, 염부단금 동녀 형상과 아승지 보배 형상과 묘한 보배로 된 보살형상이 가는 곳마다 가득찼으며, 아승지 새들은 청아한 소리를 내고, 아승지 보배꽃으로 장엄하고, 아승지 보배나무는 차례로 줄을 지었고 마니 보배가 큰 광명을 놓아, 이렇게 한량없는 아승지 장엄거리로 장엄하였다.

또 그 가운데는 한량없는 백천 누각이 있는데, 낱낱이 훌륭하게 꾸민 것이 위에 말한 바와 같고, 크고 넓고 화려하기 허공과 같아서 서로 장애하지도 아니하였다. 선재동자가 한 곳에서 모든 곳을 보듯이, 모든 곳에서도 다 이렇게 보았다.

이때 선재동자가 비로자나 장엄장 누각이 이렇게 가지가지로 헤아릴 수 없이 자유자재한 경계를 보고, 매우 환희하여 몸과 마음이 부드러워져서 모든 의혹을 멸하며, 본 것은 잊지 않고 들은 것은 기억하고 생각이 어지럽지 아니하여 걸림없는 해탈문에 들어가서 널리 예경하였다.

선재동자가 잠깐 머리를 조아리니, 미륵보살의 신통한 힘으로 자기 몸이 모든 누각 속에 두루하여 있음을 보며, 또 가지가지 불가사의한 자재로운 경계를 보았다. 이른바 미륵보살이 처음에 위없는 보리심을 내던 때, 이러한 이름과 이러한 종족과 이같이 선지식의 가르침으로 이같은 선근을 심던 일을 모두 보며, 이렇게 오래 살고 이러한 겁을 지내면서 이러한 부처님을 만나고, 이렇게 장엄한 세계에 머물면서 이렇게 행을 닦고 이렇게 원을 세웠으며, 저 여래의 이러한 대중의 모임에서 이러한 수명과 이러한 세월을 지내면서 친근하고 공양하던 일을 모두 다 분명하게 보았다.

미륵보살이 처음에 자심(慈心)삼매를 증득하고, 그후로 자씨(慈氏)라고 부르던 일을 보기도 하고, 미륵보살이 묘한 행을 닦으며 모든 바라밀을 만족하던 일을 보기도 하고, 여래의 바른 교법을 보호하며 대법사가 되어 무생인(無生忍)을 얻고, 위 없는 보리의 수기를 받던 일을 보기도 하였고 미륵보살이 전륜왕 등 갖가지 몸이 되어서 모든 세계 대중들을 위하여 법 설함을 보기도 하였다.

또 저 장엄장 안에 있는 여러 누각 중에서 한 누각을 보니, 높고 넓고 훌륭하게 꾸민 것이 최상이라 견줄 데가 없으며, 그 가운데 삼천 세계 백억 사천하, 백억 도솔천 낱낱이 미륵보살이 신으로 내려와 탄생하는 것을 제석과 범천왕이 받들며, 일곱 걸음을 걷고, 시방을 살펴보며 크게 사자후하며, 동자로서 궁전에 거처하고 정원에서 유희하며, 온갖 지혜를 얻기 위하여 출가하여 고행하며, 유미죽을 받고 도량에 나아가서 마군을 항복받고 등정각을 이루며, 법륜을 굴리고, 천궁에 올라가서 법을 연설하는 일과, 겁과 수명과 대중 모임의 장엄과, 국토를 깨끗이 하고 행원을 닦음과 중생을 교화하여 성숙케 하는 방편과 사리를 나누어 반포함과 법을 머물러 유지함이 모두 같지 아니함을 보았다.

그때 선재동자는 자기의 몸이 모든 여래의 처소에 있음을 보았으며, 또 저 모든 대중의 모임과 일체 불사(佛事)를 보고 기억하여 잊지 않았으며 통달하여 걸림이 없었다. 또 모든 누각 안에 있는 보배 그물과 모든 악기에서 미묘한 음성을 내어 여러 가지 법 설함을 들었다.

선재동자는 이같이 미묘한 법의 음성을 듣고, 몸과 마음이 환희하고 부드럽고 기뻐서, 곧 한량없는 총지문과 변재문과 모든 선정〔禪〕·인(忍)·원·바라밀·신통〔通〕·밝음·해탈·삼매문을 얻었다. 또 보배 거울 가운데서 가지가지 형상을 보았다.

선재동자는 잊지 않는 기억력과 시방을 보는 청정한 눈과 잘 관찰하는 걸림없는 지혜와 보살들의 자재한 지혜와 보살들이 지혜의 지위에 들어간 광대한 지혜와 그리고 미륵보살의 신통한 힘과, 불가사의한 환과 같은 지혜의 힘과, 보살들의 자재한 힘을 얻은 까닭에, 이 누각 속에서 여러 가지 장엄과 자재한 경계를 보는 것이다.

그때 미륵보살이 신통한 힘을 거두고 누각으로 들어가 손가락을 퉁겨 소리를 내고, 선재에게 말씀하였다.

선남자여, 일어나라. 법의 성품〔法性〕이 이와 같으니, 이는 보살의 모든 법을 아는 지혜의 인연이 모여서 나타나는 현상이다. 이러한 자성이 환과 같고, 꿈 같고, 그림자 같고, 영상 같아서 모두 성취하지 못하느니라.

이때 선재동자가 손가락 퉁기는 소리를 듣고 삼매에서 일어났다.

미륵보살이 말씀하였다.

선남자여, 그대가 보살의 불가사의하게 자재한 해탈〔菩薩不思議自在解脫〕에 머물러 보살들의 삼매의 기쁨을 받았으므로, 보살의 신통한 힘으로 가지하고, 도를 돕는 데서 흘러나오고, 원과 지혜로 나타난 여러 가지 훌륭하게 장엄한 궁전을 보았으며, 보살의 행을 보고 보살의 법을 듣고, 보살의 덕을 알고, 여래의 원을 마치었느니라.

선재동자가 말하였다.

그러합니다. 거룩하신이여, 이는 선지식의 가피하시고 생각하여 주신 위덕과 신통의 힘입니다. 거룩하신이여, 이 해탈문의 이름은 무엇이나이까.

미륵보살이 말씀하였다.

선남자여, 이 해탈문의 이름은 '삼세의 모든 경계에 들어가서 잊지 않고 기억하는 지혜로 장엄한 광〔入三世一切境界不妄念智莊嚴藏〕'이니라. 선남자여, 이 해탈문 가운데 말할 수 없이 말할 수 없는 해탈문이 있으니 일생보처 보살이라야 얻는 것이니라.

선재동자가 여쭈었다.

이 장엄하였던 것이 어디 갔나이까.

미륵보살이 대답하였다. 왔던 곳으로 갔느니라.

어디서 왔었나이까.

보살의 지혜의 신통한 힘으로부터 와서, 보살의 지혜의 신통한 힘을 의지하여 머무른 것이며, 간 곳도 없고 머무른 곳도 없고 모인 것도 아니고 항상 찬 것도 아니어서 모든 것을 멀리 여의었느니라.

성인께서는 어디서 오셨나이까.

선남자여, 보살들은 오는 일도 없고 가는 일도 없이 그렇게 오느니라. 다니는 일도 없고 머무는 일도 없이 그렇게 오느니라. 처소도 없고 집착도 없고 없어지지도 않고 나지도 않고 머물지도 않고 옮기지도 않고 동하지도 않고 일어나지도 않고 연연함도 없고 애착함도 없고 업도 없고 과보도 없고 생기지도 않고 멸하지도 않고 아주 없지도 않고 항상하지도 아니하게 그렇게 오느니라.

선남자여, 보살은 크게 가엾이 여기는 곳에서 오나니 중생들을 조복하며, 크게 인자한 곳에서 오나니 중생들을 구호하며, 깨끗한 곳에서 오나니 좋아함을 따라서 태어나며, 크게 서원한 곳에서 오나니 옛날의 서원한 힘으로 유지하며, 신통한 곳에서 오나니 모든 곳에 좋아하는 대로 나타나며, 동요함이 없는 데서 오나니 모든 부처님을 항상 떠나지 않으며, 가지고 버림이 없는 데서 오나니 몸과 마음을 시켜서 가고 오지 않으며, 지혜와 방편인 데서 오나니 모든 중생을 따라주며, 변화를 나타내는 데서 오나니 영상처럼 화하여 나타나는 까닭이니라.

그러나 선남자여, 그대가 내게 묻기를 어디서 왔느냐 하였으니, 선남자여, 나는 태어난 곳인 마라제국(摩羅提國)으로부터 여기 왔노라.

선남자여, 그곳에 방사(房舍)라는 마을이 있고, 거기 장자가 있으니 이름이 구파라(瞿波羅)이다. 그 사람을 교화하여 불법에 들어오게 하고자 거기 있었으며, 또 태어난 곳에 있는 사람들로서 교화를 받을 이들에게 법을 말하고 또 부모와 권속들과 바라문들에게 대승을 연설하여 들어가게 하느라고 거기 있다가 여기 왔느니라.

선재동자가 여쭈었다.

거룩하신 이여, 어떤 것이 보살의 태어난 곳입니까.

미륵보살이 대답하였다.

선남자여, 보살이 열 가지 태어나는 곳이 있느니라. 무엇이 열인가. 보리심이니 보살의 집에 나는 까닭이며, 깊은 마음[深心]이니 선지식의 집에 나는 까닭이며, 모든 지〔諸地〕이니 바라밀 집에 나는 까닭이며 큰 원이니 묘한 행의 집에 나는 까닭이며, 크게 가엾이 여김이니 네 가지 거두어 주는 집에 나는 까닭이며, 이치대로 관찰함이니, 반야바라밀다 집에 나는 까닭이며, 대승이니 방편인 교묘한 집에 나는 까닭이며, 중생을 교화함이니 부처님 가문에 나는 까닭이며, 지혜와 방편이니 생사 없는 법의 지혜의 집에 나는 까닭이며, 모든 법을 수행함이니 과거·현재·미래의 모든 여래의 가문에 나는 까닭이니라.

선남자여, 보살은 이렇게 범부에서 뛰어나 보살의 지위에 들며, 여래의 가문에 나서 부처님의 종자에 머물며, 모든 행을 닦아서 삼보를 끊이지 않게 하며, 보살의 종족을 잘 수호하여 보살의 종자를 깨끗이 하며, 태어난 곳이 높아서 허물이 없으므로 모든 세간의 하늘·사람·마군·범천·사문·바라문들이 공경하고 찬탄하느니라.

선남자여, 보살 마하살이 이렇게 훌륭한 집에 태어나서는 모든 법이 영상과 같음을 알므로 세간에 싫어함이 없고, 모든 법이 변화함과 같음을 알므로 모든 존재의 길에 물들지 않고, 모든 법이 나가 없음을 알므로 중생을 교화하는 마음에 고달프지 않고, 대자대비로 자체를 삼는 까닭에 중생을 거두어 주는 데 괴로움을 느끼지 않으며, 나고 죽음이 꿈과 같은 줄 알므로 모든 겁을 지내어도 두려움이 없으며, 모든 쌓임이 환과 같음을 알므로 태어남을 시현하여 고달픔이 없으며, 십팔계(十八界)와 십이처(十二處)가 법계와 같음을 알므로 모든 경계에 망가뜨릴 것이 없으며, 모든 생각이 아지랑이 같은 줄 알므로 모든 길에 들어가도 의혹하지 않으며, 모든 법이 환과 같은 줄 알므로 마의 경계에 들어가도 물드는 생각을 내지 않으며, 법의 몸을 알므로 모든 번뇌에 속지 않으며, 자유자재함을 얻었으므로 모든 길에 통달하여 걸림이 없느니라.

선남자여, 나의 몸은 모든 법계에 두루 나므로 모든 중생의 차별한 형상과 같고, 모든 중생의 갖가지 음성과 같고, 모든 중생의 좋아하는 거동과 같아서 세간을 따라 교화 조복하고, 모든 청정한 중생의 일부러 태어남과 같고, 모든 범부 중생의 짓는 업과 같고, 모든 중생의 생각과 같고, 모든 보살의 서원과 같아서, 몸을 나타내어 법계에 가득하느니라.

선남자여, 나는 옛적부터 나와 함께 수행하다가 지금에는 보리심에서 물러난 이를 제도하고, 또 부모와 권속들을 교화하고, 여러 바라문을 교화하여 대성문이라는 교만을 여의고, 여래의 종족 중에 나게 하기 위하여 이 염부제의 마라제국 구타(拘吒) 마을 바라문의 집에 태어났느니라.

선남자여, 나는 이 큰 누각에 있으면서 중생들의 좋아함을 따라 여러 가지 방편으로 교화하고 조복하느니라.

선남자여, 내 서원이 만족하고 온갖 지혜를 이루어 보리를 얻을 때에는 그대가 문수보살과 함께 나를 보게 되리라.

선남자여, 그대는 문수사리 선지식에게 가서 '보살이 어떻게 보살행을 배우며, 어떻게 보현의 수행하는 문에 들어가며, 어떻게 성취하며, 어떻게 광대하게 하며, 어떻게 따르며, 어떻게 청정하게 하며, 어떻게 원만히 하는가' 묻도록 하라. 선남자여, 그는 그대에게 분별하여 연설하리라.

무슨 까닭인가. 문수사리의 가진 서원을 다른 한량없는 백천억 나유타 보살은 가지지 못하였느니라. 선남자여, 문수사리동자는 그 수행이 광대하고, 그 서원이 가없어서 모든 보살의 공덕 내기를 쉬지 아니하느니라.

선남자여, 문수사리는 항상 한량없는 백천억 나유타 부처님의 어머니가 되며, 한량없는 백천억 나유타 보살의 스승이 되며, 모든 중생을 교화하고 성취하여 시방세계에 소문이 났으며, 모든 부처님의 대중 가운데서 법을 연설하는 법사가 되어 모든 여래께서 찬탄하시는 바며, 깊은 지혜에 머물러 있어 모든 법을 사실대로 보고, 모든 해탈의 경계를 통달하고, 보현의 행하는 행을 끝까지 마치었느니라.

선남자여, 문수사리동자는 그대의 선지식이니, 그대로 하여금 여래의 가문에 나게 하였고, 모든 선근을 자라게 하였고, 모든 도를 돕는 법을 일으키게 하였고 진실한 선지식을 만나게 하였으며, 그대로 하여금 모든 공덕을 닦게 하고는 모든 서원의 그물에 들어가게 하고, 모든 원에 머물게 하며, 그대를 위하여 모든 보살의 비밀한 법을 말하고 모든 보살의 불가사의한 행을 나타내었으며, 그대와 더불어 옛적에 함께 나고 함께 행하였느니라.

그러므로 선남자여, 그대는 마땅히 문수사리에게 가도록 할지니, 고달픈 생각을 내지 말라. 문수사리는 그대에게 모든 공덕을 말해 주리라. 그대가 선지식을 만나고, 보살행을 듣고 해탈문에 들어가고, 큰 원을 만족한 것은 모두 문수사리의 위덕과 신통의 힘이니라. 문수사리는 모든 곳에서 구경까지 얻게 하느니라.

그때 선재동자는 그의 발에 엎드려 절하고 수없이 돌고 은근하게 우러러 사모하면서 하직하고 물러갔다.

○ 문수보살(文殊菩薩)

이때 선재동자는 미륵보살이 가르친 대로 점점 나아가 일백 일십여 성을 지나서 보문(普門)국의 소마나성(蘇摩那城)에 이르러, 문에 머물러 있으면서 문수사리를 생각하고 따라 관찰하고 두루 찾으며 뵙기를 희망하였다.

이때 문수사리가 멀리서 오른손을 펴 일백 일십 유순을 지나와서, 선재동자의 정수리를 만지며 말씀하였다.

착하다. 선남자여, 만일 신근(信根)을 여의었다면 마음이 용렬하고 후회하여 공행이 갖추지 못해서 한 선근에 집착하고 조그만 공덕에 만족하여 행과 원을 일으키지 못하며, 선지식의 거두어 주고 보호함도 받지 못하며, 여래의 생각하심도 되지 못했을 것이며, 이러한 법의 성품·이치·법문·수행·경계를 알지 못하고 두루 앎과 가지가지 앎과 근원까지 다함과 분명하게 이해함과 들어감과 해설함과 분별함과 증득함과 얻는 것을 모두 할 수 없었으리라.

그리고는 문수사리보살이 선재동자로 하여금 아승지 법문을 성취하고 한량없는 큰 지혜의 광명을 구족하여, 보살의 가없는 다라니와 원과 삼매와 신통과 지혜를 얻게 하고, 보현행의 도량에 들게 하고 선재를 자기가 머무른 곳에 두고는, 작용을 거두고 나타나지 않았다.

이에 선재동자는 생각하고 관찰하면서 일심으로 문수사리보살 뵙기를 원하고, 삼천대천 세계의 티끌수 선지식을 보고, 모두 친근하며 공경하여 받들어 섬기고, 그들의 가르침을 받고 거스르지 아니하였다.

모든 부처님의 광대한 공덕을 배우며, 모든 보살의 서원 바다에 들어가 보살행을 닦고, 지혜가 법계에 두루하여 모든 세계의 모든 존재에 몸을 널리 나타내어 두루하지 않는 데 없으며 모든 장애를 부수고 걸림없는 법에 들어가 법계의 평등한 경지에 머물러서, 보현의 해탈 경계를 관찰하였다.

즉시에 보현보살의 이름과 행과 원과 도를 돕는 것·바른 도·모든 지(地)·지의 방편·지에 들어감·지에 더 나아감·지에 머무름·지를 닦아 익힘·지의 경계·지의 위력·지의 함께 머무름을 듣고 갈망하여 보현보살을 친견하려 하였다.

그리하여 곧 금강장 보리도량에서 비로자나 여래의 사자좌 앞에 있는 모든 보배 연화장 자리 위에 앉아서, 허공계와 같으려는 광대한 마음·모든 세계를 버리고 모든 애착을 여의려는 걸림없는 마음·모든 걸림없는 법에 널리 행하려는 걸림없는 마음·모든 시방 바다에 두루 들어가려는 걸림없는 마음·모든 지혜의 경계에 널리 들어가려는 청정한 마음·도량의 장엄을 보려는 분명한 마음·모든 부처님 법 바다에 들어가려는 광대한 마음·모든 중생세계를 교화하려는 두루한 마음·모든 국토를 깨끗이 하려는 한량없는 마음·모든 겁에 머물려는 끝없는 마음·여래의 열 가지 힘에 나아가려는 구경의 마음을 일으켰다.

선재동자가 이러한 마음을 일으킬 때 자기의 선근력과 모든 여래의 가피력과 보현보살의 선근력으로 열 가지 상서로운 모양을 보았고, 또 열 가지 광명한 모양을 보았다.

㊹ 보현보살(普賢菩薩)

이때 선재동자는 이 열 가지 광명한 모양을 보고 이렇게 생각하였다.

　나는 이제 반드시 보현보살을 친견하고 선근을 더할 것이며, 모든 부처님을 뵙고 여러 보살의 광대한 경지에 대하여 결정한 지혜를 내어 온갖 지혜를 얻을 것이다.

　이때 선재동자는 여러 감관을 거두어 일심으로 보현보살을 보려는 크게 정진하는 마음이 물러나지 아니하였고, 넓은 눈으로 시방의 모든 부처님과 여러 보살을 관찰하면서, 보이는 것마다 보현보살을 뵙는 생각을 지었으며, 지혜의 눈으로 보현의 도를 보니 마음이 광대하기 허공과 같았고 크게 가엾이 여김이 견고하기 금강과 같았으며, 오는 세월이 다하도록 보현보살을 따라다니면서 생각생각마다 보현의 행을 순종하여 닦으려 하였고, 지혜를 성취하고 여래의 경지에 들어 보현의 지위에 머물려 하였다.

　이때 선재동자가 보니, 보현보살이 여래의 앞에 대중이 모인 가운데서 보배연꽃 사자좌에 앉았는데, 모든 보살들이 함께 둘러 모셨으며, 가장 특수하여 세간에 짝할 이가 없으며, 지혜의 경지는 한량없고 가없으며 헤아리기 어렵고 생각하기 어려워 삼세 부처님과 평등하며 모든 보살들이 살펴볼 수 없었다.

　또 보니 보현보살의 몸에 있는 낱낱 털구멍에서 모든 세계의 티끌수 광명 구름을 내어 법계와 허공계의 모든 세계에 두루하며 모든 중생의 괴로움과 근심을 멸하여 보살들을 매우 환희하게 하였다. 또 낱낱 털구멍에서 모든 세계의 티끌수 같은 바로 깨달은 몸 구름을 내어 온갖 세계에서 바른 깨달음을 이루며, 보살들로 하여금 큰 법을 증장케 하고 온갖 지혜를 이루게 함을 보았다.

　이때 선재동자는 보현보살의 이렇게 자유자재하고 신통한 경계와 힘을 보고는 몸과 마음이 두루 기뻤으며, 곧 열 가지 지혜 바라밀을 얻었다.

선재동자가 이것을 얻자, 보현보살이 오른손을 펴서 그 정수리를 만지었다. 보현보살이 정수리를 만진 뒤에 선재동자는 곧 모든 세계의 티끌수 삼매문을 얻었는데, 각각 모든 세계의 티끌수 삼매로 권속을 삼았다. 낱낱 삼매에서 옛날에 보지 못하던 부처님의 큰 바다를 보았고, 온갖 지혜의 도를 돕는 기구를 모았고, 온갖 지혜의 가장 묘한 법을 내었고, 온갖 지혜의 큰 서원을 세웠고, 큰 서원 바다에 들어갔고, 온갖 지혜의 뛰어나는 요긴한 길에 머물렀고, 보살들의 닦는 행을 닦았고, 온갖 지혜의 큰 정진을 일으켰고, 온갖 지혜의 깨끗한 광명을 얻었다.

이 사바세계의 비로자나 부처님 처소에서 보현보살이 선재동자의 정수리를 만진 것처럼 시방에 있는 세계들과 저 세계의 낱낱 티끌 속에 있는 모든 세계의 모든 부처님 처소에 있는 보현보살들도 모두 이와 같이 선재동자의 정수리를 만지었고, 얻은 법문도 또한 같았다.

이때 보현보살이 선재동자에게 말씀하였다.

선남자여, 그대는 나의 이 신통한 힘을 보았는가.

그러합니다. 보았나이다. 대성인이시여, 이 불가사의한 큰 신통의 일은 오직 여래께서만 알겠나이다.

보현보살이 말씀하였다.

선남자여, 나는 과거 말할 수 없이 말할 수 없는 세계의 티끌수 겁에 보살행을 행하며 온갖 지혜를 구하였노라. 나의 이러한 과거의 인연은 다 말할 수 없느니라.

선남자여, 나는 이러한 도를 돕는 법의 힘과, 선근의 힘과, 크게 좋아하는 힘과, 공덕을 닦은 힘과, 모든 법을 사실대로 생각한 힘과, 지혜 눈의 힘과, 부처님의 위덕과, 신통의 힘과, 크게 자비한 힘과, 깨끗한 신통의 힘과, 선지식의 힘으로써 삼세에 평등하고 청정한 법의 몸을 얻고 청정하고 위 없는 육신을 얻어서 세간을 초월하고 중생의 좋아하는 마음을 따라 형상을 나타내며, 모든 세계에 들어가고 온갖 곳에 두루하여, 여러 세계에서 신통을 나타내어 보는 이로 하여금 모두 기쁘게 하노라.

선남자여, 그대는 나의 이 육신을 보라. 이 육신은 가없는 겁 바다에서 이루어진 것이다. 만일 중생이 선근을 심지 못하거나 조금 심은 성문이나 보살들로는 나의 이름도 듣지 못하니 하물며 나의 몸을 볼 수 있겠느냐. 선남자여, 만일 중생이 내 이름을 듣기만 하여도 아뇩다라삼먁삼보리에서 물러나지 않을 것이며, 만일 나를 보거나 접촉하거나 맞거나 보내거나 잠깐 동안 따라다니거나, 꿈에 나를 보거나 들은 이도 역시 그러하리라. 나는 이러한 세계의 티끌수 방편문으로써 모든 중생들을 아뇩다라삼먁삼보리에서 물러나지 않게 하노라.

선남자여, 만일 중생이 나의 청정한 세계를 보고 들은 이는 반드시 이 청정한 세계에 날 것이요, 만일 중생이 나의 청정한 몸을 보고 들은 이는 반드시 나의 청정한 몸 가운데 날 것이다. 그대는 마땅히 나의 청정한 몸을 볼지니라.

이때 선재동자는 보현보살의 몸을 보니 잘생긴 모습과 사지 골절의 낱낱 털구멍에 말할 수 없이 말할 수 없는 부처님 세계바다가 있고, 낱낱 세계바다에 부처님께서 세상에 나시는데, 큰 보살들이 둘러 모시었다.

또 보니, 보현보살이 낱낱 세계바다에서 모든 세계의 티끌수 나툰 몸 구름을 내어 시방의 모든 세계에 가득하고 중생들을 교화하여 아뇩다라삼먁삼보리로 향하게 하며, 선재동자는 또 자기의 몸이 보현보살의 몸 속에 있는 시방의 모든 세계에 있어서 중생을 교화함을 보았다.

또 선재동자가 세계의 티끌수 선지식을 친근하여서 얻은 그러한 선근의 지혜 광명을 보현보살이 얻은 선근에 비하면, 백분의 일 내지 산수의 비유로도 미치지 못하였다.

선재동자가 처음 마음을 낸 때부터 보현보살을 보던 때까지 그 중간에 들어갔던 모든 부처님 세계바다에 비하여, 지금 보현보살의 한 털구멍 속에서 잠깐 동안에 들어간 부처님 세계바다는 말할 수 없이 말할 수 없는 세계의 티끌수 배가 지나며, 이 한 털구멍과 같이 모든 털구멍도 역시 그러하느니라.

선재동자가 보현보살의 털구멍에 있는 세계에서 한 걸음을 걸을 때에 말할 수 없이 말할 수 없는 세계의 티끌수 세계를 지나가며, 이와 같이 걸어서 오는 세월이 끝나도록 걸어도 오히려 한 털구멍 속에 있는 세계바다의 차례와 갈무리와 차별과 두루 들어감과 이루어짐과 무너짐과 장엄과 그 끝난 데를 알지 못하느니라.

선재동자가 보현보살의 털구멍 세계에 있어서 혹 한 세계에서 한 겁 동안을 지내면서 걷기도 하고 내지 말할 수 없이 말할 수 없는 세계의 티끌수 겁 동안을 지내면서 걷기도 하며, 또 이 세계에서 없어지고 저 세계에 나타나지도 않으면서 잠깐잠깐 동안에 그지 없는 세계바다에 두루하여 중생을 교화하여 아뇩다라삼먁삼보리에 향하게 하였다.

　이때를 당하여 선재동자는 차례로 보현보살행과 원의 바다를 믿어서 보현보살과 평등하고, 부처님들과 평등하며, 한 몸이 모든 세계에 가득하여 세계가 평등하고, 행이 평등하고, 바르게 깨달음이 평등하고, 신통이 평등하고, 법률이 평등하고, 변재가 평등하고, 말씀이 평등하고, 음성이 평등하고, 힘과 두려움 없음이 평등하고, 부처님의 머무심이 평등하고, 대자대비가 평등하고, 불가사의한 해탈과 자재함이 모두 평등하였다.

　이때 보현보살이 부처님의 공덕 바다가 한량없음을 게송으로 말씀하였다.

　　　세계 티끌수 같은 마음 헤어서 알고
　　　큰 바다 물을 마셔 다하고
　　　허공을 측량하고 바람 맬 수 있으나
　　　부처님의 공덕은 말로 다 할 수 없도다
　　　(刹塵心念可數知
　　　大海中水可飲盡
　　　虛空可量風可繫
　　　無能盡說佛功德)

　　　이러한 공덕 바다 누가 듣고서
　　　기뻐하며 믿는 마음 내는 이들은
　　　위에 말한 공덕을 얻게 되리니
　　　여기에 의심을 내지 말지니라

海住(全好蓮)

⊙

청도 운문사에서 성관 스님을
은사로 득도. 동학사 불교전문강원과
동국대학교 불교대학 및 대학원을 졸업하고
철학박사학위를 받았다.
대한불교조계종 중앙종회의원, 불교학연구회 회장,
전국비구니회 감사를 역임했으며,
현재 동국대학교 불교학과 교수로 있다.
저서는 『화엄의 세계』 『의상화엄사상사 연구』
『불교교리강좌』 등 다수가 있다.

지송한글화엄경

1993년 9월 28일 초판 1쇄 발행
2025년 6월 30일 초판 23쇄 발행

초역/해주
발행인/박상근(至弘)
편집인/류지호
펴낸곳/불광출판사

03169 서울시 종로구 사직로10길 17 인왕빌딩 301호
대표전화 (02) 420-3200
편 집 부 (02) 420-3300
팩시밀리 (02) 420-3400
http://www.bulkwang.co.kr

등록번호 300-2009-130호(1979.10.10.)

⊙ 잘못된 책은 바꾸어 드립니다.
값 17,000원